寺本康之 著

エクシア出版

はじめに

民法は、公務員試験の中で法律のメイン科目として位置づけられています。しかし、範囲の広さと量の多さ、内容の複雑さから受験生からはどこか敬遠されてしまう存在です。ただ、避けて通ることができない以上やるしかない……いやだなぁ……。これが受験生の本音でしょう。そこで、私はこの難しいと言われる民法を分かりやすく説明するために本書を書き始めました。おかげさまでこれまでたくさんの方に読んでいただき、合格後にはうれしい感謝の言葉までいただけるようになりました。しかも、最近は行政書士試験を受験する方も本書を使ってくれています。なんと先見の明のある方々なのでしょう（笑）。今回の改訂では、そのような事情も踏まえて、行政書士試験の受験生の方にも役に立つよう知識の補充に努めるとともに、近時改正された最新の民法の動向をバッチリ反映させました。

本書の特徴は、図の多さと説明のシンプルさにあります。民法を「イメージ」で理解できるように工夫してあるわけです。そして、まわりくどい説明は一切省いて、判例・通説の立場からスパッとシンプルに書きあげています。ただ、そうはいっても私が普段講義で話す内容をほとんど本書に掲載していますので、情報量には自信があります。したがって、初学者の方からある程度民法の学習が進んだ方まで幅広く読んでいただける書籍となっていると思います。

畑中先生に「ねぇ、本書かない？」と声をかけていただいてから既に〇年くらい（歳がばれる）が経ちますが、いまだに出版に対する熱意は変わりません。飽きっぽい性格の私ですが、そんな私でも書籍をスムーズに書き続けられるよう万全の環境を整えてくださるエクシア出版さんには感謝しかありません。そして、いつも私の書籍を担当してくださっている小山さんがいなければ、今回の改訂版をこのタイミングで出すことは不可能だったと思います。サポート力と効率の良さにびっくり（笑）。この場を借りて、深謝申し上げます。

寺本康之

CONTENTS

How to use The BEST

重要度
星3つまでの3段階。星が多いほど民法を理解するために大切。

頻出度
星3つまでの3段階。星が多いほど試験で出題される頻度が高め。

1

権利能力・意思能力・行為能力（制限行為能力者）

重要度 ★★★
頻出度 ★★★

第１章では、民法における様々な能力について勉強していく。とくに、行為能力は制限行為能力者制度という議論で超頻出である。順を追ってしっかりと押さえよう。

ランク
A … 受験生なら誰しもが知っている超重要知識
B … 合格者なら知っている重要知識

まず、物であれば、動産か不動産かを問いません。また、B一筆の土地の一部を時効取得することもあり、常に全部を時効取得するとは限りません。さらに、条文上は「他人の物」となっていますが（162条１項）、A自己の物であっても時効取得することが可能と考えていくのが判例です（最判昭42・7・21）。通常、自己の物について時効取得を主張する必要がないことから「他人の物」と規定したのであり、

判例
公務員試験で過去複数回出題されたことがあるものを列挙。メリハリをつけて学習しましょう。

PLAY! 理解度チェック

1. 意思表示の表意者が表示に対応する真意がないことを知りながらする単独の意思表示を心裡留保と言うが、この心裡留保の意思表示は有効か？

1.
原則有効。ただし、相手方が悪意又は有過失のときは例外的に無効となる。

PLAY!
とくに試験で問われそうなコア知識の簡単なQ＆A。理解度をチェックしましょう。

TRY!
実際の本試験問題で知識を確認。解くことよりも読んで誤りを確認することの方を重視しましょう。

TRY! 本試験問題に挑戦

意思表示に関するア～オの記述のうち、妥当なもののみを全て挙げているのはどれか。ただし、争いのあるものは判例の見解による。　【国家一般職Ｒ2】

ア. 意思表示は、その通知が相手方に到達した時からその効力が生じるところ、内容証明郵便を送付したが、相手方が仕事で多忙であるためこれを受領することができず、留置期間経

ア. ×
内容証明郵便の内容を推知することができ、受領方法を指定すれば容易に受領可能であったときは、意思表示の効果が生じる。

図
判例や通説、理解のポイントなどをわかりやすくまとめています。複雑な内容がイメージできるよう、本書では図を多く取り入れています。

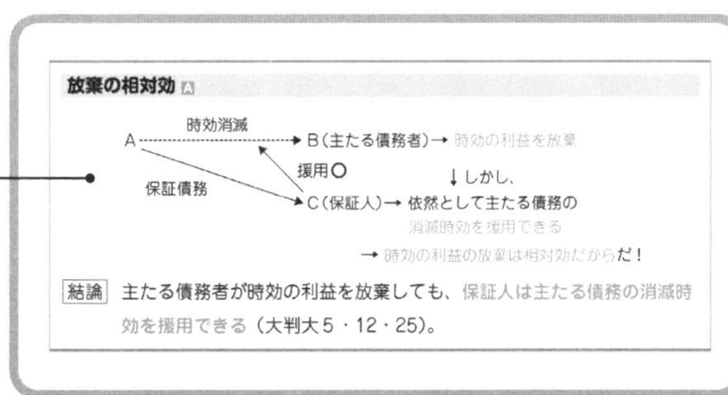

民法について

民法とは

民法は、私人間で起こり得る法律問題につき、その権利義務関係を規律している法律で、難しく言うと「**私法の一般法**」ということになります。ん〜……よく分かりませんね（笑）。ただ、一般法ということなので、網羅性があります。つまり、私人間で何かトラブルが起こったときには、民法を見れば大体解決できてしまうということですね。とりあえず最初のうちは、**契約をはじめとする財産関係や婚姻や離婚、相続などの家族関係をメインに取り扱っている法律**くらいに思っておくとよいでしょう。

民法の基本原則

民法には大切な基本原則があります。これは１条に規定されているのですが、最初に少しこの点について触れておきます。

まず、１条１項には、「**私権は、公共の福祉に適合しなければならない**」と規定されています。これは、個人が私的に持っている権利は、公共の福祉、つまり社会一般の利益に適合しなければならないということを意味しています。次に１条２項では「**権利の行使及び義務の履行は、信義に従い誠実に行わなければならない**」と規定されています。これは非常に大切な原則で、「信義誠実の原則（信義則）」と言います。契約などにおいては、相手を裏切ることなく、誠実に権利を行使し、義務を果たさなければならないということです。要は、契約の場面ではみんな紳士淑女でなければならないということですね（笑）。さらに、１条３項では「**権利の濫用は、これを許さない**」と規定されています。要するに、いかに自分に権利がある場合でも、それをみだりに行使してはいけないということを意味しています。

以上、民法はこのような素晴らしい基本原則の下、成り立っているのです。

総則・物権について

総則では、民法を通じた一般的なルールを学びます。意思表示や代理、時効など、若干難しい議論もありますが、受験生の多くが息切れすることなくマスターしてくる分野です。ですから、ここを皆さんがサボったら、他の受験生と差がついてしまいます。

一方、**物権では、不動産物権変動や担保物権など、総則よりも入り組んだ議論が多くなります**。とくに初学者の方にとっては、担保物権のイメージがわきにくいのではないかと思います。実際、多くの受験生が苦手としますからね……。

しかし皆さんは大丈夫です。本書では丁寧に説明しておきましたから（笑）。私の本は、しっかりと読めば必ず理解できるように作ってありますので、焦らずに最後まで読んでくださいね。では参りましょう。

1 権利能力・意思能力・行為能力（制限行為能力者）

重要度 ★★★
頻出度 ★★★

第１章では、民法における様々な能力について勉強していく。とくに、行為能力は制限行為能力者制度という議論で超頻出である。順を追ってしっかりと押さえよう。

1 権利能力

「権利能力」とは、権利義務の帰属主体となり得る能力（地位・資格）を言います。民法の世界では、私法上の権利を取得したり、義務を負ったりすることができるためにはそれなりの能力が必要であって、それが権利能力だというわけです。権利能力は、自然人（人間）のすべてと法人に認められます。例えば、猿は所有権という権利を取得したり、誰かと契約することができませんよね（笑）。これは民法的に言うと権利能力がないからなのです。なお、法人も法によって認められた人ですから、権利能力が認められます。

「民法上の」と思っておけば足りるよ。

では、ここからは自然人を前提に説明していきますね。自然人の権利能力が発生する始期は、出生した時からです。言わば当然と言えば当然ですが、ここで言う出生とは、母体から胎児の全部が露出した時点を指します（全部露出説）。したがって、胎児には権利能力が認められないのが原則です。ただし、例外的に胎児であってもB①不法行為に基づく損害賠償請求（民法721条）、②相続（886条１項）、③遺贈を受ける（965条）、の３つの場面では既に生まれたものとみなされるため、権利能力が認められます。この「既に生まれたものとみなす」の解釈を巡っては見解の対立があります。

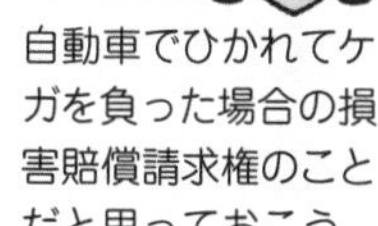

自動車でひかれてケガを負った場合の損害賠償請求権のことだと思っておこう。

遺言で何か物をもらうことだよ。

判例は、あくまでも胎児に権利能力が認められるわけではなく、生きて生まれれば、遡って権利能力を取得すると考えているようです（大判昭７・10・6、停止条件説）。若干、テクニカルで分かりづらい論理なのですが、要は生きて生まれなければ権利能力を取得できないと考えるのです。例えば、胎児を身ごもった母親（妊婦）

が他人（加害者）の不法行為により自動車にひかれ、お腹の胎児がケガをしたケースでは、当該胎児が出生した時に初めて、最初の不法行為の段階からの損害賠償を請求できると考えていきます。ですから、B胎児の段階で、母親が胎児を代理して損害賠償を請求できるわけではないのです。この点には注意を要します。

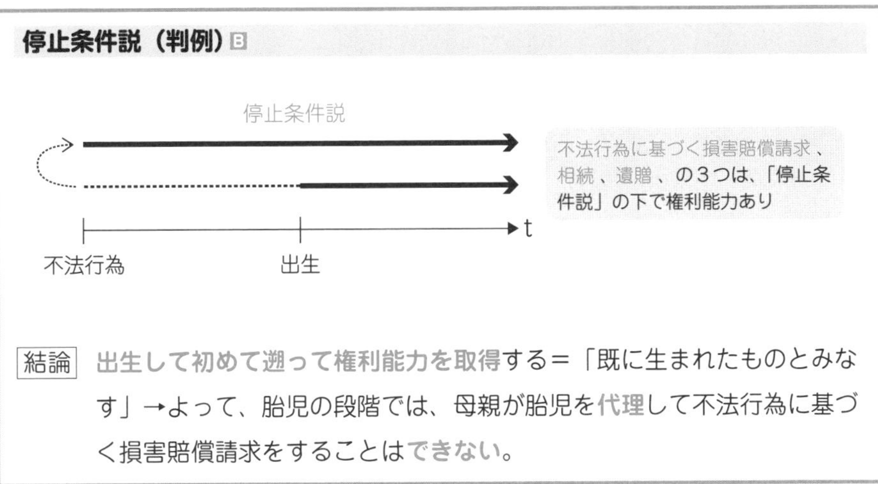

2 意思能力

「意思能力」は、自己の法律行為の結果を弁識し得る能力です。年齢的には大体７～10歳くらいになれば意思能力が備わると言われていますが、民法上、年齢についての画一的な規定があるわけではありません。したがって、行為の類型に応じてその都度、個別具体的に意思能力の有無を判断することになります。そして、B意思能力のない者のした法律行為は無効となってしまいます（3条の２）。これを「意思無能力無効」などと呼びます。

幼児だけでなく精神に障害を負った心神喪失者もこの意思能力がないと判断されることになるよ。

3 行為能力（制限行為能力者制度）

「行為能力」とは、単独で完全に有効な法律行為を行うことができる能力を言います。前述した意思能力の有無は、場面に応じて個別具体的に検討する必要があり、そうなると取引の安全（とくに、相手方の信頼）を害してしまいます。下手をしたら取引が無効になってしまうかもしれず、安心して取引ができないというわけです。そこで民法は、行為能力が制限される者をあらかじめ類型化し、その者にそれぞれ保護者を付けて①本人を保護するとともに、②取引の相手方を保護しようとしています。これが「制限行為能力者制度」です。制限行為能力者には、４つの類型があるので、順を追って説明していきます。

制限行為能力者の４類型 → 行為能力が制限されている者を類型化 A

①未成年者：18歳未満の者

②成年被後見人：事理弁識能力を欠く常況にある者で家庭裁判所の審判を受けた者

③被保佐人：事理弁識能力が著しく不十分な者で家庭裁判所の審判を受けた者

④被補助人：事理弁識能力が不十分な者で家庭裁判所の審判を受けた者

（①→④ 程度が軽くなる）

↓それぞれ以下のような保護者がつく

未成年者→親権者、未成年後見人
成年被後見人 → 成年後見人
（この人たちは……法定代理人と呼ばれ「包括的な代理権※」を有する）

被保佐人 → 保佐人

被補助人 → 補助人

※代理権＝本人のために代わりに法律行為を行う権限。

(1) 未成年者

① 原則

まず、未成年者が法律行為（契約等）をするためには、法定代理人の同意を得なければなりません。したがって、次の図のように、A 未成年者Ｂが、法定代理人（＝親権者）Ａの同意を得ずに自分の自転車を売却してしまった場合、その売買契約は取り消すことができます。つまり、取消権を行使して最初から契約をなかったことにできるのです。この取消権は、法定代理人Ａのみならず、未成年者Ｂ自身も行使することができます。しかも、A B自身が取り消す場合には、法定代理人の同意はいりません。つまり、取消し自体には法定代理人の同意は必要ないのです。ここで未成年者自身が法定代理人の同意なく勝手に取り消すことができる、というのはちょっと図々しいな……と感じるかもしれませんが、そもそも制限行為能力者制度には「本人」を保護するという趣旨があるわけなので、これればかりは仕方がありません。言わば自己防衛的に本人は勝手に取り消せるのです。

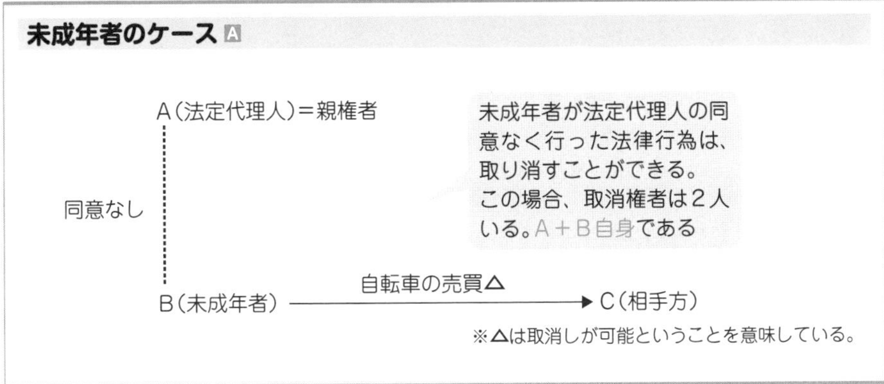

② 例外

前述のとおり、未成年者が法定代理人の同意を得ないで行った法律行為は、取り消すことができるわけですが、未成年者が単独でできる行為もいろいろあります。例えば、A 法定代理人が目的を定めて処分を許した財産（学費や旅費など）をその目的の範囲内で処分したり、目的を定めないで処分を許した財産（お小遣い）を処分したりする場合には、法定代理人の同意はいりません。これは、法定代理人が処分を許す段階で事前の同意を与えたとみることができるからです。

また、法定代理人から一種又は数種の営業の許可がなされた場合における当該営業に関してした行為についても法定代理人の同意がいりません。営業に必要な行為について、いちいち法定代理人の同意を得なければならないのでは、ビジネスチャンスを失いかねませんよね。ただし、この営業の許可は未成年者が不行跡であれば後で取り消すことができます。その場合、既に行ってしまった行為は遡って無効となるのではありません（遡及効（そきゅうこう）がない）。B 将来に向かって

遡って無効としてしまうと取引に入った相手方が害されてしまうからだよ。

その行為ができなくなるだけです。この点は注意しましょう。

さらに、単に権利を得たり、又は義務を免れたりする行為（**債務を免除してもらう、贈与を受ける**）も法定代理人の同意はいりません。これらの行為は、未成年者にとってメリットしかないので単独でできるとされています。ただし、Ａ**債権の弁済を受けたり、負担付贈与を受けたり**することは**単独ではできません**。つまり、法定代理人の同意が必要です。この点をちょっとまとめてみます。

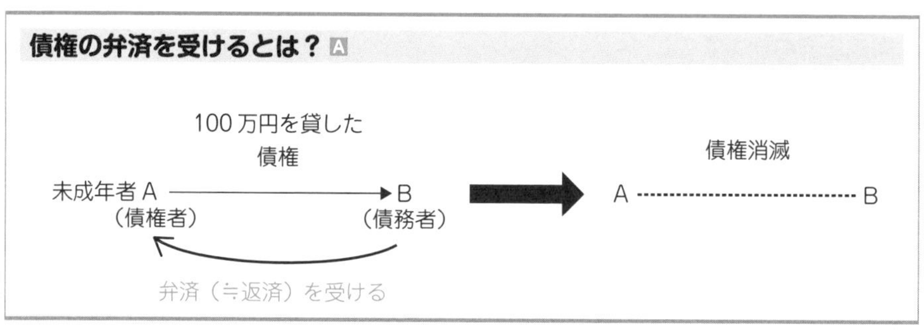

「債権の弁済を受ける」とは、未成年者ＡがＢに対して貸していた100万円を返してもらう行為です。この場合、確かに、Ａは貸していたお金を返してもらうだけである以上、同意なく単独で行っても問題なさそうです。しかし、法的にはＡは以前有していた「お金を返してくれ～」と請求できる「権利」（これを債権と呼ぶ）がなくなる（権利を失う）ことを意味します。ゆえに、単に権利を得たり、又は義務を免れたりする法律行為とは言えず、自己の有する債権の弁済を受けるためには、**法定代理人の同意が必要**なのです。

また、「負担付贈与を受ける」ことも法定代理人の同意がなければできません。

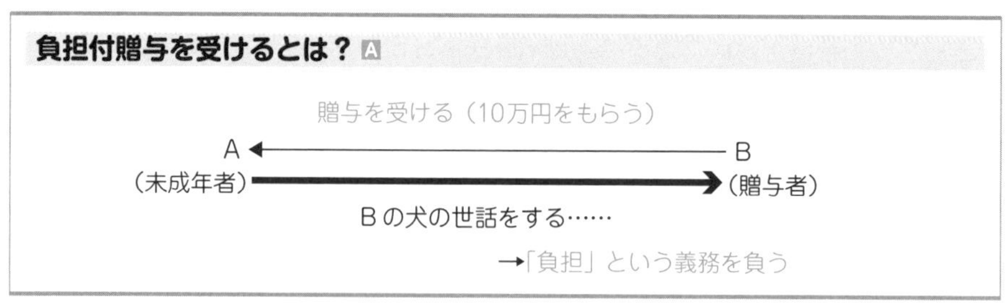

「負担付贈与を受ける」とは、この図のように未成年者ＡがＢの犬の世話をする、という条件付きでＢから10万円をもらう行為を指します。この場合、確かにＡは10万円をもらえるのですが、Ｂの犬の世話をしなければならないという負担（義務）を負うことになります。したがって、やはり単に権利を得たり、又は義務を免れたりする法律行為とは言えないため、負担付贈与を受けるためには**法定代理人の同意が必要**とされるのです。なお、負担の付いていない**単なる贈与を受ける場合**には、**法定代理人の同意は不要**です。この場合は単に権利を得るに過ぎないからです。

（２）成年被後見人

① 原則

「**成年被後見人**」とは、精神上の障害により、事理弁識能力を**欠く常況**にある者で、かつ家庭裁判所の後見開始の**審判**を受けた者です。高度の認知症を患っている人や知的障害を持っている人などがこれに該当します。したがって、ほとんどの法律行為を単独ですることができません。基本的には、法定代理人である成年後見人が成年被後見人に代わって法律行為をすることになります。Ａしかも**成年後見人には同意権がない**ので、成年被後見人が**同意を得て行った行為も取り消すことができます**。「え？　同意を得ても法律行為ができないの？」と思うかもしれませんが、成年被後見人は、事理弁識能力を欠いてしまっているわけなので、同意を与えても、同意どおりの行為をしてくることを期待できないのです。つまり、同意が機能しないということです。なお、取消権者は、**成年後見人と成年被後見人の２人**です。

物事の意味や結果などを理解できる程度の能力だよ。

② 例外

もっとも、生活に必要な法律行為をすべて単独ですることができないというのでは、あまりにも不都合を生じてしまうので、Ａ**日用品の購入その他日常生活に関する行為**は単独ですることができるとされています（９条）。また、**取消し行為自体も単独ですることができます**。これは未成年者と同じですね。

ほかにも、**一定の身分行為**（婚姻や離婚、養子縁組や認知など）は、本人の意思がとくに重要なので、成年後見人の同意なく単独でできるよ。

（3）被保佐人

① 原則

「被保佐人」は、精神上の障害により、事理弁識能力が著しく不十分な者で、かつ家庭裁判所の保佐開始の審判を受けた者です。被保佐人が保佐人の同意を得ないで単独で行った行為は取り消すことができます。取消権者は２人、すなわち、保佐人と被保佐人の２人です。なお、B被保佐人が保佐人の同意を得なければならない行為は、13条１項に列挙されています（ただし、日用品の購入その他日常生活に関する行為については同意不要）。すべて単独でさせると危険な行為ばかりなので、そういう視点で見ていくとよいと思います。

保佐人の同意が必要な事項（13条１項各号）B

①元本を領収し、又は利用すること。
②借財又は保証をすること。
③不動産その他重要な財産に関する権利の得喪（とくそう）を目的とする行為をすること（不動産の売買契約等）。
④訴訟行為をすること（訴えを提起すること）。もっとも、応訴は単独で可。
⑤贈与、和解又は仲裁合意をすること。
⑥相続の承認若しくは放棄又は遺産の分割をすること。
⑦贈与の申込みを拒絶し、遺贈を放棄し、負担付贈与の申込みを承諾し、又は負担付遺贈を承認すること。
⑧新築、改築、増築又は大修繕をすること。
⑨602条に定める期間を超える賃貸借をすること（土地の賃貸借は５年、建物の賃貸借は３年、動産の賃貸借は６か月）。
⑩被保佐人が、他の制限行為能力者の法定代理人として、上記①～⑨の行為を行うこと（例えば、12歳のＡの父親Ｂが被保佐人である場合に、保佐人の同意を得ずにＢがＡの法定代理人としてした①～⑨の行為は、取消しの対象となる）。

裏を返せば、上記13条１項列挙事項以外の法律行為は、被保佐人が単独で行うことができます。また、取消し行為自体も単独ですることができます。このように、被保佐人の同意事項は明確に法定されているのです。

なお、B家庭裁判所は、一定の者からの請求があれば、これら以外の行為にも同意が必要である旨、審判で定めることができます（13条2項）。つまり、同意事項を広げることができるということです。一方で、同意事項を狭めることはできないので注意しましょう。

ただし、日用品の購入その他日常生活に関する行為について、保佐人の同意を得なければならない旨の審判をすることはできない（13条2項ただし書）。

② その他の知識

ここで、「保佐人の同意に代わる許可」について解説しておきます。これは、保佐人の同意を得なければならない行為について、A保佐人が被保佐人の利益を害するおそれがないにもかかわらず同意をしないときは、家庭裁判所は、被保佐人の請求により、保佐人の同意に代わる許可を与えることができるというものです（13条3項）。この許可を付与してもらえば、被保佐人は単独で当該行為ができるようになります。ちょっと次の図を見てください。

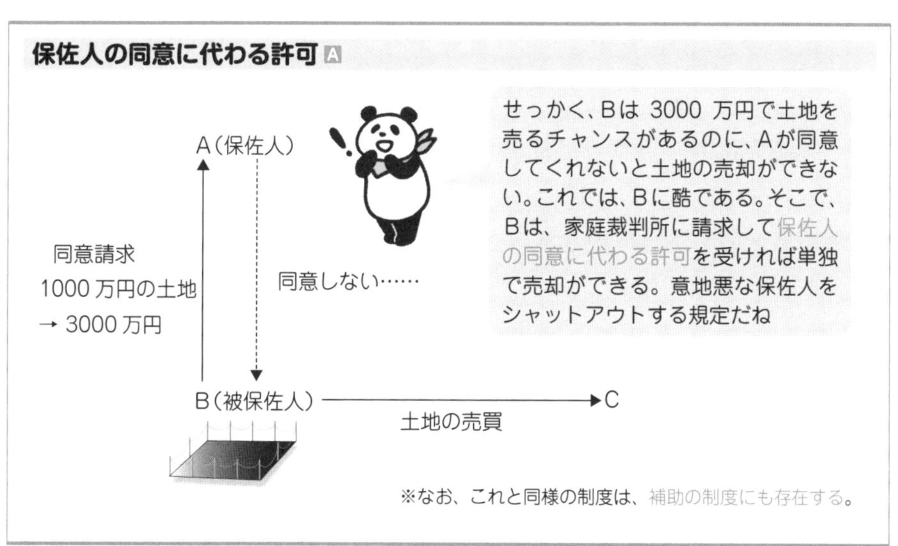

例えば、被保佐人Bが1000万円の土地を所有していたところ、これを3000万円で買ってくれるというCが現れたので、Bとしては当該土地を是非売りたいと考えているとしましょう。この場合、BはCとの間で不動産の売買契約を締結することになるので、そのためには保佐人Aの同意が必要となります。しかし、保佐人Aは

Bが利益を上げることを快く思っていないのか、全然同意してくれません。そうすると、Bは当該土地を売ることができなくなってしまいます。最大のビジネスチャンスを逃してしまうわけですね。これではあまりにもBに酷です。そこで、法は「保佐人の同意に代わる許可」という制度を設けて、Bが家庭裁判所に請求して保佐人の同意に代わる許可を受ければ単独で売却ができることにしたのです。

最後に、「保佐人には代理権がない」という知識を覚えておきましょう。保佐人や次に勉強する補助人は法定代理人ではありません。したがって、法律上当然に代理権が付与されているわけではないのです。Ａもし代理権が欲しいのであれば、家庭裁判所に代理権付与の審判を請求し、特定の行為についての代理権を付与してもらわなければなりません（876条の４第１項）。しかも、この代理権付与の審判を請求する者が本人（被保佐人）でない場合には、本人の同意を得なければなりません（876条の４第２項）。

（４）被補助人

① 原則

「被補助人」は、精神上の障害により、事理弁識能力が不十分な者で、かつ家庭裁判所の補助開始の審判を受けた者です。被補助人は、精神上の障害があるとは言うものの、程度が軽いので、Ａ原則として行為能力は制限されません。よって、単独で法律行為をすることができます。

② 例外

しかし、同意権付与の審判で補助人の同意が必要な事項を定めた場合には、当該法律行為を行うために補助人の同意が必要となります。ですから、補助人の同意を得ずになされた法律行為は、取り消すことができます。この場合の取消権者は２人、つまり、補助人と被補助人の２人です。

さて、ここで補助開始の審判の特殊性について触れておきます。Ａ補助開始の審判は、同意権付与の審判や代理権付与の審判とともにしなければなりません（15条３項）。これは、つまるところ補助開始の審判だけを請求することはできないということを意味しています。後見開始の審判や保佐開始の審判とは異なり、補助開始の審判をしただけでは、行為能力を制限したことにはならないからです。次の図を見てください。

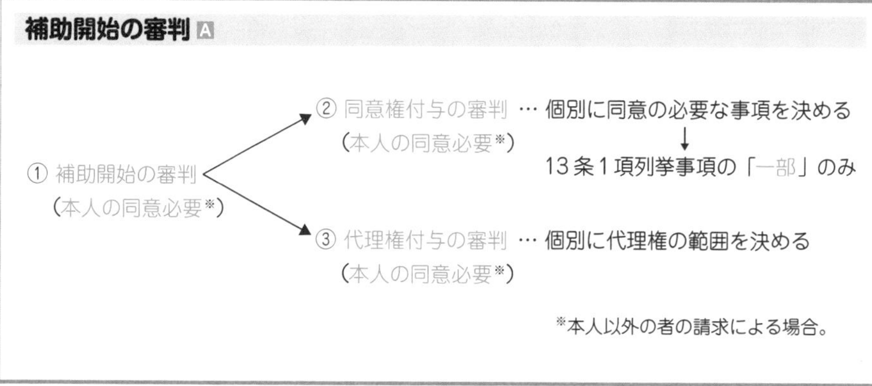

具体的な組合せとしては、①+②、①+③、①+②+③の3パターンがあります。しかも、すべての審判においてそれぞれ、本人以外の者の請求による場合には**本人の同意が必要**とされています。これにより、本人の意思を最大限に尊重しようという思いを見て取れますね。それだけ被補助人は精神上の障害の程度が軽いのです。

では、もう少し掘り下げて解説していきましょう。まず、A 補助人には**同意権がありません**。「え？　マジっすか？」という感じなのですが、もし同意権が欲しければ、補助開始の審判とともに、家庭裁判所に**同意権付与の審判**を請求し、13条1項列挙事項（被保佐人の同意事項）の**一部**について同意権を付与してもらわなければなりません（17条1項）。そうしないと被補助人の行為能力は制限されません。しかも、この同意権付与の審判を請求する者が本人（被補助人）以外の者である場合には、**本人の同意**を得なければなりません（17条2項）。

次に、A 補助人には**代理権もありません**。この点は保佐人と同様です。したがって、代理権が欲しければ、家庭裁判所に**代理権付与の審判**を請求し、特定の行為についての代理権を付与してもらわなければなりません（876条の9第1項）。しかも、この代理権付与の審判を請求する者が本人（被補助人）以外の者である場合には、**本人の同意**を得なければなりません（876条の9第2項）。

さらに、保佐の制度と同様に、家庭裁判所による**補助人の同意に代わる許可**の制度もあります。つまり、補助人の同意を得なければならない行為について、補助人が被補助人の利益を害するおそれがないにもかかわらず同意をしないときは、家庭裁判所は、被補助人の請求により、補助人の同意に代わる許可を与えることができます（17条３項）。

制限行為能力者の保護者の比較 A

	未成年者	成年被後見人	被保佐人	被補助人
保護者	親権者（共同親権）未成年後見人（複数可、法人可）	成年後見人（複数可、法人可）	保佐人（複数可、法人可）	補助人（複数可、法人可）
同意権	あり	なし	13条１項列挙事項についてだけあり	13条１項列挙事項のうちの一部で、同意権付与の審判を受けたものだけあり（原則なし）
取消権 追認権	あり	あり	同意権があるものだけあり	同意権があるものだけあり
代理権	包括的代理権	包括的代理権	個別に代理権付与の審判を受けたものだけあり（原則なし）※	個別に代理権付与の審判を受けたものだけあり（原則なし）※

※保佐人や補助人は当然に代理権を有するわけではなく、代理権付与の審判で個別の代理権を付与されるに過ぎない。なお、代理権付与の審判は、本人以外の者からの請求による場合には、本人の同意が必要。

（５）「詐術」

制限行為能力者が、相手方を誤信させるような詐術を用いた場合には、一種のサンクション（社会的制裁）として取消権を行使することができなくなります（21条）。ここに言う「詐術」とは、相手方を積極的に誤信させる場合には限定されません。もちろん、A 単なる黙秘は詐術にあたりませんが、黙秘していた場合でも、ほかの言動と相まって相手方を誤信させ、又は相手方の誤信を強めたときは「詐術」にあたります。

（６）取消権

①取消しとは？

さて、これまで説明してきたように、制限行為能力者が各保護者の同意なく（成年被後見人の場合は同意があっても）法律行為を行ってしまった場合は、当該法律行為を取り消すことができます。ここに「取り消すことができる」とは、自動的に当該契約がなかったものと扱われるわけではなく、「取り消します」という意思表示をして初めて当該契約が遡ってなかったものとして扱われることを意味します。この点は、「無効」との大きな違いです。では、もう少し細かく説明することにします。

無効とは、法律効果が初めから生じないことを言うよ。無効な行為は、追認によっても、その効力を生じない（119条本文）。ただ、当事者がその行為の無効であることを知って追認したときは、新たな行為をしたものとみなされることにはなる（119条ただし書）。そして、無効は誰でも主張でき、時効もないので、いつまででも主張することができるよ。

A 取り消すことができる法律行為は、いったん有効に効果が発生するのですが、取り消されると、初めから無効であったものとみなされます（121条）。つまり、遡及的に無効になるということです。ですから、イメージ的には取り消されるまではその法律行為は言わば△状態で、それを取り消すと×になるというような感じになります。取消しは、相手方に対する意思表示によってすることになっていて（123条）、必ずしも書面で行う必要はありません。

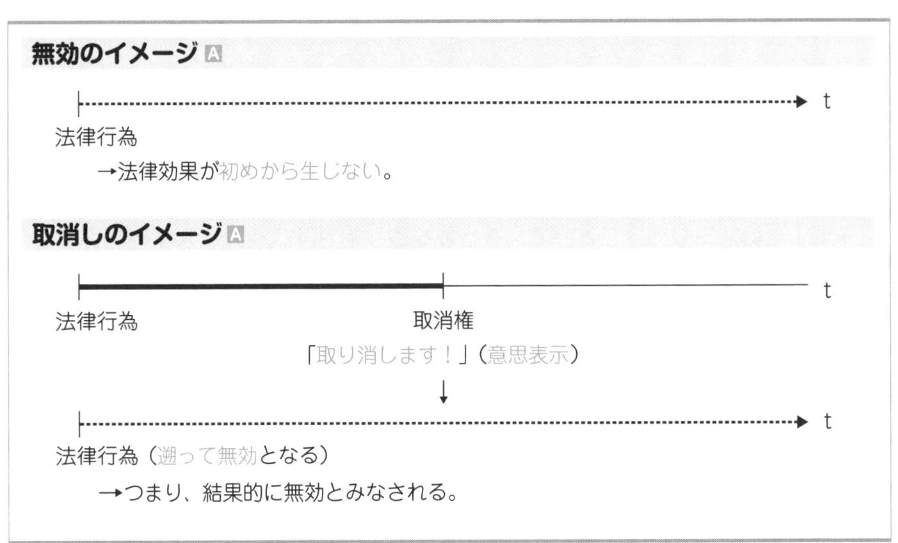

②取消権者

次に、取消権を持っているのは誰でしょうか？既に説明した部分もありますが、制限行為能力者制度の下では、制限行為能力者本人と、法定代理人（親権者・未成年後見人や成年後見人）、同意権者（保佐人や同意権付与の審判で同意権を付与された補助人）とされています（120条1項）。まとめると次のようになります。ちなみに、制限行為能力者自身が取消権を行使するときには、**保護者の同意は必要ありません**。一応、復習ですが確認しておきます。

制限行為能力者には、他の制限行為能力者の法定代理人としてした行為にあっては、当該**他の制限行為能力者を含む**んだ(120条1項カッコ書)。例えば、12歳のAの父親Bが成年被後見人である場合に、BがAの法定代理人としてした行為を、Aが取り消せるということだよ(もちろんこの場合Bも取り消せるけどね)。

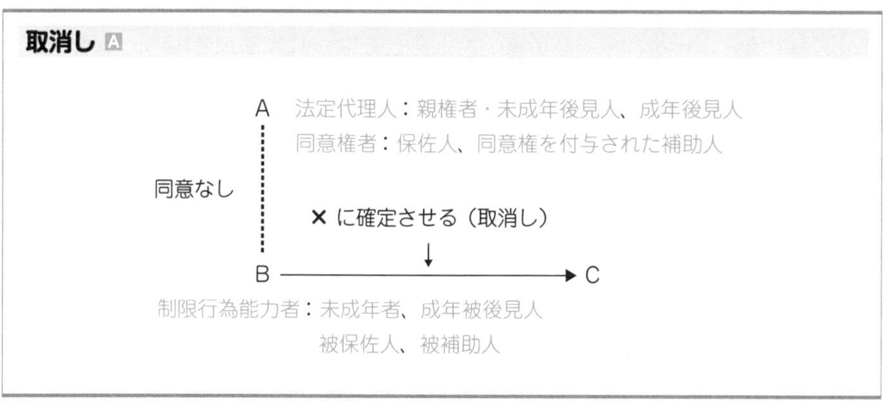

③追認権と追認権者

「**追認**」とは、取り消すことができる行為を取り消さずに有効のまま確定させることを言います。△状態になっている法律行為を○に確定させる行為が追認です。この追認により、当該法律行為は以後、取り消すことができなくなります（122条）。追認は、**相手方**に対する**意思表示**によってするのですが（123条）、この点は取消権の行使の場合と同じですね。

追認権者は「第120条に規定する者」、すなわち取消権者とされているのですが、若干の注意が必要です。取り消すことができる行為の追認は、A**取消しの原因となっていた状況が消滅**し、かつ、**取消権を有することを知った後**にしなければ、その効力を生じないとされているからです（124条1項）。法定代理人（親権者・未成年後見人や成年後見人）や制限行為能力者の保佐人若しくは補助人は、取消権を有することを知った後であれば追認権をすぐにでも行使することができるのですが（124条2項1号）、A制限行為能力者は、行為能力を回復した後（行為能力者になった後）でなければ、追認権を行使することができません。これは、制限行為能力者はもともと単独で法律行為ができないわけだから、法律行為を有効と認める追認だって単独ではできないでしょ……ということなのです。

ただし、制限行為能力者（成年被後見人を除く）が法定代理人、保佐人又は補助人の同意を得て追認をするときは、行為能力を回復していない間にも追認できるよ（124条２項柱書）。

追認 A

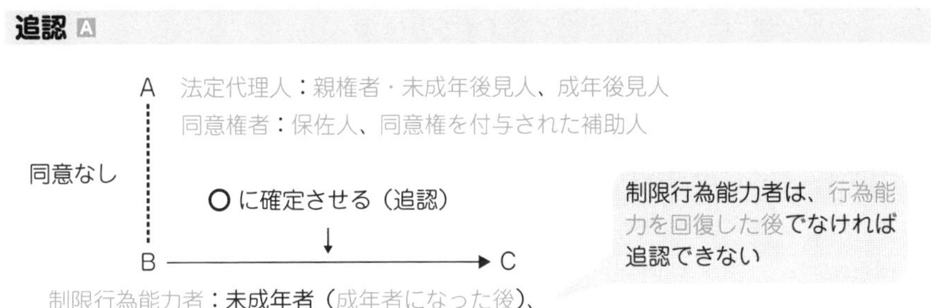

※もちろん、未成年者、被保佐人、被補助人は保護者の同意を得た上で追認することができる。ただし、成年被後見人は同意が意味をなさないので、同意を得た上であっても追認できない（124条２項２号）。

④法定追認

「法定追認」とは、一定の事実があれば、取り消し得べき法律行為が取り消せなくなり、確定的に有効になってしまう（追認したものとみなされる）ことを言います（125条）。意思表示で「追認します」と言わなくても一定の行為をすると異議をとどめない限り自動的に追認したことになってしまうのです。Bこの一定の行為には、「全部又は一部の履行」や「履行の請求」などがあります（125条1号、2号）。

例えば、未成年者Bが法定代理人Aの同意を得ずに勝手にCとの間で自転車の売買契約をしたという事案で、法定代理人Aが自転車をCに引き渡したというケースが「全部又は一部の履行」にあたります。これは口では追認するとは言っていないものの、契約を追認したに等しい行動であるため、追認したものとみなされるのです。また、法定代理人AがCに対して代金を請求したというケースは、「履行の請求」にあたります。これも代金を請求したということは契約を追認したに等しいことから追認したものとみなされます。なお、B制限行為能力者自身の行為には法定追認は成立しません。なぜなら、通常の追認ができない以上、法定追認も成立しないと考えるべきだからです。したがって、試験では通常、保護者側の問題として出題されます。

さらに、判例は取消権者が債務者として自ら履行する場合のみならず、債権者として相手方から代金を受領したときも「全部又は一部の履行」に該当するとしている（大判昭8・4・28）。

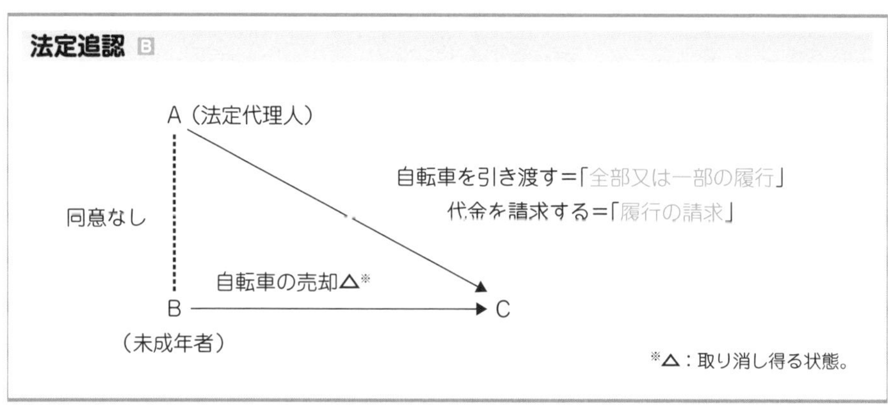

⑤取消権の期間の制限

取消権は、追認することができる時から５年間行使しないときは時効によって消滅します。また、取り消すことができる行為がなされた時から20年を経過したときも、同様に消滅します（126条）。

（7）制限行為能力者の相手方の催告権

制限行為能力者の相手方は、制限行為能力者と法律行為をすると、いつ取消権を行使されて遡及的に無効になるか分からないという、不安定な立場に置かれることになります。そこで、民法は、相手方に「追認するのか取り消すのかはっきりしてほしい」という意見表明の権利を「催告権」という形で与えました。ここは、パターンがたくさんあるので、とりあえず保佐の制度を例にとって説明することにします。まずは次の図を見てください。

行為能力者となった後 B

被保佐人であったＢは保佐人Ａの同意を得ることなく、Ｃとの間で不動産の売買契約を締結した。ところがその後、Ｂは審判の取消しで行為能力者となった。さて、この場合、相手方Ｃは、当該売買契約につき催告権を行使できるが、誰に対して、どのような内容の催告をすればよいのだろうか？

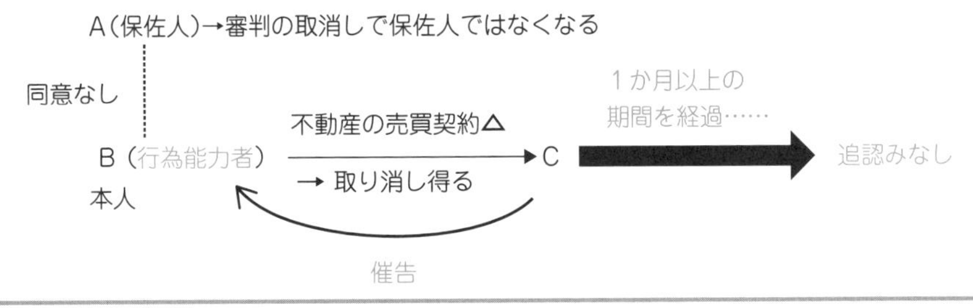

この場合、Ｃは、行為能力者となったＢに対し、１か月以上の期間を定めて、その期間内に当該売買契約を追認するかどうかを確答すべき旨の催告をすることができます。この場合において、B Ｂがその期間内に確答を発しないときは、当該売買契約を追認したものとみなされます（20条１項）。Ｂはすでに行為能力者になっているのですから、単独で取消し又は追認することができる立場にあるわけです。そ

れにもかかわらず、無視して放っておいたのですから、法律行為を追認したものとみなして相手方Cを保護するのです。

制限行為能力者である間 B

被保佐人であるBは保佐人Aの同意を得ることなく、Cとの間で不動産の売買契約を締結した。さてこの場合、相手方Cは、当該売買契約につき催告権を行使できるが、誰に対してどのような内容の催告をすればよいのだろうか？

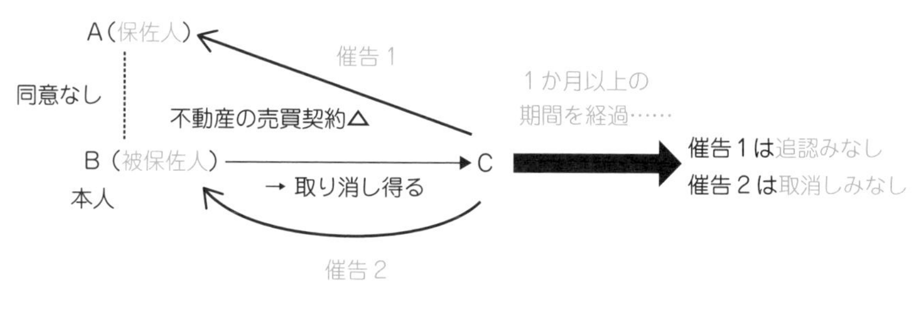

このケースでは、Cは2つの催告権を持つことになります。催告1は保佐人に対して催告していますね。この場合Cは1か月以上の期間を定めて、その期間内に当該売買契約を追認するかどうかを確答すべき旨の催告をすることができます。そして、Bその者がその期間内に確答を発しないときは、当該売買契約を追認したものとみなされます（20条2項）。催告1のケースにおいては、保佐人は単独で取消しも追認もできる立場にあるわけです。よって、このような立場にある保佐人が催告を無視して放っておいたわけなので、法律行為を追認したものとみなしてしまうのです。

逆に、催告2は被保佐人本人に対して催告しています。この場合、Cは1か月以上の期間を定めて、その期間内に保佐人の追認を得るべき旨の催告をすることができます。そして、Aもし被保佐人がその期間内に追認を得た旨の通知を発しないときは、当該売買契約を取り消したものとみなされます（20条4項）。催告2のケースにおいては、被保佐人は単独で取消しはできても追認できる立場にはありません。よって、無視して放っておいたとしても責められる立場にはありませんので、むしろ被保佐人の保護を考えて法律行為を取り消したものとみなすことにしているのです。

さて、ここまでは保佐の制度を例にとって説明してきました。保佐以外の制度についても次の表で確認しておいてください。とくに「取消し」とみなされるパターンをしっかりと押さえましょう。２パターンしかないので覚えやすいと思います。

制限行為能力者の相手方の催告権 B

	行為能力者となった後		制限行為能力者である間	
	催告の相手方	確答がない場合の効果	催告の相手方	確答がない場合の効果
未成年者	本人	追認	法定代理人（親権者・未成年後見人）	追認
成年被後見人	本人	追認	法定代理人（成年後見人）	追認
被保佐人	本人	追認	本人	取消し
			保佐人	追認
被補助人	本人	追認	本人	取消し
			補助人	追認

※催告は１か月以上の期間を定めてする。
※制限行為能力者である間は、未成年者・成年被後見人本人に対して催告しても、これらの者は受領能力がない（意思表示を受ける資格がない）ので（98条の2）意味がない。よって、法定代理人に対して催告することができるだけである。

（８）制限行為能力者の現存利益の返還

最後に、制限行為能力を理由に取り消された後の処理について説明しておきます。取り消された行為は、初めから無効であったものとみなされます（121条）。したがって、自分が相手方に渡した物は返してもらい、相手方から受け取った物は返すという巻き戻し、すなわち返還義務が相互に発生します。これを「原状回復義務」と言います（121条の２第１項）。A もっとも、制限行為能力者の側は、その行為

無効な無償行為に基づく債務の履行として給付を受けた者は、給付を受けた当時その行為が無効であることを知らなかったときは、その行為によって現に利益を受けている限度において、返還の義務を負う（121条の２第２項）。

によって現に利益を受けている限度（現存利益）において、返還義務を負うにとどまります（121条の2第3項）。要は、現存利益だけ返還すれば足りるのです。なお、行為の時に意思能力を有しなかった者（意思無能力者）も、同様にその行為によって現に利益を受けている限度において、返還の義務を負えば足ります。

現存利益とは、「返還の時点で現に手元に残っている利益」のことだよ。

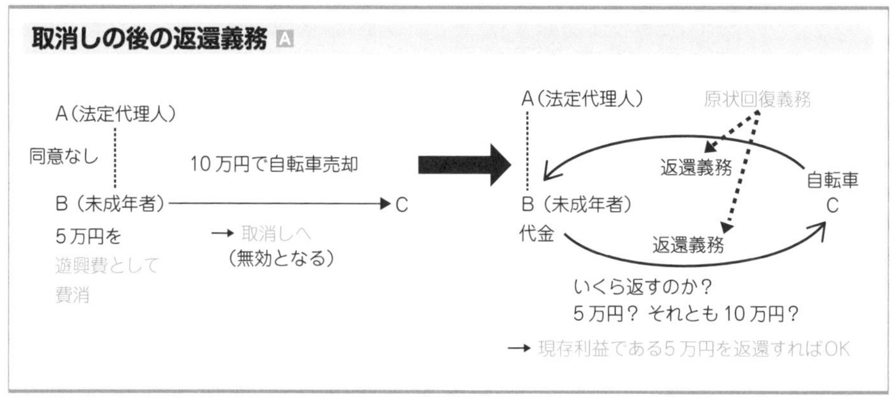

例えば、未成年者Bが、法定代理人Aの同意を得ないで、自己の有する自転車を10万円で売却する契約をCとの間で締結したとしましょう。その後、Bが未成年者であることを理由に当該売買契約を取り消したときは、Bは相手方Cから受け取った代金を返還しなければなりません（原状回復義務）。ですが、受け取った代金10万円のうち既に5万円を遊興費として費消していたため、現在手元に残っているのは5万円だけです。そして、A民法の規定によると、このようなときにはBは、現存利益である5万円だけを返還すれば足ります。つまり、ギャンブルや飲食でパ〜ッと使ったお金は返さなくてよいのです。これは制限行為能力者を徹底的に保護しようという趣旨に基づくものだと言われています。

同様の趣旨で、行為の時に意思能力を有しなかった者も、現存利益の返還で足りるよ（121条の2第3項）。

ただ、「現存利益」の考え方には注意を要します。すなわち、今回のように遊興費として費消した場合には「現存利益」がないと判断されますので、使ってしまったお金を返還する必要はないのですが、B生活費として使ったり、債務の支払いに充てたりした場合には「現存利益」があると判断されてしまい、使ったお金を返還しなければならなくなります（大判昭7・10・26）。ということは、結局、全部遊興費として使ってしまった方が得だということになりますね。ちょっと変な考え方なのですが、判例がそう言っているので覚えるしかありません。

PLAY! 理解度チェック

1. 胎児の権利能力が認められる場合とは？

1.
不法行為に基づく損害賠償請求、相続、遺贈を受ける、の３つの場合。

2. 未成年者本人が法定代理人の同意なく行った法律行為を取り消すときは、法定代理人の同意が必要なのか？

2.
必要ない。

3. 未成年者は、法定代理人が目的を定めて、又は目的を定めないで処分を許した財産を処分する際には、法定代理人の同意を得なければならないのか？

3.
得なくてもよい。

4. 未成年者が債権の弁済を受ける行為には法定代理人の同意が必要なのか？

4.
必要である。

5. 成年被後見人が同意を得て行った行為は取り消すことができるのか？

5.
取り消すことができる。

6. 保佐人の同意を得なければならない行為について、保佐人が被保佐人の利益を害するおそれがないにもかかわらず同意をしないときは、家庭裁判所は、被保佐人の請求により、（　　　　）を与えることができる。

6.
保佐人の同意に代わる許可

7．保佐人には、当然に代理権があるのか？

7．
ない。家庭裁判所に代理権付与の審判を請求し、特定の行為についての代理権を付与してもらわなければならない。しかも、この代理権付与の審判を請求する者が本人（被保佐人）でない場合には、本人の同意を得なければならない。

8．補助開始の審判は、同意権付与の審判や代理権付与の審判とともにしなければならないのか？

8．
ともにしなければならない。

9．補助開始の審判とともに、家庭裁判所に同意権付与の審判を請求する場合に、請求者が本人（被補助人）以外の者であるときは、（　　　　）を得なければならない。

9．
本人の同意

10．黙秘していた場合でも詐術にあたってしまう場合とは？

10．
ほかの言動と相まって相手方を誤信させ、又は相手方の誤信を強めた場合。

11．制限行為能力者本人は、いつから追認権を行使できるのか？

11．
行為能力を回復した後で、かつ取消権を有することを知った後。

12．制限行為能力者制度により取り消し得べき法律行為につき、相手方が1か月以上の期間を定めて、保佐人に対して、追認するかどうかを確答すべき旨の催告をしたにもかかわらず、保佐人がその期間内に確答を発しないときは、その法律行為はどうなってしまうのか？

12．
追認したものとみなされる。

13．制限行為能力を理由に法律行為が取り消された場合、制限行為能力者は、どの範囲で返還義務を負うのか？

13．
現に利益を受けている限度（現存利益）において、返還義務を負う。

TRY! 本試験問題に挑戦

権利能力及び行為能力に関するア〜オの記述のうち、妥当なもののみを全て挙げているのはどれか。 【国家一般職R2】

ア．自然人の権利能力は死亡によって消滅するため、失踪者が、失踪宣告によって死亡したものとみなされた場合には、その者が生存していたとしても、同宣告後その取消し前にその者がした法律行為は無効である。

ア．×
次の章で学習するので気にする必要はないが、失踪宣告によって死亡したものとみなされた場合、同宣告後その取消し前にその者がした法律行為は善意でなされたものであれば有効となる。

イ．未成年者は、法定代理人が目的を定めて処分を許した財産については、法定代理人の同意を得なくとも、その目的の範囲内において自由に処分することができるが、法定代理人が目的を定めないで処分を許した財産については、個別の処分ごとに法定代理人の同意を得なければ処分することはできない。

イ．×
法定代理人が目的を定めないで処分を許した財産についても、法定代理人の同意を得る必要はない。

ウ. 未成年者が法定代理人の同意を得ずに土地の売買契約を締結した場合、当該契約の相手方は、当該未成年者が成人した後、その者に対し、１か月以上の期間を定めて、その期間内に当該契約を追認するかどうかを確答すべき旨の催告をすることができ、その者がその期間内に確答しなかったときは、追認したものとみなされる。

ウ. ○
そのとおり。
未成年者が成人した後に、その者に対して催告した以上、確答なき場合は追認したものとみなされる。

エ. 成年被後見人は、日用品の購入その他日常生活に関する行為を単独で確定的に有効になすことができるが、これ以外の法律行為については、成年後見人の同意を得ても、単独で確定的に有効になすことはできない。

エ. ○
そのとおり。
成年被後見人に対する同意は意味がないからである。

オ. 被保佐人が、保佐人の同意を得ずに、同意が必要とされる行為をした場合、被保佐人自身のほか、保佐人も当該行為を取り消すことができる。

オ. ○
そのとおり。
取消権者は、被保佐人本人と保佐人の２人である。

1．ア、イ　　2．エ、オ　　3．ア、ウ、オ　　4．イ、ウ、エ
5．ウ、エ、オ

正答　5

TRY! 本試験問題に挑戦

民法に規定する制限行為能力者に関する記述として、妥当なのはどれか。

【特別区 R3】

1. 制限行為能力者は、成年被後見人、被保佐人、被補助人の３種であり、これらの者が単独でした法律行為は取り消すことができるが、当該行為の当時に意思能力がなかったことを証明しても、当該行為の無効を主張できない。

1．×
未成年者を加えて４種類である。また、意思能力がなかったことを証明すれば、当該行為の無効を主張できる（意思無能力無効）。

2. 制限行為能力者の相手方は、その制限行為能力者が行為能力者となった後、その者に対し、１か月以上の期間を定めて、その期間内にその取り消すことができる行為を追認するかどうかを確答すべき旨の催告をすることができる。

2．○
そのとおり。
期間内に確答がなければ、追認とみなされる。

3. 家庭裁判所は、精神上の障害により事理を弁識する能力が著しく不十分である者については、本人、配偶者、四親等内の親族、補助人、補助監督人又は検察官の請求により、後見開始の審判をすることができる。

3．×
著しく不十分である者については「保佐開始の審判」をすることができる。この場合の請求権者は、本人、配偶者、四親等内の親族、後見人、後見監督人、補助人、補助監督人又は検察官である。

4. 被保佐人は、不動産その他重要な財産に関する権利の得喪を目的とする行為をするには、その保佐人の同意を得なければならないが、新築、改築又は増築をするには、当該保佐人の同意を得る必要はない。

4．×
新築、改築、増築又は大修繕をするには、当該保佐人の同意を得る必要がある。

5. 家庭裁判所は、保佐監督人の請求により、被保佐人が日用品の購入その他日常生活に関する行為をする場合に、その保佐人の同意を得なければならない旨の審判をすることができる。

5．×
日用品の購入その他日常生活に関する行為をする場合に、その保佐人の同意を得なければならない旨の審判をすることはできない。

正答　2

TRY! 本試験問題に挑戦

無効及び取消しに関する次のア～オの記述のうち、妥当なもののみを全て挙げているのはどれか。　【国家一般職 Ｒ４】

ア. 無効な行為は、追認によっても、その効力を生じない。ただし、当事者がその行為の無効であることを知って追認したときは、遡及的に有効となる。

ア．×
当事者がその行為の無効であることを知って追認をしたときは、新たな行為をしたものとみされる。遡及的に有効となるのではない。

イ. 無効な無償行為に基づく債務の履行として給付を受けた者は、給付を受けた当時その行為が無効であることを知らなかったときは、その行為によって現に利益を受けている限度において、返還の義務を負う。

イ．○
そのとおり。
現に利益を受けている限度（現存利益）において、返還の義務を負うにとどまる。

ウ. 無効は、取消しとは異なり、意思表示を要せず、最初から当然に無効であり、当事者に限らず誰でも無効の主張ができるものであるから、無効な行為は、強行規定違反又は公序良俗違反の行為に限られる。

ウ．×
今後学習していくので、今は気にしなくてよいが、強行規定違反又は公序良俗違反の行為の場合のほかにも、心裡留保で相手方が悪意又は有過失の場合や通謀虚偽表示の場合は無効となる。

エ. 取り消すことができる行為の追認は、原則として、取消しの原因となっていた状況が消滅し、かつ、取消権を有することを知った後にしなければ、その効力を生じない。

エ．○
そのとおり。
なお例外は、法定代理人又は制限行為能力者の保佐人若しくは補助人が追認をするときと、制限行為能力者（成年被後見人を除く）が法定代理人、保佐人又は補助人の同意を得て追認をするときの２つである。

オ. 追認をすることができる時以後に、取り消すことができる行為について取消権者から履行の請求があった場合は、取消権者が異議をとどめたときを除き、追認したものとみなされる。

オ．○
履行の請求は法定追認事由である。

1．ア、ウ　2．イ、エ　3．エ、オ　4．ア、ウ、オ
5．イ、エ、オ

正答　5

2 失踪宣告

重要度 ★★★

頻出度 ★★★

失踪宣告……。何となく知っている言葉だが、「死亡したものとみなす」制度であることを知っている人はあまりいない。試験ではたまに出題される程度なので、さらっと読み流す程度でOK。

1 失踪宣告とは？

「失踪宣告」とは、不在者の生死不明の状態が一定期間続いた場合、利害関係人のため、家庭裁判所が不在者を死亡したものとみなし、法律関係の安定を図る制度です。こういう言い方は語弊があるのですが、「合法的に人を殺す？」制度のことです。失踪宣告が下されると、失踪者は死亡したものとみなされます。つまり、死亡が擬制されます。したがって、その者について①相続が開始され、②残存配偶者は再婚できるようになります。結構強烈ですよね。ただ、A失踪宣告の制度は、失踪者の権利能力を奪う制度ではありません。よって、失踪者もどこかで生きていれば、当然契約等の法律行為をすることができます。この点には注意を要します。

失踪宣告には2種類あります。「普通失踪」と「特別失踪」の2つです。厳寒期に認知症のおじいちゃんがふら～っと出て行ってしまい、ずっと帰ってこないような場合に申し立てるのが「普通失踪」です。最もよく起こり得る、オーソドックスなパターンです。

一方、戦地に臨んだ、船舶が沈没した、航空機の事故に遭った……など、何らかの危難があり、生死不明に陥ったという場合に申し立てるのが「特別失踪」です。それゆえ「特別失踪」のことを「危難失踪」なんて呼ぶこともあります。では、それぞれの要件と効果を見ていきましょう。

普通失踪 A

生存が確かめられた**最後の時（最後の音信）から７年間**明らかでないときは、家庭裁判所は、**利害関係人の請求**により、失踪宣告をすることができる（30条1項）。そして**７年が満了した時**に死亡したものとみなされる（31条）。

特別失踪（危難失踪） A

戦地に臨んだ場合、船舶の海難事故、飛行機事故、災害等の**危難が去った後１年間**生存が明らかでないときは、家庭裁判所は、**利害関係人の請求**により、失踪宣告をすることができる（30条２項）。そして、**危難が去った時**に死亡したものとみなされる（31条）。こちらは、死亡とみなされる時期が「危難が去ってから１年経過後」ではないので注意しよう。

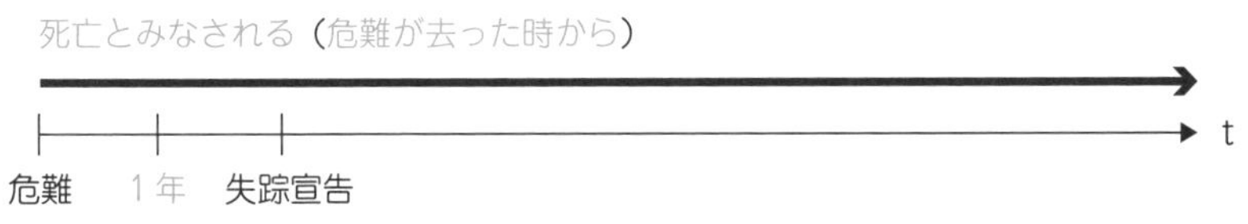

なお、失踪宣告を請求できるのは、配偶者、相続人等の**法律上の利害関係人（×事実上の利害関係人）**です。また、**検察官は請求権者に含まれません**（失踪宣告の取消しも同じ）。

2 失踪宣告の取消し

失踪宣告を受けた者が、生存していて帰ってきたり、死亡とみなされた時期と異なる時期に死亡していたりしても、B それだけで失踪宣告をなかったことにはできません。この場合には、家庭裁判所が失踪宣告の取消しをしなければなりません。つまり、①失踪者が生存すること、又は②死亡とみなされた時期と異なる時期に死亡していたことが証明されたときは、家庭裁判所は、本人又は利害関係人の請求（×事実上の利害関係人、×検察官）により、失踪宣告を取り消さなければなりません。

そして、この失踪宣告が取り消されると、失踪宣告がなかったことになるので、いったん失踪宣告で変動した財産上及び身分上の法律関係は、無効となるのが原則です。しかし、これを貫くと法律関係が複雑になり混乱を招きます。そこで、民法は法律関係の安定の見地から、若干の調整条文を置いています。

まず、A失踪宣告によって財産を得た者は、その取消しによって権利を失うわけですが、失踪者が実は生きていたということについて善意であれば現に利益を受けている限度（現存利益）で返還すれば足ります（32条2項）。この「現に利益を受けている限度」とは、残っている分だけ返せばいいよ、という意味でしたね。逆に悪意であれば、利息を付けた上ですべてを返還することになります。また、損害があるときには、その損害も賠償しなければなりません（704条）。次の図を見てください。

「善意」とは、知らないことを意味するよ。逆に「悪意」は知っていることを意味するんだ。いい人とか悪い人という意味ではないんだね。

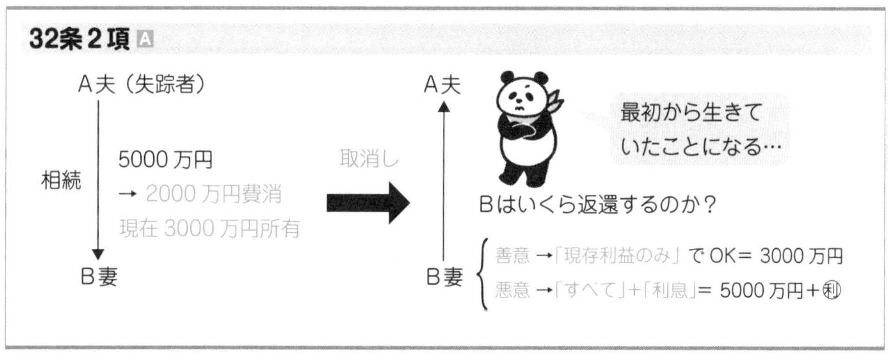

例えば、夫Aが失踪宣告により死亡したものとみなされ、妻BがAから5000万円を相続したとしましょう。そしてBは相続した5000万円のうち、2000万円を費消してしまいました。したがって、現在手元に残っているお金は3000万円です。その後Aが生きていることが判明し、失踪宣告が取り消されました。さて、この場合、BはAにいくら返す必要があるのでしょうか？　結論から言うと、AAが生きてい

ることをＢが知らなければ（善意）、手元に残っている3000万円だけを返還すれば足ります。しかし、Ａが生きていることをＢが知っていれば（悪意）、5000万円に利息を付けて返還する必要があります。また、損害があるときには、その損害も賠償しなければなりません。このように、返還の範囲はＢの主観によって決まることになります。

次に、民法の条文によると、A失踪宣告後その取消し前に「善意でした行為」は、取消しにもかかわらずその効力を妨げられません（32条１項後段）。つまり、有効となります。これはちょっと難しいので、次の図で示して解説します。

32条１項後段 A

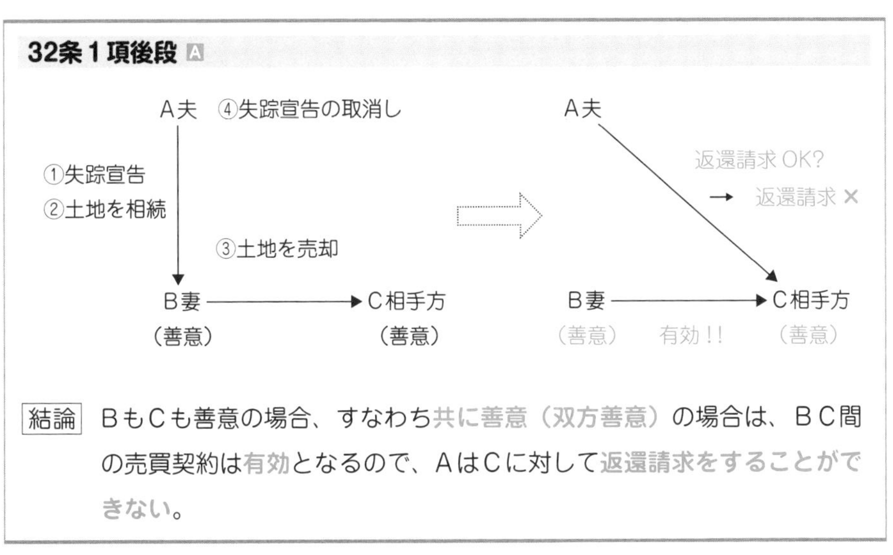

結論　ＢもＣも善意の場合、すなわち共に善意（双方善意）の場合は、ＢＣ間の売買契約は有効となるので、ＡはＣに対して返還請求をすることができない。

例えば、夫Ａが失踪宣告により死亡したものとみなされた後、妻ＢはＡから相続した土地を相手方Ｃに売却したとしましょう。Ｂは土地を売って生活費を捻出しようとしたわけですね。しかし、その後Ａの失踪宣告が取り消され、ＡはＣに対して土地の返還を求めています。このとき、ＢＣ間の売買契約はどうなってしまうのでしょうか？　ＢＣ間の売買契約が有効ならば、ＣはＡの返還請求を拒めますが、ＢＣ間の売買契約が無効ならば、ＣはＡの返還請求を拒めません。さぁどうでしょう？

この点判例は、AＢＣ間の売買契約時に、ＢがＡの生存につき善意で、かつＣもＡの生存につき善意であれば、ＢＣ間の売買契約は有効となるとしています（大判昭13・２・７）。つまり、ＢＣ双方が善意である場合にだけ、ＢＣ間の売買契約が有効となるのです。逆に言うと、B どちらか一方が悪意であれば（あるいは双方が悪意であれば）、ＢＣ間の売買契約は無効となります。

PLAY! 理解度チェック

1. 失踪宣告の制度は、失踪者の権利能力を奪う制度なのか？

1. 権利能力を奪う制度ではない。

2. 普通失踪で死亡とみなされる時期はいつか？

2. ７年が満了した時。

3. 特別失踪で死亡とみなされる時期はいつか？

3. 危難が去った時。

4. 失踪宣告によって財産を得た者は、その取消しによって権利を失うが、常に現に利益を受けている限度で返還すれば足りるのか？

4. 善意であるときのみ現に利益を受けている限度（現存利益）で返還すれば足りる。

5. 失踪宣告の取消しは、失踪宣告後その取消し前に善意でした行為の効力に影響を及ぼさないが、ここに言う「善意」とは、当事者の一方のみが善意であれば足りるのか？

5. 当事者の一方のみでは足りない。当事者双方が善意でなければならない。

TRY! 本試験問題に挑戦

民法に規定する失踪の宣告に関する記述として、通説に照らして、妥当なのはどれか。
【特別区 H26】

1. 失踪の宣告によって財産を得た者は、その取消しによって権利を失うので、善意の場合であっても、法律上の原因を欠く不当な利益として、失踪の宣告によって得た財産のすべてを返還しなければならない。

1. ×
善意の場合は、現存利益のみの返還で足りる。

2. 失踪の宣告がなされると、死亡したのと同じ扱いがなされるので、不在者は、仮に生存していたとしても宣告と同時に権利能力を剥奪される。

2．×
失踪宣告は、権利能力を剥奪する制度ではない。

3. 失踪の宣告は一律で強力な対世的効力を持つものであるから、単に事実上の利害関係を有する債権者も、失踪の宣告を請求することができる利害関係人に含まれる。

3．×
単に事実上の利害関係を有する債権者は、失踪宣告を請求することができる利害関係人には含まれない。

4. 不在者の生死が7年間明らかでないときは、家庭裁判所は、利害関係人の請求により、失踪の宣告をすることができ、当該宣告を受けた不在者は、失踪した時に死亡したものとみなす。

4．×
7年が満了した時に死亡したものとみなされる。

5. 沈没した船舶の中に在った者の生死が船舶の沈没後1年間明らかでない場合に失踪の宣告を受けた者は、当該船舶が沈没した時に死亡したものとみなす。

5．○
そのとおり。
危難が去った時に死亡したものとみなされる。

正答　5

TRY! 本試験問題に挑戦

民法に規定する失踪の宣告に関する記述として、通説に照らして、妥当なのはどれか。【特別区 R1】

1. 失踪の宣告は、失踪者の権利能力を消滅させるものであるから、その者が他の土地で生存していた場合に、その場所でした法律行為は無効である。

1．×
失踪宣告は、失踪者の権利能力を消滅させるものではない。よって、失踪者が他の土地でした法律行為は有効である。

2. 家庭裁判所は、失踪者が生存することの証明があったときに限り、本人又は利害関係人の請求により、失踪の宣告を取り消すことができる。

2．×
死亡したとみなされた時と異なる時に死亡したことの証明があった場合にも、請求により失踪の宣告を取り消すことができる。

3. 家庭裁判所は、不在者の生死が7年間明らかでないときは、利害関係人又は検察官の請求により、失踪の宣告をすることができるが、当該利害関係人には、単なる事実上の利害関係を有するにすぎない者は含まれない。

3．×
失踪宣告の請求ができるのは利害関係人であって、検察官は含まれない。なお、単なる事実上の利害を有するにすぎない者が含まれない点は正しい。

4. 沈没した船舶の中に在った者の生死が当該船舶が沈没した後1年間明らかでない場合に失踪の宣告を受けた者は、当該船舶が沈没した後1年の期間が経過した時に、死亡したものとみなされる。

4．×
危難が去った時に、死亡したものとみなされる。

5．失踪の宣告によって財産を得た者は、その取消しによって権利を失うが、その者が善意の場合には、現に利益を受けている限度においてのみ、その財産を返還する義務を負う。

5．○
そのとおり。
善意の場合は現存利益のみの返還で足りる。

正答　5

3 権利能力なき社団

重要度
★★★
頻出度
★★★

以前、民法の中には法人に関する規定がたくさん置かれていた。しかし、現在はごっそりと抜け落ちている。というのも、「一般社団法人及び一般財団法人に関する法律」ができて、そちらに移ってしまったからだ。ゆえに、事実上残っている論点は「権利能力なき社団」のみだ。

1 法人の種類

法人の種類は分類の方法によって様々です。試験で出題されることはほとんどありませんが、一応まとめておきます。スルーしても構いません。

(1)法人とは?

法人とは、自然人以外で法律によって権利能力を付与されたものを言います。法によって擬制された人というわけです。法人の権利能力のことを法人格と言います。民法の法人規定は多くありません。というのも、法改正により、大部分が一般法人法の方に移行してしまったからです。

法人は、民法その他の法律の規定によらなければ、成立しません(民法33条1項、法人法定主義)。法人には様々な類型がありますが、いずれにせよ次に述べる一般法人や会社などは法律が定める要件さえ満たせば比較的簡単に設立することができます。これを準則主義と言います。

ただ、B法人格が全くもって形骸化している場合、又は法律の適用を回避するために濫用されている場合には、法人格は否認され、背後にいる自然人と同人格と扱われます(最判昭44・2・27、法人格否認の法理)。なお、法人の種類は次の通りです。

法人の種類 B

社団法人:権利能力が社団に対して与えられる場合。

財団法人:権利能力が財産に対して与えられる場合。

一般法人:営利を目的としない法人である(一般社団法人と一般財団法人がある)。このうち、とくに公益目的事業を実施することにより、行政庁

（内閣総理大臣又は都道府県知事）から公益認定を受けたものを「公益法人」（公益社団法人、公益財団法人）と呼ぶ。一般法人を設立するには、定款を作成しなければならない（一般法人法10条１項、152条１項）。一般社団法人は理事会の設置が任意であるが（60条２項）、一般財団法人は理事会の設置が義務付けられている（170条１項）。また、一般法人の理事は、その任務を怠ったときは、これによって法人に生じた損害を賠償する責任を負う（111条１項、198条）。また、理事に、その職務を行うについて悪意又は重過失があったときは、これによって第三者に生じた損害を賠償する責任を負う（117条１項、198条）。さらに、法人は、代表理事その他の代表者がその職務を行うについて第三者に加えた損害を賠償する責任を負う（78条、197条）。

営利法人：経済的利益（営利）を追求するとともに、その経済的利益を構成員に分配することを目的とする法人。会社など。

（2）法人の権利能力

法人は、法令の規定に従い、定款で定められた目的の範囲内でしか、権利を有し、義務を負いません（民法34条）。ということは、この「目的の範囲内」か否かの判断基準が非常に大切になるわけですが、定款の記載自体から推測して、客観的・抽象的に判断されることになっています。例えば、会社の政党に対する寄附を、会社の目的の範囲内であるとした判例（最大判昭45・６・24、八幡製鉄事件）がある一方で、税理士会が政党に金員を寄附することは税理士会の目的の範囲外なので、決議は無効だとした判例があります（最判平８・３・19、南九州税理士会事件）。また、農協が組合員以外の者に金員を貸し付けた事案においても、目的の範囲外だから無効だとされました（最判昭41・４・26、農協貸付事件）。

法人の機関設計 B

	必置機関	任意機関
一般社団法人	社員総会、理事	理事会、監事、会計監査人
一般財団法人	評議員、評議員会、理事、理事会、監事	会計監査人

2 権利能力なき社団（権能なき社団）

団体は、設立の登記をし、法人格を取得すれば権利能力が付与されます（法人格の取得）。しかし、権利能力なき社団は、社団としての実体を有しながら、法人格を取得していない（設立の登記をしていない）ものを言います。例えば、サークルや同好会、町内会や同窓会などがその典型ですね。判例は権利能力なき社団に該当するための要件を述べており、この要件は繰り返し過去問で出題されています。

権利能力なき社団の要件（最判昭39・10・15）A

①団体としての組織を備えていること。
②多数決原理が採られていること。
③構成員の変更にかかわらず団体が存続すること（団体自体が構成メンバーから独立していること）。
④代表の方法、総会の運営、財産の管理その他団体としての主要な点が確定していること。

どうでしょう？　あなたが所属しているサークルなどはこれらの条件をすべて充足していますか？　「②や④があやしいな～」なんて思ったら、その団体は権利能力なき社団ですらない単なる烏合の衆の可能性があります（笑）。

3 権利能力なき社団の取扱い

さて、ここからは権利能力なき社団の法律上の取扱いについて説明していきます。次の図を見てください。

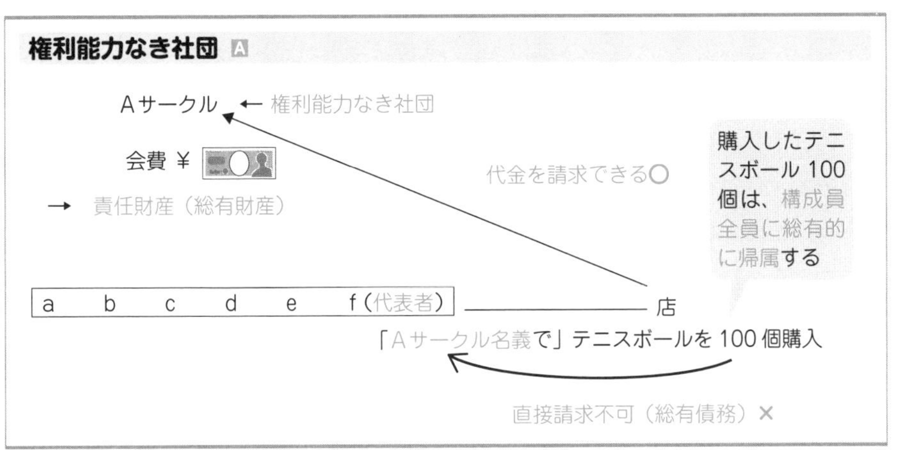

例えば、あなたの所属しているAサークル（テニスサークル）があるとします。Aサークルは設立の登記をしていないので「権利能力なき社団」であるという前提で考えます。Aサークルにはメンバーがa～fまでおり、そのうちのfは代表者です。そして、各メンバーが会費を支払い、その財産を基に活動をしています。あるとき、代表者のfはテニスショップに行き、Aサークル名義でテニスボール100個を購入しました。これが図の意味するところです。この場合、以下のような結論を導き出すことができます。

（1）財産は構成員全員に総有的に帰属する

A権利能力なき社団（Aサークル）の財産（例えば会費やテニスボール100個）は、構成員全員に総有的に帰属します（総有財産）。つまり、全員の財産となるので、各人は、他の構成員と仲良くそのボールを使用することしかできません。Aそれ以外の持分の処分や分割請求などはできません。例えば、「俺にはこのくらいの持分があ

> 総有とは、みんなの財産、つまり共同所有だと思っておこう。総有は、それぞれが使用権を持つのだけど、持分権は有しない。だから、持分の処分や分割請求はできないんだ。

るはずだ」と主張してみたり、「100個のボールのうち20個は俺のものだ」と主張することはできません。

(2) 債務も構成員全員に総有的に帰属する

A権利能力なき社団(Aサークル)の債務(ボールの代金支払債務等)も、構成員全員に一個の債務として総有的に帰属します(総有債務)。したがって、A構成員は個人責任を負わないので、店の側は個人であるa～fに対してテニスボール100個の代金を請求することはできません(代表者fに対しても請求できない)。つまりこの場合、店の側は総有財産である会費から代金を回収することができるだけになります。ということは、会費が十分集まっていなければ、店の側が損害を被ることになります。

(3) 社団名義や肩書付きの代表者名義では登記ができない

A権利能力なき社団が不動産を保有する場合(自治会館など)、当該不動産も総有財産の1つなので、社団名義で登記をすることはできません。権利能力なき社団は、そもそも権利能力がないわけですから「所有権」を持つことができません。したがって、登記もできないのです。また、A肩書付きの代表者名義(○○自治会会長△△)の登記もできません。肩書により、その団体があたかも権利能力を有するがごとく映ってしまうからです。つまり、もし登記をするということであれば、代表者の単なる個人名義の登記によるか、構成員全員の共有名義の登記によるしかありません。ただ、代表者の単なる個人名義の登記をした場合、代表者が変われば、新しい代表者が旧代表者に対して移転登記を請求しなければならず、結構面倒なことになります……。

不動産の権利関係を明らかにする書類だよ。所有権を持っている人が自己の権利を保全するために備えることが多いよ。

なお、権利能力なき社団に対して債権を有する債権者が、第三者が登記名義人とされている権利能力なき社団の総有財産(不動産)に仮差押えをする場合には、Bその不動産が社団の構成員の総有に属する事実を証明する書面を添付しなければなりません。登記名義人と実際の所有権を有する者とがずれているからです。ただ、Bそれ以上に確定判決などの文書を添付することまでは必要ありません(最決平23・

２・９)。仮差押えは強制執行（差押え）の前段階の保全措置であって強制執行そのものとは異なるからです。

（4）訴訟の主体にはなれる

民事訴訟法は、権利能力なき社団に当事者能力を認めています。つまり、「訴訟の場面」では権利能力なき社団が原告となって誰かを訴えたり、反対に誰かから被告として訴えられたりすることができます。

（5）権利能力なき社団とその後設立した法人は同一性がある

このように、権利能力なき社団のままにしておくと色々と法律関係が面倒ですね。そこで、設立登記をして法人格を取得してしまおうと考える社団もあるわけです。この場合には、B社団としての同一性はそのまま維持されるので、権利能力なき社団の従前の実質的な権利義務関係は自動的に（何らの手続もせず）設立された法人に移転されることになります。なぜなら、結局両者の違いは法人格のあるなしに過ぎない以上、そのまま権利義務関係を承継させるのが便宜だからです。

PLAY! 理解度チェック

1. 一般法人を設立するためには、（　　　　）を作成しなければならない。

2. 権利能力なき社団の要件は、①団体としての組織を備えていること、②多数決原理がとられていること、③構成員の変更にかかわらず団体が存続すること、の３つで足りるか？

3. 権利能力なき社団の債務につき、構成員は個人責任を負うのか？　また、代表者はどうか？

1.
定款

2.
さらに、④代表の方法、総会の運営、財産の管理その他団体としての主要な点が確定していることも必要である。

3.
負わない。代表者も負わない。

4. 権利能力なき社団が不動産を保有する場合、社団名義で登記をすることはできないが、肩書付きの代表者名義で登記をすることはできるのか？

4.
できない。

5. 権利能力なき社団が法人格を取得した場合、権利能力なき社団の従前の実質的な権利義務関係は自動的に設立された法人に移転されるのか？

5.
自動的に移転される。

TRY! 本試験問題に挑戦

権利能力のない社団に関する記述として、最高裁判所の判例に照らして、妥当なのはどれか。 【特別区H30】

1. 権利能力のない社団の成立要件は、団体としての組織を備え、多数決の原則が行なわれ、構成員の変更にもかかわらず団体そのものが存続し、その組織によって代表の方法、総会の運営、財産の管理その他団体としての主要な点が確定しているものでなければならないとした。

1．○
そのとおり。
4つの要件を備える必要がある。

2. 権利能力のない社団の代表者が社団の名においてした取引上の債務は、その社団の構成員全員に、一個の義務として総有的に帰属するものであり、社団の総有財産がその責任財産となるだけでなく、構成員各自も、取引の相手方に対して、直接、個人的債務ないし責任を負うとした。

2．×
構成員各自は、取引の相手方に対して、直接、個人的債務ないし責任を負わない。

3． 権利能力のない社団の財産は、当該社団を構成する総社員の総有に属するものであるが、総有の廃止その他財産の処分に関して総社員の同意による定めがない場合であっても、当該社団を脱退した元社員は、当然に、当該財産に関して、共有の持分権又は分割請求権を有するとした。

3．×
総有には持分権という概念がない。それゆえ持分権を有することもなければ、分割請求権を有することもない。

4． 権利能力のない社団の資産は、当該社団の構成員全員に総有的に帰属しているのであり、社団自身が私法上の権利義務の主体となることはないから、当該社団の資産である不動産について、当該社団が不動産登記の申請人となることは許されないが、社団の代表者である旨の肩書きを付した代表者個人名義の登記をすることは許されるとした。

4．×
社団の代表者である旨の肩書きを付した代表者個人名義の登記をすることも許されない。

5． 権利能力のない社団を債務者とする金銭債権を有する債権者が、当該社団の構成員全員に総有的に帰属し、当該社団のために第三者が登記名義人とされている不動産に対し仮差押えをする場合、仮差押命令の申立書に、当該不動産が当該社団の構成員全員の総有に属することを確認する旨の当該債権者と当該社団及び当該登記名義人との間の確定判決を必ず添付しなければならないとした。

5．×
強制執行である差押えとは異なり、仮差押えをする場合は、確定判決を添付する必要はない。その不動産が社団の構成員の総有に属する事実を証明する書面を添付すれば足りる。

正答　1

4 意思表示(1)

重要度 ★★★

頻出度 ★★★

これから2回に分けて「意思表示」を見ていく。民法総則の中では最頻出のテーマであり、毎年どこかで出題されている。心して挑むべし。

1 法律行為

(1) 公序良俗無効

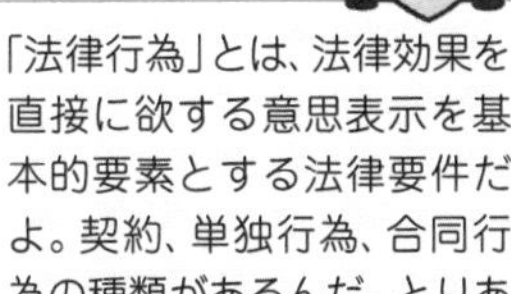

「法律行為」とは、法律効果を直接に欲する意思表示を基本的要素とする法律要件だよ。契約、単独行為、合同行為の種類があるんだ。とりあえず、受験生的には「法律行為＝契約」と思っておこう。

意思表示を見る前に、まずは法律行為全般のルールを説明しておきます。私的自治の原則の下、契約などの法律行為の内容は自由に決めることができます。これを「法律行為自由の原則」ないし「契約自由の原則」と言います。しかし、これにも限界があります。例えば、B公の秩序又は善良の風俗に反する法律行為は、無効となります（90条）。

例えば、殺人請負契約や妾（めかけ）契約などはたとえ当事者が合意しても無効ですよね（笑）。普通に考えて社会的妥当性を欠くからです。この公序良俗に反する行為は、「絶対的無効」と言って、Bあとで追認したとしても決して有効になることはありません（追認自体が無効となる）。そして、Bこの無効は誰でも主張することができます。また、法律行為の内容は公序良俗に反しないものの、当事者の動機（心の中のきっかけ）が公序良俗に反する場合、その法律行為は有効となるのか？ という論点もあります。この点については、B動機が相手方に表示されて意思表示の内容になった場合には、無効となると考えていきます（動機の不法）。

(2) 意思表示とは？

意思表示とは、一定の法律効果の発生を望む意思の表明です。意思表示の形成過程は次の通りです。

意思表示の形成過程 B

①動機
↓
②内心的効果意思（内心）
↓
③表示意思※
↓
④表示行為（表示）
↓
⑤実際の結果

②〜④：意思表示の要素

※表示意思を内心的効果意思に組み込んでしまう場合もある。

たとえば、家を売却する場合、転勤になったから売ろうという何かしらのきっかけ（①動機）があって、家を売ろうと心の中で思います（②内心的効果意思＝内心）。そして、売却すると言おうと心に決め（③表示意思）、実際に売りますと言う（④表示行為＝表示）、という流れをたどります。この場合、**②〜④が意思表示の要素**となります。そして、大体トラブルになるのは、②と④がズレるケースです。思ってもいないことを言っちゃった……みたいな場合ですね。これを前提に次を読み進めていくとわかりやすいと思います。

2 心裡留保（93条）

「心裡留保（しんりりゅうほ）」とは、意思表示の表意者が表示に対応する**真意がないことを知りながら**する単独の意思表示を言います。簡単に言うと、冗談を言うイメージです。例えば、AがBに対して、「１万円で僕のフェラーリを売ってあげるよ」という意思表示をしたとします。このとき、Aはフェラーリをそんな破格の値段で売るつもりはさらさらありません。要するに冗談で言ったのです。A このように内心と表示がずれていることを認識しながらあえてする意思表示が心裡留保です。さて、ここでBは「マジですか先輩！ もちろん買いますよ」と買う気満々でいたとしましょう（笑）。このようなAがした「１万円で僕のフェラーリを売ってあげる」という意思表示は有効なのか、無効なのかどちらになるのでしょうか？ この点、民法は、A Aの心裡留保に基づく意思表示は原則有効としています（93条１項本文）。早い話、相手方Ｂを保護するためにこのような扱いにしたのです。しかし、🄰Ｂが「Ａは売る気がない」と知っていた（悪意）場合や、Ｂが「Ａは売る気がない」と知らなくても注意すれば知り得た（有過失）場合には、Ｂを保護する必要はないので、例外的に無効となります（93条１項ただし書）。

「善意」は知らないという意味だったよね。一方、「有過失」とは、注意すれば知り得たということ、つまり不注意な心理状態のことを指すよ。ちなみに有過失の逆は「無過失」と言うんだ。

ただ、このように当事者間で心裡留保の意思表示が無効になる場合でも、🄰その無効は善意の第三者（Ｂから善意で転売を受けたＣなど）には対抗できません（93条２項）。「対抗できない」というのは、要するに当該第三者に対して無効だと主張できないという意味です。第三者にとっては、ＡＢ間の無効など知ったこっちゃないからですね。

心裡留保（93条） 🄰

フェラーリ　「１万円で売ります」← 表示

Ａ ――――――→ Ｂ

（売る気なし）← 真意

真意と表示が一致していない…。つまり、思ってもいないことを言う。これが「心裡留保」だ！

結論　この場合のＡの意思表示は、原則有効である。しかし、Ｂが「Ａは売る気がない」と知っていた（悪意）場合や、Ｂが「Ａは売る気がない」と知らなくても注意すれば知り得た（有過失）場合には、例外的に無効となる。ただ、その場合でも、その無効は善意の第三者（Ｂから善意で転売を受けたＣ）には対抗できない。

理由　Ｂは売ってもらえると信頼することから、Ｂの保護を第一に考えて原則有効とする。しかし、Ｂが悪意又は有過失である場合には、Ｂを保護する必要がない。よって、例外的に無効になる。

なお、心裡留保の規定は、相手方のない意思表示（遺言等）についても適用されますが、身分行為（婚姻や離婚、認知、養子縁組など）には適用されません。これらの行為は性質上「真意」がとにかく大切なので、心裡留保の規定は適用しないのです。すなわち、常に無効となるということですね。

3 虚偽表示（94条）

（1）虚偽表示とは

「虚偽表示」とは、相手方と通謀してなした虚偽の意思表示です。簡単に言うと、相手と結託して嘘っぱちの意思表示をすることを言います。まずは次の図を見てください。

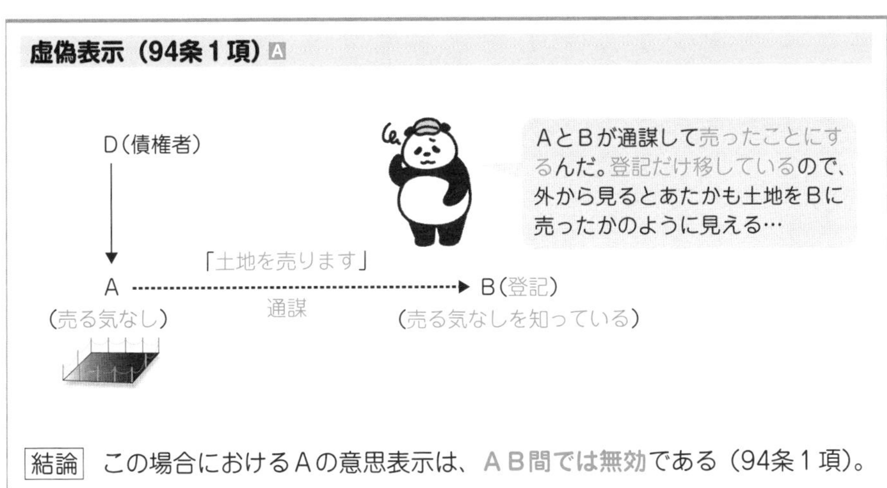

例えば、AがDから借金をしているとします。Aは土地を所有していますが、このまま所有権を持っていると債権者のDから土地を差し押さえられてしまう状況にあります。つまり、Aは無資力なのです。そこで、Aは友人のBのところに飛んで行って、Bに「俺に所有権は残しておくつもりだけど、登記だけお前名義に移させてくれ」と頼みます。つまり、登記をBに移すことによって、本当は売っていないのに、売ったような外観を作り出し、Dからの強制執行を免れようという魂胆です。Bは悩んだ挙句、Aのお願いを承諾することにしました。さて、このようなAB間の意思表示を「虚偽表示」と

> 登記は、不動産（土地や建物）の権利関係を記載した書面だったよね。通常はこれを見て取引に入るよ。

言うわけですが、果たしてこの意思表示を有効と扱ってよいのでしょうか？　普通に考えて誰も得をしない上、そもそもやらせの意思表示ですからね……。したがって、Ａ当然無効になります（94条１項）。受験生的には、「虚偽表示＝当事者間では無効」と覚えましょう。

しかし、たとえ、当事者間で無効であっても、その無効を第三者に対抗できるのかと言うとそれは話が別です。つまり、ＡＡＢ間で無効であっても、その無効をＡは「善意の第三者」には対抗できないのです（94条２項）。次の図を見ましょう。

「対抗する」とは、主張するという意味だよ。この後よく出てくるから覚えておくといいよ。

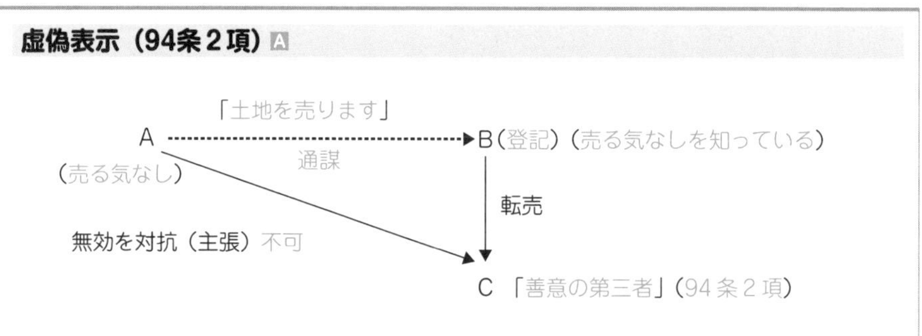

結論　たとえ、ＡＢ間で無効であっても、その無効をＡは「善意の第三者」Ｃには対抗できない（94条２項）。よって、Ｃが土地の所有権を確定的に取得する。

この図では、第三者ＣがＢから転売を受けていますね。第三者Ｃは、Ｂのところに登記があるので、当然Ｂが正当な所有者だと信じて取引に入ったのでしょう。現に、ＣはＡＢ間の虚偽表示については「善意」です。したがって、このような場合にはＣの信頼を最大限保護しなければなりません。そこで、たとえＡＢ間では無効であっても、その無効をＡは「善意の第三者」Ｃには対抗できないことにしたのです(94条２項)。これにより、Ｃは土地の所有権を確定的に取得することができます。要は、自ら虚偽表示をしたＡよりも善意で取引に入ったＣを保護すべきなのです。

なお、Ａ裁判の場面における「善意」の主張・立証は、第三者が行うことになります(最判昭35・２・２)。「私は善意です」ということをＣの側が主張・立証しなければならないということですね。また、この場合の第三者は善意であればよいので、

A 無過失までは要求されませんし、土地の登記を備えている必要もありません。さらに、第三者の主観は、取引当時（図中の転売時にあたる）を基準として決めます。よって、取引当時は善意であったのに、その後悪意になったという場合には、善意として扱われることになります。最初は知らなかったけど、よくよく調べてみると虚偽表示があったことが判明……などというケースはたくさんあるわけで、その場合をすべて悪意扱いにするのはあまりにも第三者にとって酷になってしまうからです。

（2）悪意の第三者からの転得者

では、次に、第三者が悪意である場合に、その悪意の第三者からさらに転売を受けた人がいたときはどうなるのでしょうか？　まずは図で確認です。

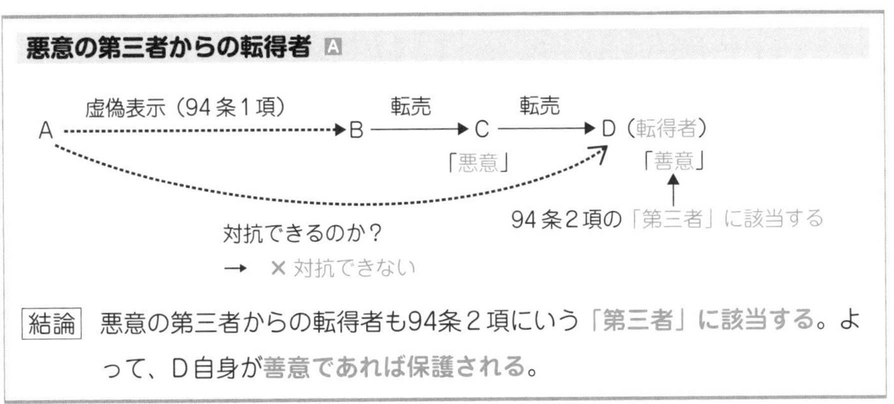

ＡＢ間の売買が虚偽表示によってなされ、第三者Ｃが悪意であるとします。このとき、ＡはＣに対してはＡＢ間の無効を対抗できます。では、Ｃからさらに譲り受けた転得者Ｄに対しては無効を対抗できるのでしょうか？　言い方を変えると、Ｄは94条２項の「第三者」として保護されることがあるのでしょうか？　この点、A 判例は、悪意の第三者からの転得者も94条２項にいう「第三者」に該当するとしています。よって、Ｄ自身が善意であれば保護されることになります（最判昭45・７・24）。

（3）絶対的構成

最後に、「絶対的構成」について説明しておきます。これは、善意の第三者からの悪意の転得者は保護されるのか？ という問題です。

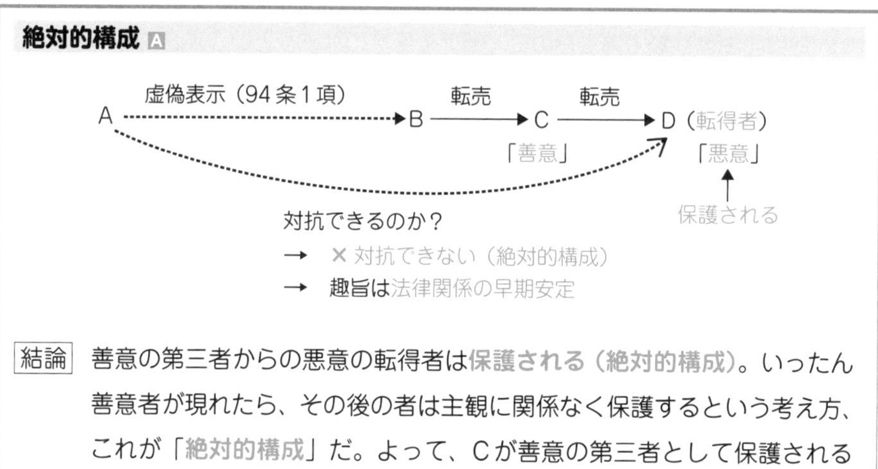

結論 善意の第三者からの悪意の転得者は**保護される（絶対的構成）**。いったん善意者が現れたら、その後の者は主観に関係なく保護するという考え方、これが「**絶対的構成**」だ。よって、Cが善意の第三者として保護される以上、その後のDはたとえ悪意であっても保護される。

この図にあるように、A第三者Cが善意である場合、その後に譲り受けたDは、たとえ**悪意であっても保護されます**。これを「**絶対的構成**」と言います。こうしておかないと、いつになっても**法律関係が安定しないから**です。例えば、各人の主観で保護されるか否かを考えてしまうと、その後善意のEが出てきたらAは無効を対抗できない……、さらに悪意のFが出てきたらAは無効を対抗できるという形になり、いつになっても法律関係が安定しないことになります。そこで、いったん善意者が現れたら、「その後の者は主観に関係なく一律に保護する」としてしまうのです。

（4）94条2項の「第三者」とは？

前述のように、虚偽表示による無効は、善意の「第三者」に対抗することができません。では、無効を対抗できない**94条2項の「第三者」**とは具体的にどのような者を指すのでしょうか？　この点、一般的には、「虚偽表示の当事者及び包括承継人（相続人）以外の者であって、虚偽表示の外形について**新たな**、**独立の**、**法律上の**利害関係を有するに至った者」を指すと言われています。具体的には次に示すとおりです。ただ、ここは後で勉強する内容がたくさん出てくるので、今のところは何となく理解しておけばOKです。

94条２項の「第三者」にあたるか否か

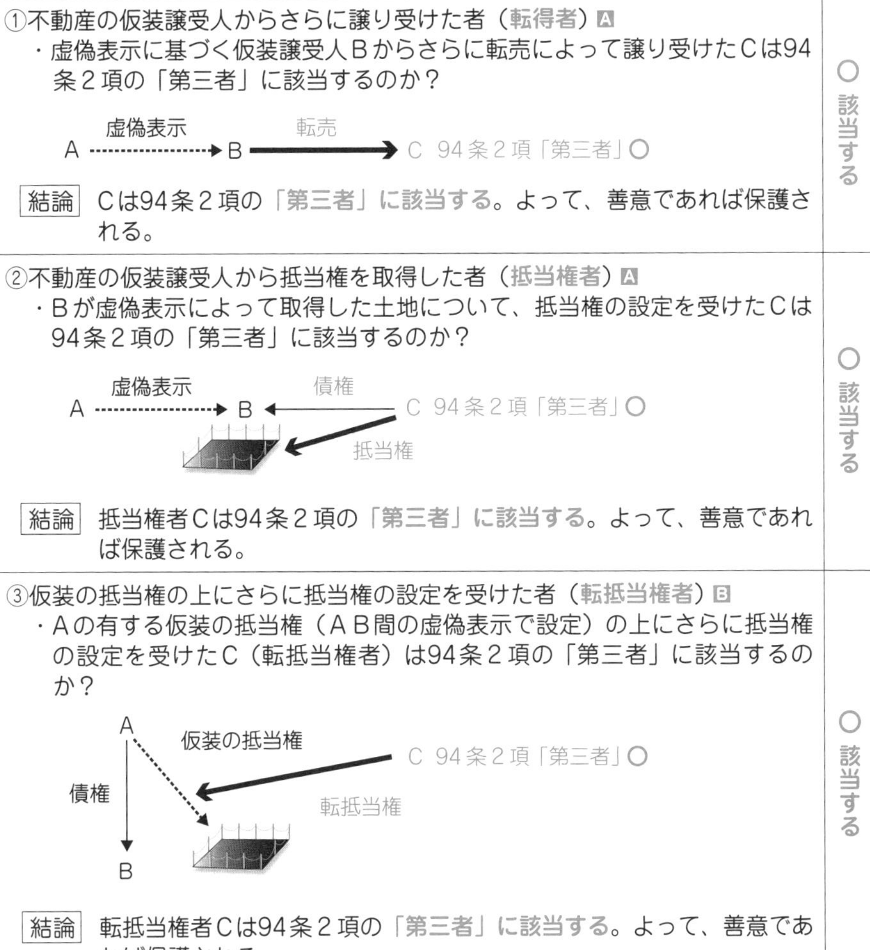

①不動産の仮装譲受人からさらに譲り受けた者（**転得者**）A

・虚偽表示に基づく仮装譲受人Ｂからさらに転売によって譲り受けたＣは94条２項の「第三者」に該当するのか？

結論 Ｃは94条２項の**「第三者」に該当する**。よって、善意であれば保護される。

○ 該当する

②不動産の仮装譲受人から抵当権を取得した者（**抵当権者**）A

・Ｂが虚偽表示によって取得した土地について、抵当権の設定を受けたＣは94条２項の「第三者」に該当するのか？

結論 抵当権者Ｃは94条２項の**「第三者」に該当する**。よって、善意であれば保護される。

○ 該当する

③仮装の抵当権の上にさらに抵当権の設定を受けた者（**転抵当権者**）B

・Ａの有する仮装の抵当権（ＡＢ間の虚偽表示で設定）の上にさらに抵当権の設定を受けたＣ（転抵当権者）は94条２項の「第三者」に該当するのか？

結論 転抵当権者Ｃは94条２項の**「第三者」に該当する**。よって、善意であれば保護される。

○ 該当する

④虚偽表示の目的物の**差押債権者** A

・Bが虚偽表示で取得した土地について、差押えをしたBの債権者Cは94条2項の「第三者」に該当するのか？

財産の処分を禁じる**強制執行**だよ。裁判所が、債務名義(確定判決など)に基づいて、差押命令を発するんだ。

結論 差押債権者Cは94条2項の**「第三者」に該当する**。よって、善意であれば保護される。

○ 該当する

⑤**仮装債権の譲受人** B

・AがBに対して仮装の債権を有していたところ、Aがその後、この仮装債権をCに譲渡した場合、譲受人であるCは94条2項の「第三者」に該当するのか？

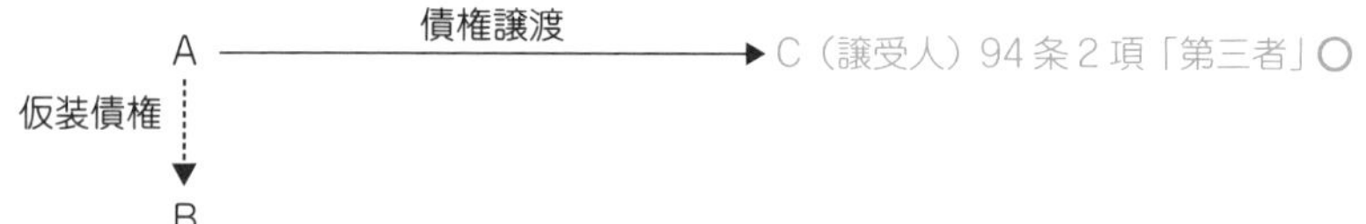

結論 仮装債権の譲受人Cは94条2項の**「第三者」に該当する**。よって、善意であれば債権を取得できる。

○ 該当する

⑥債権の仮装譲渡における**債務者** B

・AがBに対して債権を有していたところ、Aがその後、この債権をCに仮装譲渡した。この場合、債務者Bは94条2項の「第三者」に該当するのか？

結論 債権の仮装譲渡における債務者Bは94条2項の**「第三者」に該当しない**。よって、Cから債権の請求を受けたときに、Bは弁済を拒める。

理由 債務者Bはもともといたので、「新たな」利害関係を有するに至った者ではない。

× 該当しない

⑦単なる**一般債権者** A ・Bに金銭を貸しているだけの債権者（一般債権者）Cは94条２項の「第三者」に該当するのか？  結論　単なる一般債権者のCは94条２項の**「第三者」に該当しない**。 理由　CはBが虚偽表示で取得した土地について、差し押さえているわけでもなく（④との違い）、**単に金銭をBに貸しているだけ**であるから、「新たに」「独立の」利害関係を持ったとは言えない。	×該当しない
⑧土地が仮装譲渡された場合の土地上の**建物の賃借人** A ・虚偽表示で土地を取得したBから、建物を借りているCは94条２項の第三者に該当するのか？ 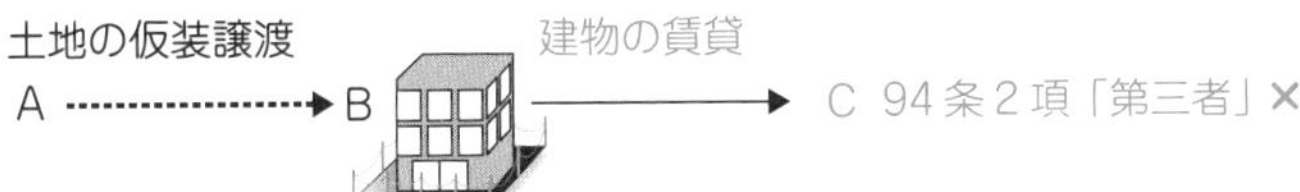 結論　建物の賃借人Cは94条２項の**「第三者」に該当しない**。 理由　Cはあくまでも建物に利害関係を有するだけであり、**土地については利害関係を有しない**ため。	×該当しない

4 94条2項類推適用

虚偽表示がなされた場合、善意の第三者は94条２項で保護されます。この点はもういいですね？　ただ、これは裏を返せば「通謀」がなければ善意の第三者であっても94条２項で保護されることはないということをも意味しています。しかし、これで本当によいのでしょうか？　通謀があった場合と同じように嘘っぱちの外観（登記の存在）を信頼して取引に入った第三者なのに一切保護しなくてよいのでしょうか？「いや、ダメでしょ！」というわけで、B判例は、このような場合にも、一定の要件（本人の帰責性、虚偽の外観の存在、第三者の信頼）の下94条２項を類推適用して第三者を保護していきます。ここはいくつかのパターンに分けて検討していきましょう。

「類推適用」というのは、その事実に関する条文はないけれども似ているものを適用してしまうことを言うよ。

その１ A

Aが自己所有の不動産（土地）を勝手にB名義に登記を移して放置していたところ、後にこれを知ったBが、自己の下にある登記を利用して事情を知らないCに売却した。

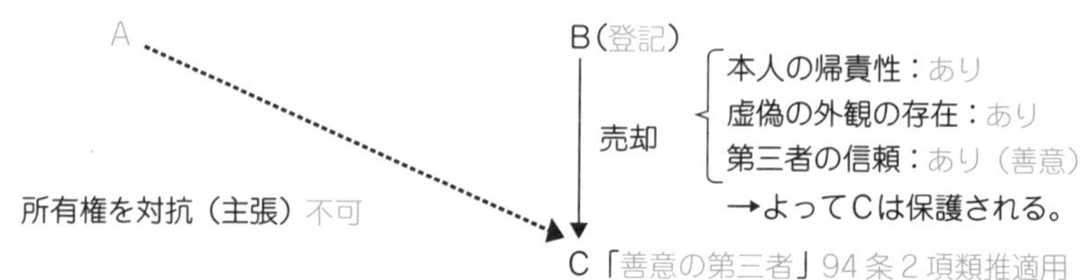

結論　Aは、善意のCに所有権を対抗できない。よって、Cは保護される。

図の「その１」では、Aが通謀なく勝手にB名義に登記を移したという事情があります。つまり、この場合におけるAの帰責性はかなり大きいものとなります。自分で勝手に嘘っぱちの外観（登記）を作りだしてしまったわけですから……。そこで、Cの外観に対する信頼は「善意」で足りることになります（最判昭45・7・24）。

その2 A

Bが Aの不動産（土地）について勝手に自己名義に登記を移したところ、これを知ったAはこの状態を放置（明示又は黙示に承認）してしまった。そして、後にBが善意のCに土地を売却した。

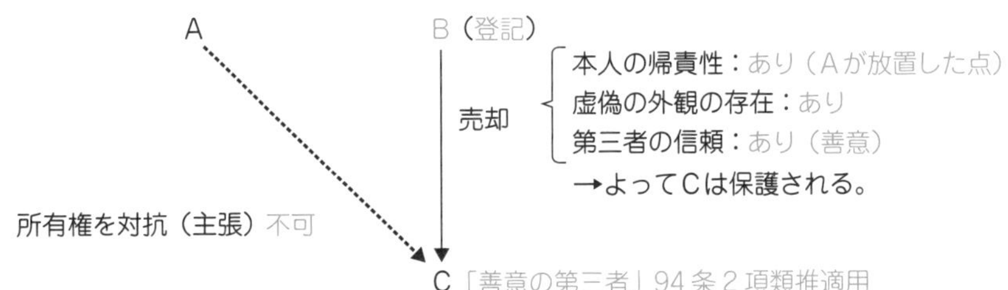

結論 Aは、善意のCに所有権を対抗できない。よって、Cは保護される。

次に「その2」の場合は、Bが勝手に登記を自分に移してしまったという事情があります。ですから、本人Aの帰責性が認められないとも思えます。しかし、A不実の登記（嘘っぱちの登記）が他人になされたことに気づいた時点で、Aは正常な状態に戻さなければなりません（Aは自己に登記を戻さなければならない）。それにもかかわらず、放置してしまったわけですから、Aにも帰責性が認められると考えていくのです（最判昭45・9・22）。ちょっと気の毒ですが、判例はこのように放置＝承認と扱っていくわけですね。

その3 A

Aは不動産（土地）についてB名義の仮登記をしたところ、後でこれに気づいたBがこの仮登記を本登記に直して、土地をCに売却した。

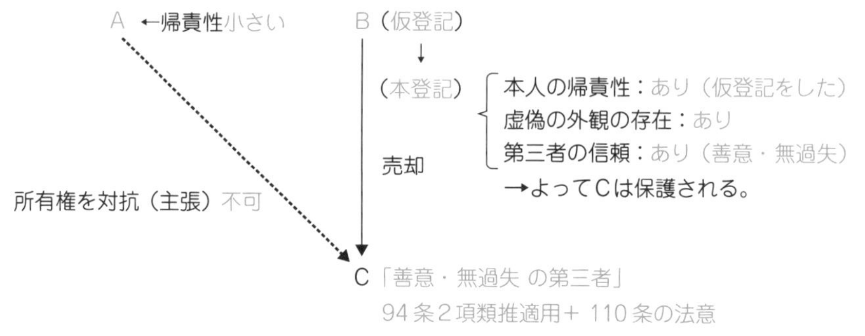

結論 Aは、善意・無過失のCに所有権を対抗できない。よって、Cは保護される。

そして「その3」では、Cの保護要件が「善意・無過失」となっている点に注意してください。本件の場合には、確かにAはB名義の仮登記をしてしまっているので、帰責性が認められます。しかし、Aが作り出した外観は仮登記の限度にとどまります（仮登記のままでは本登記と違って対抗要件としての機能はない）。それを本登記という本来の強力な外観に変えたのは、あくまでもBなのです。よって、A Aの帰責性は小さいと考えることができるため、Cは善意のみならず、無過失まで備えなければ保護されないという形になっているのです（最判昭43・10・17）。このように判例はCが保護される場合を限定しているわけです。

その4 A

Aは不注意により、Bの言うままに自己不動産（土地）の登記済証、印鑑登録証明書、実印を交付し、これを利用してBが登記手続を済ませ、そのままBが本件不動産をCに売却した。本件では、Aは不実の登記が作られたことを知らず、そのことに対して承認を与えていた事情もなかった。

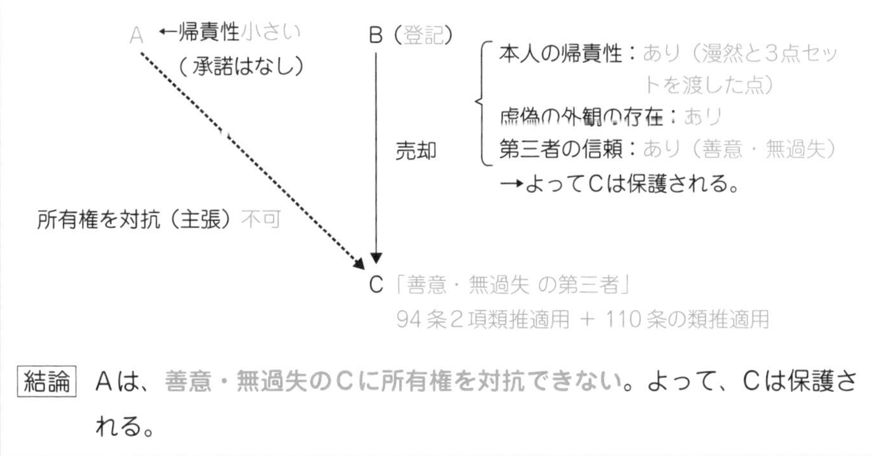

結論　Aは、善意・無過失のCに所有権を対抗できない。よって、Cは保護される。

「その４」では、Aは不実の登記の存在を知らず、またその点についての承認もしていなかったため、帰責性が認められるのかが問題となりました。Aこの点判例は、Aが、合理的な理由なく登記済証を数か月間にわたってBに預けたままにし、Bの言うままに印鑑登録証明書を交付した上、BがAの面前で登記申請書にAの実印を押捺したのに、その内容を確認したり、使途を問いただしたりすることなく漫然とこれを見ていたなどの事情を考慮し、Aの帰責性を肯定しました。つまり、真実の所有者が不実の登記の存在を知らなかった、あるいは承認をしていなくても、承認と同視し得るほどの不注意があれば、帰責性を認めることができるということです。ただ、ここで求められる第三者Cの主観は「善意・無過失」になるので、この点については注意しましょう（最判平18・２・23）。

PLAY! 理解度チェック

1. 意思表示の表意者が表示に対応する真意がないことを知りながらする単独の意思表示を心裡留保と言うが、この心裡留保の意思表示は有効か？

2. 相手方と通謀してなした虚偽の意思表示は、当事者間では（　①　）であるが、それを（　②　）には対抗できない。

3. 94条２項の「第三者」と言い得るためには、善意のみならず無過失まで必要か？　また、登記を備えていることまで必要か？

4. 虚偽表示の場面で、悪意の第三者からの転得者（善意）も94条２項にいう「第三者」に該当するのか？

5. 虚偽表示の場面で、善意の第三者からの悪意の転得者は保護される。このような考え方を何と呼ぶか。

6. 虚偽表示の目的物の差押債権者は94条２項の「第三者」に該当するのか？

7. 土地が仮装譲渡された場合の土地上の建物の賃借人は94条２項の「第三者」に該当するのか？

1.
原則有効。ただし、相手方が悪意又は有過失のときは例外的に無効となる。

2.
①無効　②善意の第三者

3.
無過失は不要である。また、登記を備えている必要もない。

4.
該当する。

5.
「絶対的構成」。

6.
該当する。

7.
該当しない。

8. Aは不動産（土地）についてB名義の仮登記をしたところ、後でこれに気づいたBがこの仮登記を本登記に直して、土地をCに売却した。このときにCが保護されるための主観的要件は？

8.
善意・無過失。

TRY! 本試験問題に挑戦

虚偽表示に関するア～オの記述のうち、判例に照らし、妥当なもののみをすべて挙げているのはどれか。 【国家一般職 H22】

ア. 建物の所有者AがBと通謀して、当該建物をB名義で登記していたところ、Bは当該建物をCに譲渡し、さらにCはDに譲渡した。Bが無権利であることにつきCが善意、Dが悪意であるとき、Dは当該建物の所有権取得が認められる。

ア．○
そのとおり。
いわゆる「絶対的構成」である。

イ. 建物を新築したAが、当該建物の所有権を移転する意思がないのに、Bの承諾を得た上、当該建物をB名義で保存登記していたところ、Bは当該建物をCに譲渡した。Bが無権利者であることにつきCが善意であるときでも、Cは当該建物の所有権取得が認められない。

イ．×
Cが善意であるときは、Cは当該建物の所有権取得が認められる。

ウ. Bが、建物の所有者Aに無断で、Aの実印等を利用して当該建物をB名義で登記した。その後、Aはその事実を知ったが、長期にわたりB名義の登記を放置し黙認していたところ、Bは当該建物をCに譲渡した。Bが無権利者であることにつきCが善意であるときでも、Cは当該建物の所有取得が認められない。

ウ. ×
Bが無権利であることにつきCが善意であるときは、Cは当該建物の所有権取得が認められる。

エ. 建物の所有者AがBと合意して、当該建物につき売買予約をしたと仮装し、当該建物をB名義で仮登記していたところ、Bは、真正に成立したものではない委任状によって、当該建物をB名義で本登記した。その後、Bは当該建物をCに譲渡した。Bが無権利者であることにつきCが善意・無過失であるとき、Cは当該建物の所有権取得が認められる。

エ. ○
そのとおり。
民法94条２項類推適用及び110条の法意に照らし、Cが善意・無過失であれば当該所有権取得が認められる。

オ. Aは、所有する建物について、所有権を移転する意思がないのに、当該建物の管理を委ねていたBに売却する旨の売買契約書に署名押印した。さらに、BはAの面前で登記申請書にAの実印を押捺したがAは漫然と見ているだけであった。そして、Bは、当該登記申請書、別の手続のため交付されていたAの印鑑登録証明書及び数か月前より預けられたままとなっていた登記済証を用いて当該建物の移転登記手続を行った。その後、Bは当該建物をCに譲渡した。Bが無権利者であることにつきCが善意・無過失であるときでも、Cは当該建物の所有権取得が認められない。

オ. ×
Bが無権利者であることにつきCが善意・無過失であれば、Cは当該建物の所有権取得が認められる。

1．ア、エ　2．ア、オ　3．エ、オ　4．イ、ウ、エ
5．イ、ウ、オ

正答　1

5 意思表示（2）

重要度
★★★
頻出度
★★★

今回は「意思表示」の後半戦。「錯誤」「詐欺」「強迫」などを見ていく。試験ではどれも頻出なので、しっかりと理解するようにしよう。

1 錯誤（95条）

「錯誤」とは、①意思表示に対応する意思を欠く場合（95条１項１号）や②表意者が法律行為の基礎とした事情についてのその認識が真実に反する場合（95条１項２号）を言います。①を「意思不存在の錯誤」（表示行為の錯誤）と言い、②を「基礎事情の錯誤」（動機の錯誤）と言います。

（１）意思不存在の錯誤（表示行為の錯誤）

この類型は、心の中で思っていること（内心の意思）と口にしたこと（表示）とがずれてしまった場合と考えてください。例えば、あんパンが欲しいと心の中で思っていたにもかかわらず、「カレーパンをください」と口にしてしまったようなケースを想定すれば分かりやすいと思います。この場合は、表意者を保護する観点から、A一定の要件を満たせば、表意者は意思表示を取り消すことができます（95条１項柱書）。効果が「取り消すことができる」なので注意しましょう。問題はその一定の要件ですが、２つあります。まずは、①意思表示に対応する意思を欠くことですね（95条１項１号）。これは大丈夫でしょう。もう一つは、②その錯誤が法律行為の目的及び取引上の社会通念に照らして重要なものであることです（95条１項柱書）。「重要」というのは、要するに、意思表示の内容の主要な部分に錯誤があることを言います。A具体的には、この点につき錯誤がなかったならば意思表示をしなかったであろうと考えられ、かつ、意思表示をしないことが一般取引の通念に照らして妥当と認め

取消しの主張は、錯誤に陥った表意者のみが可能なんだ（120条２項）。相手方や第三者は原則として主張できない。なぜならば、あくまでも表意者保護がその趣旨だからだよ。

いきなりは無効とはならずに「取り消します」と意思表示をすると遡って無効になるということだよ。

られる場合を言います（大判大7・10・3）。ですから、錯誤がなかったならば、表意者はもちろん、一般人もそのような意思表示をしなかったのでは？ と言える場合でなければ「重要」と認められません。

法律行為の目的及び取引上の社会通念に照らして重要なものであること B

①売買契約における買主の錯誤は該当する（最判昭29・2・12）
→一方、売主の錯誤は該当しない（大判昭4・11・28）

②保証契約を結ぶ際に、保証人が主たる債務者について錯誤に陥っていた場合は該当する（大判昭9・5・4）

③信用保証協会と金融機関との間で保証契約が結ばれ、融資が実行された後に主たる債務者が実は反社会的勢力であったと判明した場合、主たる債務者が反社会的勢力でないことという信用保証協会の動機は、明示又は黙示に表示されていたとしても、当事者の意思解釈上、上記保証契約の内容となっていたとは認められず、信用保証協会の上記保証契約の意思表示に要素の錯誤はない（最判平28・1・12）

（2）基礎事情の錯誤（動機の錯誤）

実際の錯誤のほとんどがこれに該当すると言われるよ。だから、安易に取消しを認めてしまうと相手方を不当に害してしまう。そこで、若干厳しめの要件が課されるんだ。

この類型は、従来「動機の錯誤」と呼ばれていた類型なのですが、心の中で思っていることと口にしたこととがずれているわけではないが、内心の意思を形成する際の動機（基礎とした事情についての認識）と真実との間に錯誤があった場合を言います。例えば、彼女に気に入ってもらえると思った（基礎とした事情の認識）ので、宝石屋でネックレスを買ったのに、彼女に気に入ってもらえなかった（真実）、というようなケースがこれにあたります。「このネックレスを買おう」と内心で思って、そのとおり「このネックレスをください」と言って購入したわけですから、内心の意思と表示との間にズレは生じていないのですが、「彼女に気に入ってもらえると思ったから」という基礎とした事情についての認識が真実に反しているのです。真実は「気に入ってもらえなかった」わけですからね。そこで、このような場合も、表意者保護の観点から、A一定の要件を満たせば、表意者は意思表示を取り消すことができます（95条１項柱書）。では、その一定の要件とはどのようなものでしょうか？　これには３つあります。まずは、①表意者が法律行為の基礎とした事情についての認識が真実に反することです（95条１項２号）。次に、②その錯誤が法律行為の目的及び取引上の社会通念に照らして重要なものであることです（95条１項柱書）。そして、③Aその事情について法律行為の基礎とされていることが表示されていることです（95条２項）。「表示されている」とは、基礎事情が法律行為の内容になっていたということであり、先ほどのネックレスの事案で言えば、「彼女に気に入ってもらえると思うから」という基礎事情をちゃんと宝石店に示して契約の内容としておかなければならない、ということです。ちゃんと相手方に示してあげないと、相手方が認識できないからですね（つまり、相手方が害されてしまうからです）。

（３）例外

A先ほどの（１）（２）に該当し、取り消すことができる状況であっても、錯誤が表意者の重大な過失（重過失）によるものであった場合には、錯誤による取消しはできません（95条３項柱書）。この場合は、表意者よりも相手方の取引の安全を保護すべきだからです。ただし、これは裏を返せば、たとえ錯誤が表意者の重大な過失によるものであっても、相手方を保護する必要がなければ取り消すことができるということです。そこで、錯誤が表意者の重大な過失によるものであっても、①そもそも相手方が表意者が錯誤に陥っているということを知っていた場合（悪意）、又は②知らなかったけど重大な過失（重過失）があった場合、③さらには相手方も表意者と同一の錯誤に陥っていた場合（共通錯誤）は、取り消すことができます（95条３項１号、２号）。

ちょっとでも注意すれば知ることができたのに、その注意すらしなかったような場合だよ。

（４）第三者保護規定

なお、錯誤による意思表示の取消しは、善意でかつ過失がない第三者（善意・無過失の第三者）には対抗することができません（95条４項）。これは、いわゆる「第三者保護規定」ですね。第三者に求められる主観は善意・無過失

この場合の「第三者」とは、錯誤による取消しを主張する前に利害関係を持つに至った第三者、すなわち「取消し前の第三者」を意味すると考えられているよ。取消しによる遡及効により地位が覆ってしまう第三者を保護する趣旨の規定と考えられているからね。

なので注意しましょう。つまり、善意では足りない点がポイントです（善意であっても有過失であれば保護されない）。

2 詐欺（96条）

（1）原則

「詐欺」による意思表示は、取り消すことができます（96条1項）。いきなり「無効」となるのではなく、制限行為能力者や錯誤による意思表示の場合と同じようにひとまず取り消し得る状態になるだけです。

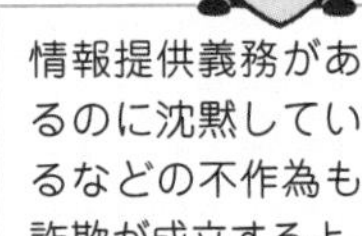

情報提供義務があるのに沈黙しているなどの不作為も詐欺が成立するよ。

（2）第三者との関係

前述したように、詐欺による意思表示は当事者間では取り消すことができます。しかし、A「善意でかつ過失がない第三者」（善意・無過失の第三者）にはその取消しを対抗することができません（96条3項）。つまり、詐欺による意思表示の場合には、第三者を保護する規定が用意されているのです。なお、Aここに言う「第三者」とは、取消しによる遡及効によって害される第三者、すなわち、取消し前に法的な利害関係を持つに至った第三者（取消し前の第三者）を意味します。次の図で整理してみましょう。

取消し前の第三者（96条3項）A

AはBにだまされて自己の所有する土地をBに売却した。そして、Bは即座にこの土地をCに転売した。その後、AはBによる詐欺を理由に売買契約を取り消した。さてこの場合、Aは取消しを第三者Cに対抗できるのか？

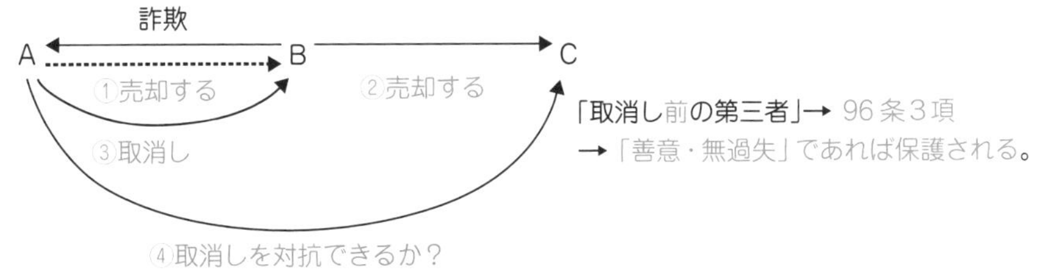

結論　Cは取消し前の第三者なので、96条３項によって、「善意・無過失」であれば保護される。よって、Aは取消しを善意・無過失のCに対抗できない。第三者の登記の要否については議論のあるところだが、一定の事情の下で、仮登記をした第三者を保護するとした判例がある（最判昭49・９・26）。

この例では、Cは③取消しの前に利害関係を持つに至っていますね。このような第三者のことを「取消し前の第三者」と呼びます。そして、取消し前の第三者は、取消しの遡及効で自分の地位がひっくりかえってしまうという不利益を被ります。そこで、A民法は96条３項を置いて、取消し前の第三者を「善意・無過失」であれば保護することにしたのです。よって、この例ではCが善意・無過失であれば、Aは取消しを対抗できないということになります。

では、次に、取消し後の第三者との関係を見ていきましょう。こちらは民法の条文がないので、どのように処理するのかという点について見解の対立があります。ただ、試験的にはそんなことは気にせず、判例・通説の立場だけを押さえておきましょう。

取消し後の第三者（条文なし）A

AはBにだまされて自己の所有する土地をBに売却した。そこで、AはBによる詐欺を理由に売買契約を取り消した。それにもかかわらず、その後BはCにこの土地を転売した。さてこの場合、Aは取消しを第三者Cに対抗できるのか？

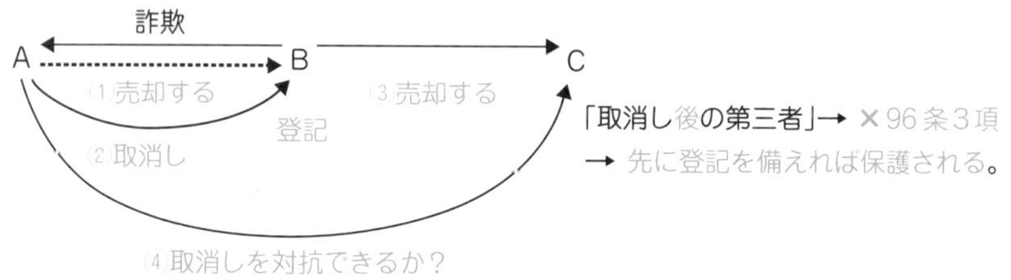

結論　Cは取消し後の第三者なので、96条３項では保護されない。ただ、登記を先に備えれば保護される（対抗問題）。よって、Cが先に登記を備えた場合には、Aは取消しをCに対抗できないし、逆にAが先に登記を戻せば、Aは取消しをCに対抗できる。

取消し後の第三者については条文が一切ありません。そこで、すべてが解釈に委ねられることになるわけですが、A判例・通説はBのところにある登記を先に取った者が勝つという法則で処理します。この図のように、１つの土地をめぐって２人が争う関係、これを対抗問題（177条の問題）と言います。このような場合には対抗要件を先に備えた方が勝ちます。ちなみに、今回は目的物が土地という不動産なので登記が対抗要件になります。したがって、登記を先に取った者が勝つということになるのです。

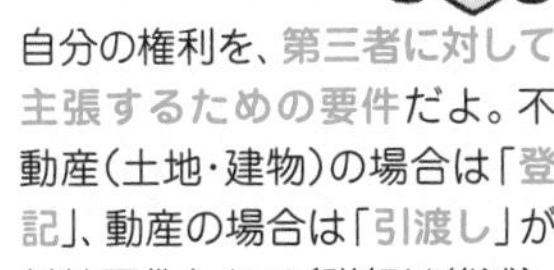

自分の権利を、第三者に対して主張するための要件だよ。不動産（土地・建物）の場合は「登記」、動産の場合は「引渡し」が対抗要件となる（詳細は後述）。

（３）第三者による詐欺

「第三者による詐欺」の場合は、A相手方がその事実を知り、又は知ることができたときに限り、その意思表示を取り消すことができます（96条２項）。次の図を見てください。

第三者による詐欺 A

C（第三者）

詐欺

A → B（相手方）

君の土地は近い将来価格が暴落するから、早く売った方がいいよ

売却する
- 善意・無過失：取り消せない
- 悪意又は有過失：取り消せる

結論　第三者による詐欺の場合には、取引をした相手方を保護する必要が出てくる。そこで、相手方であるBが悪意又は有過失であれば、Bを保護する必要がないのでAは取り消せる。一方、Bが善意・無過失の場合には、相手方Bを保護しなければならないのでAは取り消せない。

AはCの「君の土地は近い将来価格が暴落するから、早く売った方がいいよ」という嘘のアドバイスを信じて、Bとの間で土地を売却する契約を結びました。このとき、Aは詐欺による意思表示だとして取り消したいわけですが、無条件に取り消

すと相手方のBが害されてしまいます。そこで、Aは、相手方Bが詐欺の事実を知り、又は知ることができたときに限り、その意思表示を取り消すことができるとしたのです。

3 強迫（96条）

「強迫」による意思表示は、詐欺の場合と同様、取り消すことができます（96条1項）。ただ、詐欺の場合とは異なり、A取消し前の第三者を保護する規定がないので、常に取消し前の第三者に対して取消しを対抗することができます。また、A第三者による強迫の場合にも常に意思表示を取り消すことができます。これはなぜかというと、強迫された者は、詐欺された者以上に、被害者的立場が強まるので、その者を絶対的に保護しようという価値判断が働くからです。詐欺された者はある意味、だまされる方も悪い……という理屈が通ります。ゆえに詐欺された本人を差し置いて第三者が保護されるケース（取消し前の第三者は善意・無過失であれば保護される）や相手方が保護されるケース（第三者による詐欺の場合は相手方が善意・無過失であれば取り消せない）があってもいいのです。

民法96条にいう「強迫による意思表示」の要件たる強迫ないし畏怖（いふ）については、表意者に畏怖した事実があり、かつその畏怖の結果、意思表示をしたという関係が主観的にあれば足りる。また、強迫の結果、選択の自由を失わなくても強迫の意思表示があると言えるので、完全に意思の自由を失った場合にはむしろその意思表示は当然に無効となり、民法96条の適用の余地はない（つまり意思無能力無効となる）。

しかし、強迫の場合は、おどされた方も悪いという理屈は通りません。そこで、強迫された本人は完全なる被害者として、第三者や相手方よりも優先的に保護しなければならないのです。なお、A取消し後の第三者との関係は詐欺の場合と同様に、対抗問題として処理されます。この後、様々な場面で「…後の第三者」という論点が出てくるのですが、そのすべてが対抗問題として処理されます。ですから、この発想は早めに常識にしておくとよいでしょう。では、そのすべてを次にまとめておくので、詐欺の場合との違いを意識して覚えてください。

取消し前の第三者(常に取消しを対抗できる) A

AはBにおどされて自己の所有する土地をBに売却した。そして、Bは即座にこの土地をCに転売した。その後、AはBによる強迫を理由に売買契約を取り消した。この場合、Aは取消しを第三者Cに対抗できるのか?

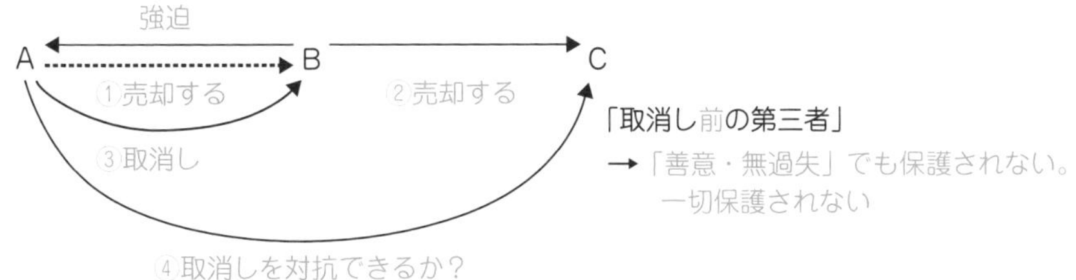

結論 Cは取消し前の第三者であるが、善意・無過失であっても保護されない。よって、Aは取消しを常にCに対抗できる。

理由 詐欺の場合とは異なり、96条3項のような第三者を保護する規定がない。また、強迫された者は被害者的立場なので、その者を第三者よりも保護する必要がある。

取消し後の第三者(条文なし) A

AはBにおどされて自己の所有する土地をBに売却した。そこで、AはBによる強迫を理由に売買契約を取り消した。それにもかかわらず、その後BはCにこの土地を転売した。この場合、Aは取消しを第三者Cに対抗できるのか?

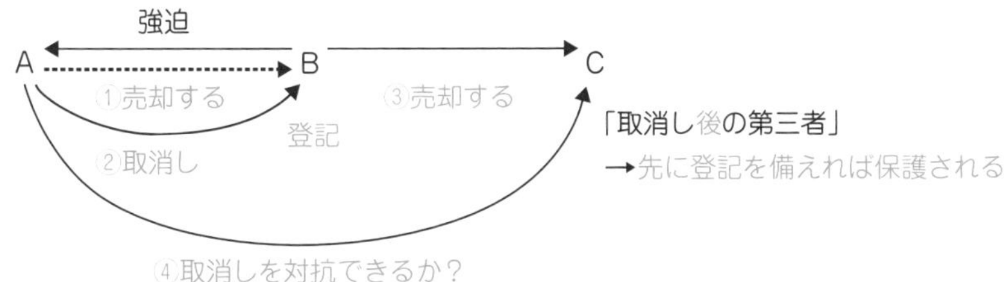

結論 Cは取消し後の第三者なので、登記を先に備えれば保護される(対抗問題)。よって、Cが先に登記を備えた場合には、Aは取消しをCに対抗できないし、逆にAが先に登記を戻せば、Aは取消しをCに対抗できる。

第三者による強迫（常に取り消せる） Ａ

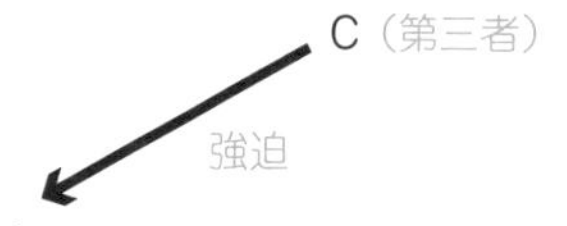

はよ、土地をＢに売らんかい、ボケ～ッ

そ、そんなぁ

売却する
- 善意・無過失：取り消せる
- 悪意又は有過失：取り消せる

結論　第三者による強迫の場合は、第三者による詐欺の場合とは異なり、**相手方の主観に関係なく、常に取り消せる**。

理由　詐欺の場合には、だまされた人にも落ち度があるため、取引の相手方との関係を考慮する必要があった。したがって、相手方が善意・無過失の場合には取り消せなかった。しかし、強迫の場合には、おどされた人には落ち度がなく、その者は言わば**被害者的な立場**になる。そのため、おどされて意思表示をした者を絶対的に保護するという価値判断が働く。よって、相手方の主観を問わず常に取り消せる。

4 意思表示に関するその他の知識

最後に、意思表示に関するその他の知識をざっと解説していきます。ここはかなり細かいので、一読しておく程度で構いません。

まず、意思表示は、その通知が**相手方に到達した時**からその効力を生じます（97条１項）。これを「**到達主義**」と言います。この「相手方に到達した時」の解釈としては、判例が詳しく説明してくれています。すなわち、到達は相手方によって直接に受領され、又は了知されることは必要なく、意思表示又は通知を記載した書面が、Ｂ**相手方の支配圏内に置かれることで足ります**（最判昭43・12・17）。了知不要という点が重要です。また、相手方が不在で、内容証明郵便が配達されず、留置期間が満了して差出人に還付されてしまった場合でも、不在者配達通知の記載等から相手方が郵便内容を十分に推知でき、受領の意思があれば郵便物の受取方法を指定することによって容易に受領できた事情があるときは、遅くとも**留置期間満了時には、**

到達したと扱われます（最判平10・6・11）。そして、相手方が正当な理由なく意思表示の通知が到達することを妨げたときは、その通知は、通常到達すべきであった時に到達したものとみなされます（97条2項）。また、意思表示は、表意者が通知を発した後に死亡し、意思能力を喪失し、又は行為能力の制限を受けたときであっても、そのためにその効力を妨げられることはありません（97条3項）。つまり、無効になったり、取り消されたりすることはないということですね。

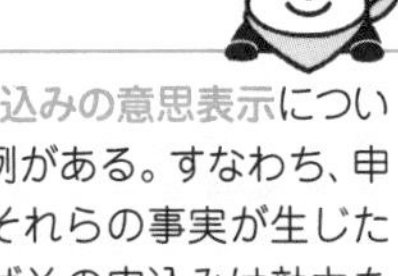

ただ、申込みの意思表示については特例がある。すなわち、申込者がそれらの事実が生じたとすればその申込みは効力を有しない旨の意思を表示していたとき、又はその相手方が承諾の通知を発するまでにそれらの事実が生じたことを知ったときは、その申込みは、その効力を有しないんだ(526条)。

次に、意思表示は、表意者が相手方を知ることができず、又はその所在を知ることができないときは、公示の方法によってすることができます（98条1項）。これを「公示による意思表示」と言います。そして、この公示による意思表示は、最後に官報に掲載した日又はその掲載に代わる掲示を始めた日から2週間を経過した時に、相手方に到達したものとみなされます。ただし、🅑表意者が相手方を知らないこと又はその所在を知らないことについて過失があったときは、到達の効力を生じません（98条3項）。

最後に、意思表示の相手方がその意思表示を受けた時に意思能力を有しなかったとき、又は未成年者若しくは成年被後見人であったときは、その意思表示をもってその相手方に対抗することができません。いわゆる「受領能力」がないわけです。ただし、相手方の法定代理人あるいは意思能力を回復し、又は行為能力者となった相手方がその意思表示を知った後は、この限りではありません（98条の2）。つまり、対抗できます。

意思表示のまとめ A

	原則	例外	第三者保護規定
心裡留保	有効	相手方が悪意又は有過失 →無効	善意の第三者には対抗できない
通謀虚偽表示	無効	なし	善意の第三者には対抗できない
錯誤	取り消すことができる	表意者に重過失あり →相手方が悪意又は重過失の場合、共通錯誤の場合を除き、取り消すことができない	善意・無過失の第三者（取消し前の第三者に限る）には対抗できない
詐欺	取り消すことができる	第三者による詐欺 →相手方が悪意又は有過失の場合に限り、取り消すことができる	善意・無過失の第三者（取消し前の第三者に限る）には対抗できない
強迫	取り消すことができる	なし（第三者による強迫の場合も常に取り消すことができる）	なし（善意・無過失の第三者〈取消し前の第三者に限る〉にも対抗できる）

PLAY! 理解度チェック

1. 錯誤による意思表示の原則的な効果は?	**1.** 取り消すことができる。
2. 錯誤が表意者の重大な過失(重過失)によるものであった場合においても取り消せる場合とは?	**2.** ①相手方が悪意の場合、②相手方に重過失があった場合、③共通錯誤の場合。
3. 錯誤による意思表示の取消しは、(　　　)の第三者には対抗することができない。	**3.** 善意・無過失
4. 詐欺による意思表示の取消しは、96条3項により、取消し前の(　　　)の第三者には対抗することができない。	**4.** 善意・無過失
5. 第三者による詐欺の場合は、どのようなときに意思表示を取り消せるのか?	**5.** 相手方が詐欺の事実を知り、又は知ることができたとき(悪意又は有過失のとき)。
6. 強迫による意思表示の取消しは、取消し前の善意・無過失の第三者に対抗できるのか?	**6.** 対抗できる。
7. 第三者による強迫の場合は、相手方が強迫の事実につき善意・無過失であるときには取り消せないのか?	**7.** 取り消せる。
8. 公示による意思表示は、表意者が相手方を知らないこと又はその所在を知らないことについて過失があったときでも、2週間経過すれば相手方に到達したものとみなされるのか?	**8.** みなされない。つまり、過失があったときは、到達の効力を生じない。

TRY! 本試験問題に挑戦

民法に規定する意思表示に関するＡ～Ｄの記述のうち、妥当なものを選んだ組合せはどれか。【特別区 R３】

A. 意思表示は、表意者がその真意ではないことを知ってしたときであっても、そのためにその効力を妨げられないが、相手方が表意者の真意を知っていたときに限り、その意思表示は無効となり、当該無効は、善意の第三者に対抗することができない。

A. ×
相手方が表意者の真意を知っていたときだけでなく、知ることができたときも、その意思表示は無効となる。

B. 公示による意思表示は、最後に官報に掲載した日又はその掲載に代わる掲示を始めた日から２週間を経過した時に、相手方に到達したものとみなすが、表意者が相手方を知らないこと又はその所在を知らないことについて過失があったときは、到達の効力を生じない。

B. ○
そのとおり。
公示による意思表示に関する規定として正しい。

C. 相手方に対する意思表示について第三者が詐欺を行った場合においては、相手方がその事実を知り、又は知ることができたときに限り、その意思表示を取り消すことができるが、当該取消しは、善意でかつ過失がない第三者に対抗することができない。

C. ○
そのとおり。
第三者による詐欺の場合は、相手方が悪意又は有過失のときに限り、取り消すことができるが、その取消しは、善意かつ無過失の第三者には対抗することができない。

D. 意思表示は、表意者が法律行為の基礎とした事情についてのその認識が真実に反する錯誤に基づくものであって、その錯誤が法律行為の目的及び取引上の社会通念に照らして重要なものであるときは取り消すことができ、当該取消しは、その事情が法律行為の基礎とされていることが表示されていたか否かを問わず、することができる。

D. ×
いわゆる基礎事情の錯誤（動機の錯誤）の場合は、その事情が法律行為の基礎とされていることが表示されていたときに限り、取り消すことができる。

1．A、B　2．A、C　3．A、D　4．B、C　5．B、D

正答　4

TRY! 本試験問題に挑戦

意思表示に関するア～オの記述のうち、妥当なもののみを全て挙げているのはどれか。ただし、争いのあるものは判例の見解による。　【国家一般職R2】

ア. 意思表示は、その通知が相手方に到達した時からその効力が生じるところ、内容証明郵便を送付したが、相手方が仕事で多忙であるためこれを受領することができず、留置期間経過後に差出人に返送された場合には、相手方が不在配達通知書の記載等により内容証明郵便の内容を推知することができ、受取方法を指定すれば容易に受領可能であったとしても、その通知が相手方に到達したとはいえず、意思表示の効果が生じることはない。

ア. ×
内容証明郵便の内容を推知することができ、受領方法を指定すれば容易に受領可能であったときは、意思表示の効果が生じる。

イ. A所有の不動産について、BがAの実印等を無断で使用して当該不動産の所有権登記名義をBに移転した場合において、Aが当該不動産につき不実の登記がなされていることを知りながらこれを明示又は黙示に承認していたときであっても、AB間に通謀による虚偽の意思表示がない以上、その後にBから当該不動産を購入した善意のCが保護されることはない。

イ. ×
この場合は、通謀による虚偽の意思表示はないものの、94条2項類推適用により善意のCは保護される。

ウ. 錯誤は、表意者の重大な過失によるものであった場合は、取り消すことができないが、偽物の骨董品の取引において当事者双方が本物と思っていた場合など、相手方が表意者と同一の錯誤に陥っていたときは、取り消すことができる。

ウ. ○
そのとおり。
いわゆる共通錯誤のケースである。

エ. 詐欺とは、人を欺罔して錯誤に陥らせる行為であるから、情報提供の義務があるにもかかわらず沈黙していただけの者に詐欺が成立することはない。

エ. ×
情報提供義務を怠り沈黙していたのであれば、かかる不作為は詐欺と言える。

オ. 相手方に対する意思表示について第三者が強迫を行った場合、相手方が強迫の事実を知らなかったとしても、その意思表示を取り消すことができるが、相手方に対する意思表示について第三者が詐欺を行った場合において、相手方が詐欺の事実を知らず、かつ、知ることもできなかったときは、その意思表示を取り消すことはできない。

オ. ○
そのとおり。
第三者による強迫と第三者による詐欺の違いを意識しよう。

1．ア、イ　2．ア、エ　3．イ、ウ　4．ウ、オ　5．エ、オ

正答　4

TRY! 本試験問題に挑戦

民法に規定する意思表示に関する記述として、妥当なのはどれか。

【特別区H30改題】

1． 表意者が真意ではないことを知ってした意思表示は、表意者の内心を考慮して無効となるが、相手方が表意者の真意を知り、又は知ることができたときは、その意思表示は有効である。

1．×
心裡留保による意思表示は、原則として有効であるが、相手方が悪意又は有過失のときは無効となる。

2． 相手方と通じてした虚偽の意思表示は、無効であるが、その意思表示の無効は、当該行為が虚偽表示であることを知らない善意の第三者に対抗することができない。

2．○
そのとおり。
94条2項の条文そのままの知識である。

3． 詐欺による意思表示は、取り消すことができるが、相手方に対する意思表示について第三者が詐欺を行った場合においては、相手方がその詐欺の事実を知っていたときに限り、取消しができる。

3．×
第三者による詐欺の場合は、相手方がその事実を知り、又は知ることができたときに限り、取消しができる。

4． 強迫による意思表示は、意思表示の相手方以外の第三者が強迫した場合に取り消すことができるが、強迫を理由とする取消しの効果は取消し前の善意の第三者に対抗することができない。

4．×
強迫を理由とする取消しの効果は取消し前の善意の第三者に対抗することができる。

5. 隔地者に対する意思表示は、表意者が通知を発した後に死亡したときであってもその効力は妨げられず、契約の申込みの意思表示において、相手方が表意者の死亡の事実を承諾の通知を発するまでに知っていた場合にも、その効力は妨げられない。

5. ×
前半は正しいが、後半が誤り。すなわち、相手方が承諾の通知を発するまでに死亡の事実を知ったときは、その契約の申込みは、効力を有しない。

正答　2

代理(1)

重要度
★★★
頻出度
★★★

この章から２回に分けて代理を見ていく。代理は民法総則の中でも頻出のテーマであるため、必ず得点できるように万全の準備をしておこう。

1 代理とは?

「代理」とは、他人（代理人）が本人に代わって法律行為をなし、その法律効果が本人に帰属する制度です。B法律の規定に基づいて代理権が当然発生する場合を「法定代理」（親権者や未成年後見人、成年後見人などが代理をするケース）、本人の意思に基づいて代理権が発生する場合を「任意代理（委任による代理）」と呼びます。２つの種類があるということをまずはしっかり押さえるようにしましょう。

次に、代理が有効に成立するための要件（代理要件）について見ていきましょう。代理が有効に成立するための要件は３つあり、具体的には①代理権、②顕名（けんめい）、③代理行為（法律行為）の３つをすべて満たしていなければなりません。次の図では、Aが代理人Bに自分の自動車をCに売却してくるよう頼んだケースを念頭にまとめておきましたので、見てください。

代理要件 A

Aが代理人Bに自分の自動車をCに売却してくるよう頼んだケース。

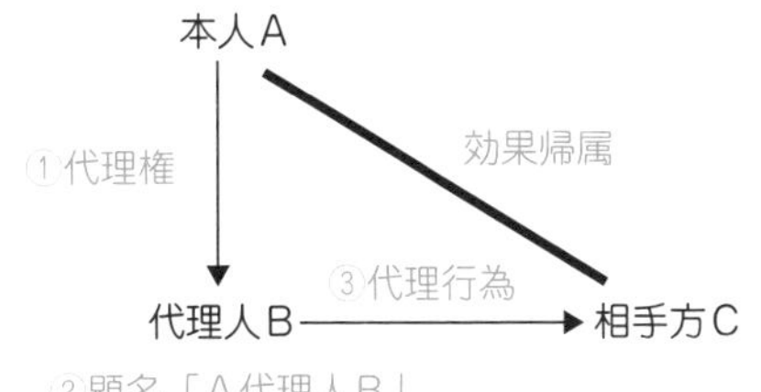

代理要件はこの３つ！
①代理権
②顕名
③代理行為（法律行為）

結論　３つの代理要件をすべて満たすと本人Ａに契約の効果が帰属する。したがって、本人Ａは相手方Ｃに対して代金を請求でき、逆にＣはＡから自動車を引き渡してもらえる。また、①だけがない場合をとくに「**無権代理**」と言う（詳細は後述）。代理権という権原（けんげん）のない代理人、つまり「**無権代理人**」によってなされた代理行為であるためこのように呼ばれる。無権代理になってしまうと、**本人が追認しない限り、本人に効果は帰属しない**。

2 代理と似た制度「使者」

代理とよく似た制度として「**使者**」というものがあります。「使者」とは、本人の意思表示をそのまま伝達したり、本人の決定した意思を単に表示したりするだけの者のことです。郵便局の配達員などがこれにあたります。代理人は、第三者に対して、本人に代わって様々な行為ができるのですが、使者は第三者に本人の意思を伝達する者に過ぎないので、それ以上の行為はできません。したがって、Ｂ使者には行為能力はおろか、**意思能力さえも不要**と解されています。一方、代理人は法律行為をすることが任務となっているので、当然自分で意思表示をするわけです。したがって、Ｂ代理人には意思能力が備わっていなければなりません。もっとも、その効果は、本人に帰属するので、**行為能力まで備わっている必要はありません**（102条、後述）。

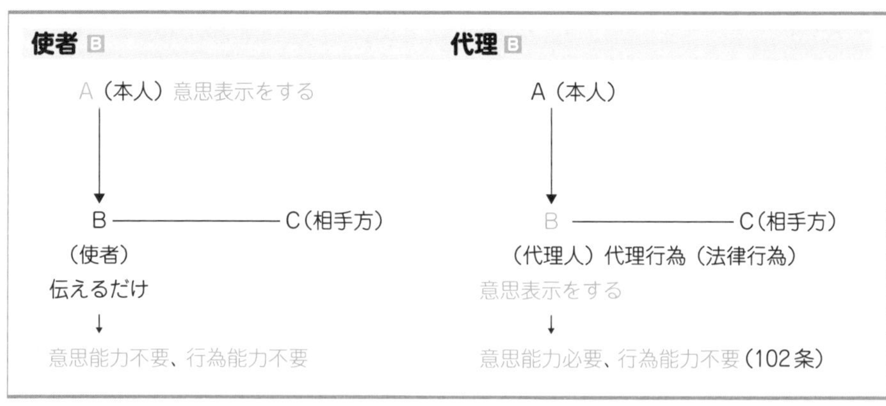

3 代理権

（1）代理権の発生、自己契約・双方代理

代理人は代理権という正当な権原を有するがゆえに、本人の代わりに行為ができるわけです。では、どのような場合に代理権が発生するのでしょうか？　この点、法定代理の場合は、法律上当然に代理権が発生するのでとくに問題はありませんね。

一方、任意代理の場合は、本人が他人に代理権授与行為をすることによって、代理権が発生します。この代理権授与行為は、一種の契約（無名契約）であると考えられていますが、必ずしも書面で行う必要はありません。また通常、代理権授与行為をする際に、代理権の範囲を定めるのですが、B代理権の範囲を定めなかった場合（権限の定めのない代理人）には、代理人は、①保存行為（修繕行為など）、②代理の目的である物又は権利の性質を変えない範囲内における利用又は改良行為（預金行為や賃貸、家屋に対する造作など）のみを行うことができます（103条）。つまり、処分行為（売却や担保権の設定）はできません。さらに、代理人は自己契約や双方代理を行うことが禁止されています（108条１項）。これはちょっと複雑なので、次の図で確認してください。

自己契約 A

本人Ａは、代理人Ｂに、Ａ所有の自動車（100万円）を売却してくることを内容とする代理権を与えた。ところが、当該自動車の売却につき、Ｂ自身が買主となった。このような「自己契約」の効果は本人Ａに帰属するのか？

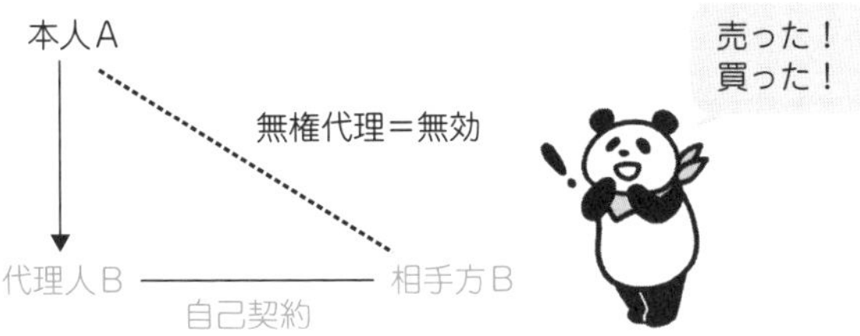

結論　自己契約は、無権代理とみなされ、本人の追認がない限り効果は帰属しない。

理由　本件では、代理人Ｂ自身が買主となっているので、不当に安く50万円く

らいで売却することが予想される（自分が買うケースなので安く取得するということ）。となると、この契約の効果が本人Ａに帰属することになれば、本人Ａが害される。よって、無権代理とみなされ、本人Ａが追認しない限り効果は帰属しない。

前の図を見ると分かりますが、売却という１つの事象を考えたとき、売主と買主の利益は相反するものになります。というのも、売主は少しでも高く売りたいし、買主はなるべく安く買いたいわけですから……。このような**利益相反関係**（りえきそうはんかんけい）があるにもかかわらず、売主と買主が同一人物となることを認めてしまえば、自分が買主になっている以上、**代理人は安く売却**してしまうでしょう。そして、安く売却した効果が本人Ａに帰属すると考えると、本人Ａが不当に害されてしまいます。これはさすがによろしくありません。

双方代理 A

本人Ａは、代理人Ｂに、Ａ所有の自動車（100万円）を売却してくることを内容とする代理権を与えた。ところが、当該自動車の売却につき、**Ｂは相手方Ｃの代理人にもなっていた**。このような「双方代理」の効果は本人Ａに帰属するのか？

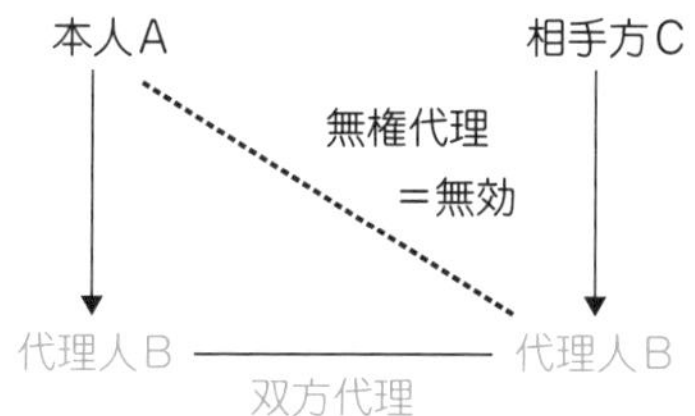

結論　双方代理は、無権代理とみなされ、**本人の追認がない限り効果は帰属しない**。

理由　本件では、Ｂは相手方Ｃの代理人にもなっているので、仮にＡのことが大嫌いでＣのことが大好きであれば、不当に安く50万円くらいで売却することが予想される（Ｃに有利になるように）。そうなると、その契約の効果が本人Ａに帰属することになれば、本人Ａが害される。よって、無権代理とみなされ、本人Ａが追認しない限り効果は帰属しない。

このケースも先ほどの自己契約と同様の趣旨で禁止されているわけです。つまり、本人が害されないようにとの配慮の下、双方代理を無権代理としたのです。

いずれにしても、このように自己契約や双方代理は本人を害するために禁止されているのです。したがって、本人を害さないような場合には、自己契約や双方代理であっても許されます。現に、A民法も①債務の履行をする場合及び②本人があらかじめ許諾した行為をする場合について自己契約や双方代理を認めています（108条1項ただし書）。

まず、②「本人があらかじめ許諾した行為」というのは、害される可能性のある本人が自己契約や双方代理をあらかじめ許諾したということですから、これはとくに問題なさそうですね。

一方、①「債務の履行」というのはよく分からないかもしれません。具体的には「弁済期の到来した代金の支払い」や「司法書士が双方代理で登記を移転する行為」などがこれにあたります。弁済期の到来した代金の支払いについては、もともと決まった額の代金を支払うだけなので、権限の濫用はあり得ません。また、司法書士の双方代理についても、司法書士は腐っても（？）有資格者であるため、やはり権限を濫用するおそれはありません。というわけで、これらの場合には本人が害されることがないので許されているのです。

司法書士が売主、買主の間に入って、双方代理で登記の移転手続を行うんだ。

（2）利益相反行為

代理人と本人との利益が相反する行為を「利益相反行為（りえきそうはんこうい）」と言います。この場合、本人の利益を保護するため、A原則として無権代理とみなされ本人に効果が帰属しません（108条2項本文）。この利益相反行為にあたるか否かは、行為の外形からみて客観的に判断することになっています（最判昭37・10・2）。そこで、例えば、代理人Bが自分（B自身）の債務（借金）を担保するため、本人Aを代理してA所有の土地に抵当権を設定したような場合は、利益相反行為にあたりますが、代理人Bが「友人C」の債務（借金）を担保するため、本人Aを代理してA所有の土地に抵当権を設定した場合は、利益相反行為にあたりません。この場合は、利益が相反しているのはA（土地を担保に入れられたというマイナスの利益）とC（自分の借金がAの土地に設定された抵当権で担保されるというプラスの利益）だからです。

つまり、本人Aと代理人Bの利益は客観的には相反していないのです。このようにかなり形式的に判断することになります。もっとも、利益相反行為を無権代理とする趣旨は、本人の利益を保護するためです。そこで、本人の利益を害しない場合、すなわちA本人があらかじめ許諾した行為については、たとえ利益相反行為であっても認められることになります（108条2項ただし書）。

（3）代理権の消滅

代理権は、次に掲げる事由によって消滅します（111条）。本人の死亡は、法律効果の帰属主体がいなくなるわけですから当然として、代理人に生じた事由が広く消滅原因になっている点には注意を要します。

代理権消滅原因 B

①本人の死亡

②代理人の死亡又は代理人が破産手続開始の決定若しくは後見開始の審判を受けたこと。

※なお、委任による代理権（任意代理の場合）は、これらの事由のほか、委任の終了によって消滅する。

4 顕名

代理人は、本人のためにすることを示して、代理行為を行わなければなりません。この「本人のためにすること」（代理意思）を示すことを「顕名」と言います（「A代理人B」という形で示す）。この顕名の趣旨は、相手方に法律効果の帰属主体を明らかにするという点にあるので、これを行うことで相手方は自分が本人との間で契約をしているのだなと認識することができます。ですから、B代理人が本人のためにすることを示さないでした意思表示は、代理人が自己のためにしたものとみなされます。つまり、代理人自身に効果が帰属することになります。もっとも、B相手方が、代理人が本人のためにすることを知り（悪意）、又は知ることができたときは（有過失）、本人に効果帰属することになります（100条）。次に顕名をしなかったケースを図で表してみます。

顕名をしなかった場合 B

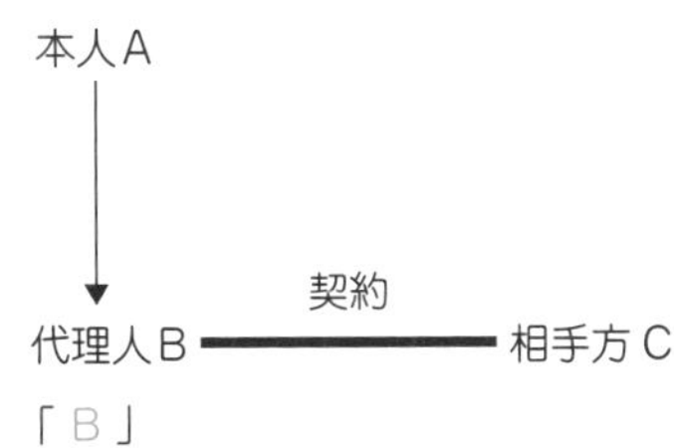

結論　BC間で契約の効果が帰属してしまう。この場合、Bは後になって、「実はAのために意思表示していた」として錯誤取消しなどを主張することはできない。もっとも、相手方Cが「BはAのために意思表示をしていた」（代理意思）ということを知っていた（悪意）又は、知ることができた（有過失）場合には、契約の効果はAC間に帰属する。

前の図は、代理人Bが直接自己の名を示して意思表示をしてしまったケースを念頭において説明しました。では、代理人Bが本人であるAの名を示して意思表示をした場合はどうなってしまうのでしょうか？　果たして有効な顕名と認められるのでしょうか？　この点、B判例は、代理人Bに代理意思があるという前提で、有効な顕名があったものとしてAC間に契約の効果が帰属するとしています。

代理人が直接本人の名を示して意思表示をした場合 B

結論　この場合にも顕名ありと扱ってよい（大判大9・6・5）。

理由　顕名の趣旨は、相手方に契約効果の帰属主体を明らかにする点にある。とすれば、相手方Cは本人Aに効果が帰属することを認識できる以上、顕名の趣旨は満たされている。

5 代理行為

(1) 代理行為の瑕疵

①原則

代理人が相手方に対してした意思表示の効力が意思の不存在、錯誤、詐欺、強迫又はある事情を知っていたこと若しくは知らなかったことにつき過失があったことによって影響を受けるべき場合には、B その事実の有無は、代理人について決するものとされます（101条1項）。例えば、本人Aの代理人Bが相手方Cから詐欺されて物を売却した場合、詐欺されたかどうかは代理人Bを基準に決する、ということです。なぜなら、代理行為に瑕疵（かし）（キズ）があった場合には、あくまでも法律行為を行っているのは代理人Bであるため、原則として代理人Bを基準として判断するのが素直だからです。そうすると、Bが詐欺されたことによってなされた意思表示と言えるので、本人Aが契約の取消権を取得するに至ります。また、同様に、相手方が代理人に対してした意思表示の効力が意思表示を受けた者がある事情を知っていたこと又は知らなかったことにつき過失があったことによって影響を受けるべき場合にも、B その事実の有無は、代理人について決するものとされます（101条2項）。例えば、相手方Cが代理人Bに対して心裡留保の意思表示をした場合、Bが悪意又は有過失であれば相手方Cの心裡留保に基づく意思表示は無効になります。

取消権を取得するのは効果帰属主体たるAである点には注意。

②例外

特定の法律行為をすることを委託された代理人がその行為をしたときは、B 本人は、自ら知っていた事情について代理人が知らなかったことを主張することができません。本人が過失によって知らなかった事情についても、同様に主張することができません（101条3項）。例えば、代理人Bが、本人Aから日本に数台しか存在しないとされる幻の高級ポルシェ（自動車）を買ってくるように委託されたという場面で、この代理人Bに対して悪徳ディーラーである相手方Cが偽物ポンコツポルシェを売りつけたとしましょう。この時、いかに代理人Bが偽物だと知らなくても（善意）本人Aが偽物だと気づいていた（悪意）のであれば、本人Aは代理人Bの善意を盾にして詐欺取消しを主張することができません。自分は悪意のくせに、代理人の身の潔白を盾にして「ゆ、許さん、取消しだ」と暴れ狂うのはちょっとちがうのではないか？　ということです。

（2）代理人の行為能力

制限行為能力者が代理人としてした行為は、A行為能力の制限によっては取り消すことができません（102条）。つまり、代理人は自ら意思表示をするので意思能力は最低限必要なのですが、行為能力まで備えている必要はありません。というのも、代理行為の効果はすべて本人に帰属する以上、代理人になんら不利益を及ぼすものではないからです（つまり、代理人である制限行為能力者は害されない）。ゆえに、本人が制限行為能力者であることを知って代理権を授与した場合において、後になって代理人の制限行為能力を理由に本人が代理行為の取消しを主張することはできません。ただし、B制限行為能力者が他の制限行為能力者の法定代理人としてした行為については、取り消すことができます（102条ただし書）。これは例えば、未成年者Aの親権者Bが成年被後見人で、そのBがAを代理して交わした契約などは取り消すことができる、という意味です。つまり任意代理ではなく法定代理の場合の特例です。注意しましょう。

（3）代理権の濫用

最後に、代理人の権限濫用の事例を説明します。これは超頻出なので次の図でしっかりと確認してください。最初に結論だけ言っておくと、代理人が自己又は第三者の利益を図る目的で代理権の範囲内の行為をした場合において、相手方がその目的を知り、又は知ることができたときは、Aその行為は、代理権を有しない者がした行為とみなされます（107条）。つまり、無権代理となる、ということです。

代理権の濫用 A

本人Aの自動車を代理人Bが相手方Cに売却してくるというケースにおいて、Bが私利を図る目的（代金を着服する目的）でCと売買契約を結んだ場合には、Aは、Bの着服により代金を一銭も受け取れていないことを理由に、当該売買契約の効果が帰属しないことをCに対して主張できるのか？

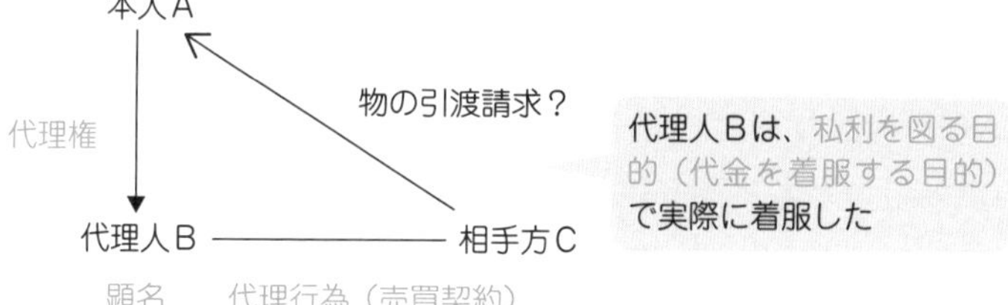

結論　代理人Bが権限を濫用しても代理行為の効果は原則として本人Aに有効に帰属するが、相手方Cが代理人Bの意図を知っていたか（悪意）、又は知ることができた（有過失）ときは、代理行為が無権代理とみなされ本人Aに効果が帰属しない。

この図では、代理要件（3つ）をすべて満たしている以上、A代理行為の効果は原則として有効にAに帰属します。よって、CはAに対して自動車の引渡しを請求でき、Aは実際に代金を受け取っていないにもかかわらず自動車を引き渡さなければなりません。ただし、ACが代理人Bの代金着服の意図を知っていたか（悪意）、又は知ることができたとき（有過失）には保護する必要がありません。そこで、このような場合には例外的に無権代理とみなして本人Aに効果が帰属しないとします。なお、代理権の濫用には、上記の事例のような任意代理権を濫用するケースだけでなく、法定代理権を濫用するケースもあり得ます。例えば、（利益相反行為にはあたらないが）親が子のためという名目で親権（法定代理権）を濫用するようなケースです。この場合、親権の濫用と認められる場面がかなり限定されます。要は親には親権行使について広範な裁量権が認められているのです。判例も、親権の行使が、子の利益を無視して自己又は第三者の利益を図ることのみを目的としているなど、B親権者に子を代理する権限を授与した法の趣旨に著しく反すると認められるような特段の事情がなければ濫用にあたらない、としています（最判平4・12・10）。ということは、親は子のためという名目であればある程度何でもできてしまうということですね……。ある意味コワい判例です。

6 復代理

(1)復代理人を選任できる場合

代理人は、復代理人を選任することができます。ここに代理人がさらに代理権を他の者に授権することを「**復代理**」と言い、当該代理権を授権された者のことを「**復代理人**」と呼びます。代理権のまた貸しみたいなイメージで考えておきましょう。ただし、この制度が濫用されると本人が困るので、民法は、復代理人を選任する際のルールを規定しています。細かいようですが何年かに一度出題されているので、一応確認しておきましょう。

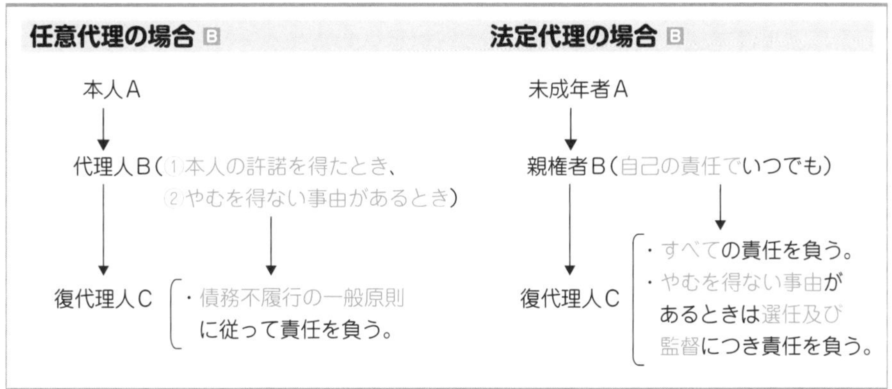

この図を見ると、任意代理の場合と法定代理の場合とでは、復代理人を選任できる場面や選任したときの代理人の責任が異なることが分かります。

任意代理は、本人Aと代理人Bとの信頼関係で成り立っています。AはBだからこそ代理権を授与したわけです。それにもかかわらず、Bが勝手に復代理人Cを選任できるとなれば、完全にAの信頼を害してしまいますよね。そこで、A復代理人を選任できる場面を①**本人の許諾を得たとき**と②**やむを得ない事由があるとき**に限定しているのです(104条)。そして、復代理人を選任した任意代理人は、何かあったときにはB**債務不履行の一般原則**に従って責任を負うことになります。ここで「債務不履行の一般原則」とは、代理人に帰責事由が認められる場合に代理人が責任を負う、という意味です。例えば、復代理人Cが代理行為の過程で受け取った金銭を着服したような場合、その復代理人を選任した代理人Bが、本人Aに対して、善管注意義務（644条）に違反したことを根拠に債務不履行責任（契約違反に基づく責任）を負うわけです（つまり損害賠償責任を負う）。ただ、これは民法Ⅱの「債務不履行」のパートを勉強した後に理解すれば足ります。今のところは「債務不履行という契約責任を負うんだな」と思っておきましょう。

一方、法定代理は、もともと法律上代理権が与えられているというケースなので、信頼関係云々はあまり考慮する必要がありません。したがって、Ａ法定代理人は、自己の責任で復代理人を選任することができます（105条）。自己の責任であればいつでも復代理人を選任してよいということです。その代わり責任は重くなり、基本的にはすべての責任を負います。ただし、Ｂやむを得ない事由があるときは、選任及び監督について本人に対してその責任を負えば足ります。

法定代理人が病気で長期入院を余儀なくされたとかそんなケースで考えてみて。

（２）復代理人の権限等

まず、復代理人は直接本人を代理（代表）します。そして、復代理権は代理人によって与えられた権限の範囲内に限られます（106条１項）。よって、Ａ復代理人が復代理権の範囲を超えて行った行為が、たとえ代理人の代理権の範囲を超えない場合でも、当該復代理人の行為は無権代理となります。また、Ｂ復代理人の代理権は、基礎となっている代理人の代理権が消滅した場合には消滅します。これはちょうど親亀がこけたら子亀もこけるのと同じです。例えば本人が死亡すると、代理人の代理権が消滅するので、復代理権も消滅することになります。なお、代理人が復代理人を選任しても代理人の代理権は消滅しないので注意しましょう（代理人が２人になったのと同じ）。

最後に、復代理人は、代理行為により相手方から受領した金銭その他の物を本人に対して引き渡す義務を負います。しかし、Ａこれは必ず本人に引き渡さなければならないことを意味するものではなく、代理人に対し引き渡せば、本人に対する引渡義務も消滅すると解されています（最判昭51・４・９）。

PLAY! 理解度チェック

1. 代理の種類は何と何か？

1. 法定代理と任意代理。

2. 無権代理になってしまうと法律効果はどうなるのか？

2. 本人に帰属しなくなる。

3. 代理人には行為能力が必要なのか？

3. 必要ない。なお、意思能力は必要。

4. 権限の定めのない代理人は、処分行為をすることができるのか？

4. できない。

5. 自己契約や双方代理が許される場合（無権代理とならない場合）とは？

5. ①債務の履行をする場合、②本人があらかじめ許諾した行為をする場合。

6. 本人が死亡したら代理権はどうなるのか？

6. 消滅する。

7. 代理人が本人のためにすることを示さないでした意思表示は、必ず自己のためにしたものとみなされるのか？

7. 相手方が、代理人が本人のためにすることを知り（悪意）、又は知ることができたときは（有過失）、本人に効果帰属する。

8. 代理権の濫用があった場合の代理行為の効果は？

8. 原則本人に効果が帰属する。ただし、相手方が悪意又は有過失の場合には例外的に無権代理となる。

9. 任意代理のケースで復代理人を選任できるのはどんな場合か？

9.
①本人の許諾を得たとき、②やむを得ない事由があるとき。

10. 代理人の代理権が消滅すると、復代理権も消滅するのか？

10.
消滅する。

TRY! 本試験問題に挑戦

代理に関するア～オの記述のうち、妥当なもののみ全て挙げているのはどれか。

【国家一般職 R４】

ア. 代理人が、本人のためにすることを示さないで相手方に意思表示をした場合において、相手方が、代理人が本人のためにすることを知り、又は知ることができたときは、その意思表示は、本人に対して直接に効力を生じる。

ア. ○
そのとおり。
代理人が顕名をしていなくても、相手方が、代理人が本人のためにすることを知り、又は知ることができたときは、その意思表示は、本人に対して直接に効力を生じる。

イ. 代理人が相手方に対してした意思表示の効力が、ある事情を知っていたこと又は知らなかったことにつき過失があったことによって影響を受けるべき場合には、その事実の有無は、原則として、代理人を基準として決する。

イ. ○
そのとおり。
代理行為について、その事実の有無は、代理人について決するのが原則である。

ウ. 制限行為能力者が他の制限行為能力者の法定代理人としてした行為は、行為能力の制限を理由として取り消すことができない。

ウ. ×
制限行為能力者が他の制限行為能力者の法定代理人としてした行為は、行為能力の制限を理由として取り消すことができる。

エ. 委任による代理人は、自己の責任で復代理人を選任することができるが、法定代理人は、本人の許諾を得たとき、又はやむを得ない事由があるときでなければ、復代理人を選任することができない。

エ.×
委任による代理人(任意代理人)と法定代理人の記述が逆になっているので誤り。

オ. 復代理人は、その権限内の行為について代理人を代表し、また、本人及び第三者に対して、その権限の範囲内において、代理人と同一の権利を有し、義務を負う。

オ.×
復代理人は、その権限内の行為について本人を代理(代表)する。

1.ア、イ　2.ア、エ　3.イ、ウ　4.ウ、オ　5.エ、オ

正答　1

7 代理(2)

重要度
★★★
頻出度
★★★

今回のテーマは大きく言うと「無権代理」である。無権代理となった場合の処理を中心に一つひとつ知識を確認していこう。

1 無権代理

「無権代理」とは、代理権を有しない者が代理人として（つまり、顕名をして）代理行為をした場合を言います。代理人でもない者が「自分は代理人だ」などと言って契約をしてきてしまうケースだと思っておきましょう。こうした代理人ではない者のことを「無権代理人」と呼びます。そのままですね（笑）。無権代理人のした契約は、原則として本人に効果が帰属しません（効果不帰属）（113条１項）。しかし、Ａ本人が追認したときは、契約の時に遡って有効（効果帰属）となります（116条）。「追認した時」から有効となるのではないので注意しましょう。

さて、このように無権代理人のした契約が効果不帰属となってしまうと、真っ先に害されるのは契約の相手方ですよね。そこで、相手方を保護する術（すべ）を考えなければなりません。相手方が一番喜ぶのは、契約の効果が問題なく本人との間で帰属することなので、民法は「表見代理」という制度を設けて、無権代理の場合でも例外的に契約の効果を本人に帰属させることにしています。具体的には、以下３つの表見代理の制度が用意されています。

本来生じないはずの契約の効果を発生させてしまうという過激な制度ゆえに３つに限定しているんだ。

（1）109条の表見代理（代理権授与の表示による表見代理）

Ａ民法109条１項では、「第三者に対して他人に代理権を与えた旨を表示した者は、その代理権の範囲内においてその他人が第三者との間でした行為について、その責任を負う」とされています。例えばＡがＣに対して、「Ｂを代理人にしたからね」と表示した（伝えた）ので、Ｃは、ＢをＡの代理人と信じ込んで取引をしたというケースにおいて、実はＡがＢを代理人にはしていなかったとしても、Ａは契約の責任をとらなければなりません。ただ、このようにＢに代理権を与えていないのにわざわざCに対し「Bを代理人にしたからね」と伝えることなど通常はありません。そこで、今回は109条の適用場面として「委任状」を交付したケースを念頭に考えてみます。次の図を見てください。

109条1項の表見代理（代理権授与の表示による表見代理） B

本人Aは何ら代理権を与えていないにもかかわらず、Bに土地売却の代理権を与えるような委任状だけを交付し、Bがこれを利用してCに土地を売却した。この場合に売買契約の効果はAC間に帰属するのか？

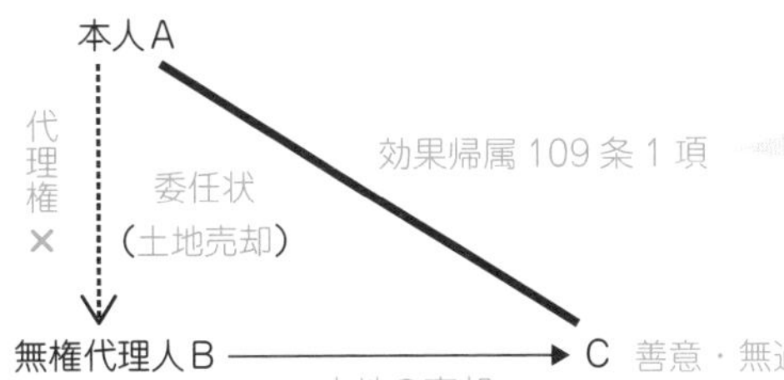

要件は3つ
①代理権を与える旨の表示をした
②表示の範囲内で代理行為
③相手方の善意・無過失

結論 原則は無権代理であるから、本人の追認がない限り効果は帰属しない。しかし、相手方CがBに代理権が与えられていないことにつき善意・無過失であれば、109条1項の表見代理を主張してAC間で有効に契約の効果を帰属させることができる。

この図では、本人Aが無権代理人Bに対して委任状を渡し、Bはそれを相手方Cに示して契約を締結しています。確かに、AはBに対して代理権を与えていませんが、委任状を渡し、それが相手方に示された以上、結果的にAがCに対して「私はBに代理権を与えたからね」というメッセージを発したに等しいと言えます。そこで、このような場合には、CがBに代理権が与えられていないことにつき善意・無過失であればAC間で契約の効果を生じさせてしまうのです。これが「109条の表見代理」です。なお、B この場合の主観面の立証責任は、本人Aの側にあります。つまり、AがCの悪意又は有過失を立証しなければならないのです。裏を返せば、C自身は自己の善意・無過失を積極的に立証する必要がありません。

また、B 委任状が偽造されたケースは、代理権授与の表示をしたことにはならないので、本条は適用されません。要は、少なくとも委任状は真正に作成されたものでなければならないということです。

さらに、B 109条の表見代理は、法定代理の場合には適用されません。109条の表見代理は、「代理権授与の表示による表見代理」と呼ばれているだけに、代理権を授与するケースが念頭に置かれているわけです。ゆえに法定代理の場合はそもそも代理権を授与しないので適用されないのです。皆さんも親に対して「代理権を与えるので親権者として頑張ってください」というような代理権授与行為はしないでしょう。

なお、前の図の事案で、無権代理人Bが委任状に示された範囲「外」の行為をしてきてしまったときはどうなるのでしょうか？　例えば、Bが第三者Dの負担する借入金債務を担保するために土地に抵当権を設定してきたような場合です。実はこの場合も、B Cがその行為について無権代理人Bに代理権があると信ずべき正当な理由（代理権があると過失なく信じた≒善意・無過失）があれば、有効に効果が帰属します（109条2項）。

（2）110条の表見代理（権限外の行為の表見代理）

110条の表見代理（権限外の行為の表見代理） A

本人Aは、Bに対し、Cから100万円を借り入れるための代理権を与えた（基本代理権）。それにもかかわらず、Bは代理人としてCから200万円を借りてきた。この場合Cは200万円の金銭消費貸借契約（金の貸し借りに関する契約）が有効にAに帰属していることを主張できるのか？

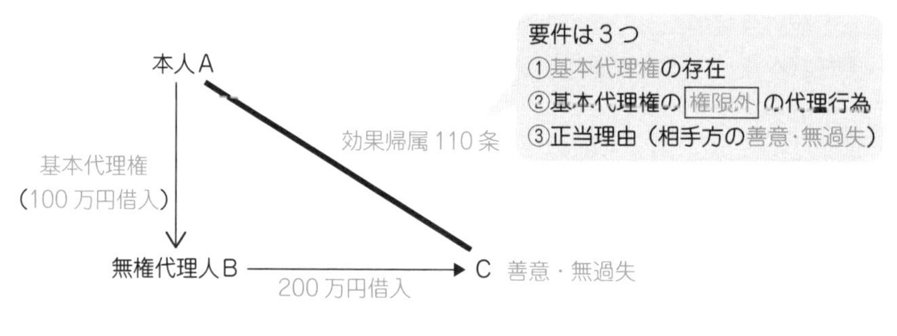

結論 原則は無権代理であるから、本人の追認がない限り効果は帰属しない。しかし、相手方CにおいてBに代理権があると信ずべき正当な理由（代理権があると過失なく信じた≒善意・無過失）があれば、110条の表見代理を主張してＡＣ間に契約の効果を帰属させることができる。したがって、Cは本人Ａに対して200万円を返すように請求できる。

この図では、Bは代理権（100万円の借入）を与えられていますが、与えられた代理権と異なる契約（200万円の借入）を締結してしまっています（権限外のことをしている)。この場合にも代理行為全体が無権代理になってしまいます。先ほどの109条と異なる点は、一応、今回は基本代理権が与えられているという点です。ただ、それとは異なる行為をしてしまったという事情があります。このようなときは、CにおいてBに代理権があると信ずべき正当な理由（代理権があると過失なく信じた≒善意・無過失）があれば、110条の表見代理を主張してＡＣ間に契約の効果を帰属させることができます。そして、B「正当な理由」の立証責任は、相手方Cの側にあり、つまりCが「自分は過失なく信じたんだ」と立証しなければならないので、これは「悪魔の証明」と呼ばれるほど厳しいものになります。

「知らない、過失がない」というような「ないこと」の証明は厳しいという意味だよ。

また、A110条の表見代理における基本代理権は、「法律行為（代理行為)」をなすものでなければならないので、預金勧誘外交員による勧誘行為の委託（最判昭35・2・19）や不法行為のような事実行為は基本代理権になりません。さらに、「私法上」の法律行為をなすものでなければならないので、原則として公法上の行為の代理権は基本代理権になりません。もっとも、A登記申請行為は、基本代理権となるというのが判例です（最判昭46・6・3)。これは、登記申請行為が、契約上の債務の履行（不動産の売却など）という私法上の取引行為の一環として付随的になされているためです。

① 「第三者」とは誰のことか？

条文上は、109条も110条も、表見代理の主張権者について「第三者」と規定しています。さて、ここで言う「第三者」とは、無権代理人の直接の相手方を指すのでしょうか？　それとも転得者をも含むのでしょうか？　ここは重要な論点なので、まずは次の図を見てください。

転得者も「第三者」にあたるのか？ A

条文上、表見代理は、「第三者」が主張できるものとされている。ここに言う「第三者」とは誰のことを指すのか？　無権代理の直接の相手方のみならず、転得者も含まれるのか？

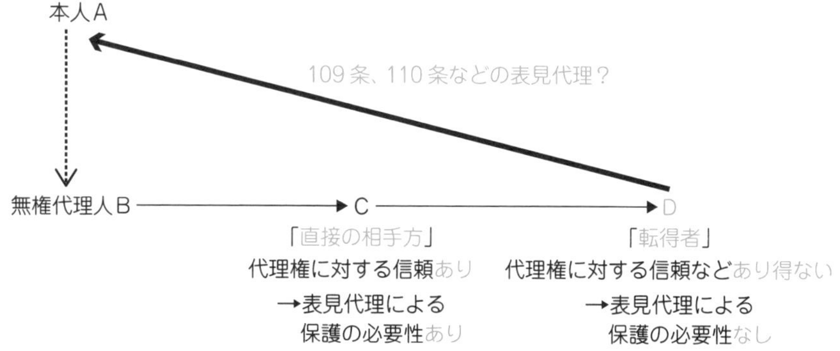

結論　「第三者」とは、無権代理行為の**直接の相手方に限られる**（上記Cだけ）。**転得者（上記D）は含まれない**（最判昭36・12・12）。よって、Dは表見代理を主張することはできない。

理由　表見代理は、有効な代理権があると信頼した者を保護するための制度である。とすれば、有効な代理権が存在する旨を信頼するのは直接の相手方に限られ、無権代理人と直接取引をしているわけではない転得者を表見代理による保護の対象とする必要はない。

ここは表見代理という制度がなぜあるのかを考えれば、自ずと理解できるはずです。ざっくり言うと、表見代理は、**代理権に対する信頼を保護する制度**です。したがって、代理権に対する信頼を寄せる人は保護しなければなりません。A この図で言うとCは無権代理人と**直接取引**をしているので、表見代理を主張させてあげないといけないのですが、無権代理人と**直接取引をしているわけではない**転得者Dが、代理権に対する信頼を寄せることなどあるのでしょうか？　通常はありませんね。そこで、わざわざ表見代理を主張させなくても構わないのです。

②法定代理権への適用

権限外の行為の表見代理は、法定代理の場合に適用されるのでしょうか？　これは大切な論点なので、以下の事例とともに考えてみましょう。

日常家事代理権と110条 A

本人A（夫）の土地をB（妻）が勝手に代理人と称してCに売却してきた場合、その効果はAC間に帰属するのか。夫婦には日常家事についての代理権（**日常家事代理権**）があるところ、この代理権を基本代理権として、110条でCは保護されるのかが問題となる。

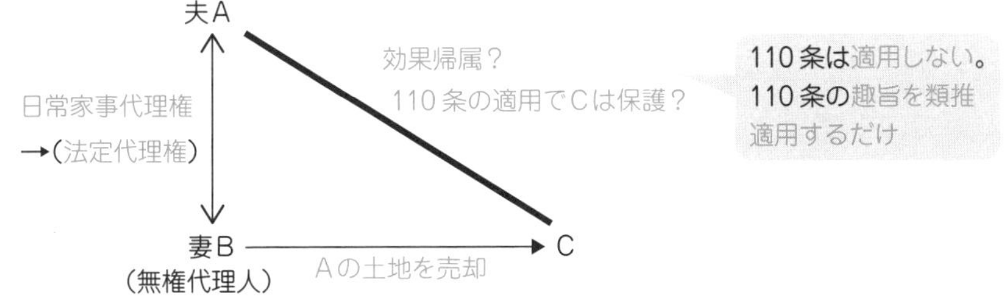

結論　Cは**110条では保護されない**（これを認めてしまうと夫婦の**財産的独立を害する**ので）。しかし、当該土地の売却が、AB間の日常家事に関する法律行為の範囲内に属すると信じるにつき正当の理由があるときには、**110条の趣旨を類推適用**してCは保護されることがある。

まず、夫婦相互間には民法761条を根拠として、「**日常家事代理権**」という名の**法定代理権**が認められています。夫婦は生活をともにしているので、夫婦共同生活を営む上で通常必要とされる法律行為については相互に代理できるのです。例えば、夫が妻の代わりに野菜を買ってくるとか、逆に妻が夫の代わりにネクタイを買ってくるとか……。日常家事代理権とはこの類のものだと思っておきましょう。しかし、今回は夫Aの土地を妻Bが売却してくるという日常家事代理権の範囲を明らかに逸脱した行為をやってきていますね。このときに、相手方Cは法定代理権も基本代理権となるはずだとして、この日常家事代理権を基本代理権として110条の適用を主張できるのでしょうか？

これが今回の論点です。**結論はダメ。110条の適用を主張できません**。これを安易に認めてしまうと夫婦の財産的独立を害することになるからです。ただ、そうなると、相手方が一切保護されなくなり、気の毒です。そこで、Aその行為が当該夫婦の日常家事に関する法律行為の範囲内に属すると信ずるにつき正当の理由があるときに限り、110条の趣旨を類推適用して相手方を保護することにしたのが判例です（最判昭44・12・18）。

夫の財産は夫のもの、妻の財産は妻のものということだよ。

すなわち、110条を適用すると、相手方Cは、妻Bに代理権があると信ずべき正当な理由さえあれば保護されるのですが（つまり、比較的簡単に保護される）、110条趣旨類推適用説であれば、相手方Cは、代理権に対する信頼のみでは足りず、その行為が当該夫婦の日常家事に関する法律行為の範囲内に属すると信じなければならないわけです。これにより、相手方が保護される場面はぐっと限定されてくることになります。事実上、AB夫婦がかなりの資産家で日常生活でも土地の売買は当然、という状況でなければCは保護されない……ということになるでしょう。しかし、一切保護されないよりはましだと判例は考えたわけですね。

なお、無権代理人が本人の名前を表示して権限外の行為をした場合、相手方は保護されるのか？という点が問題となった判例では、B相手方が、無権代理人の代理行為を本人自身の行為であると信じたことに正当な理由がある場合に限り、110条を類推適用して、本人が責任を負わなければならないとしています（最判昭44・12・19）。つまり、相手方が保護されるというわけです。

無権代理人が本人の名前を表示して権限外の行為をした場合 B

無権代理人Bが本人Aの名前を表示して権限外の行為をした場合、相手方Cは保護されるのか？

結論 相手方Cが、無権代理人Bの代理行為を本人A自身の行為であると信じたことに正当な理由がある場合に限り、110条の類推適用により、本人が責任を負わなければならない。

理由 相手方の信頼の対象は、あくまでも「本人Aの行為である」という点である。したがって、110条を類推適用して保護するのが妥当である。

(3) 112条の表見代理（代理権消滅後の表見代理）

112条1項の表見代理（代理権消滅後の表見代理） B

Bはかつて本人Aから与えられた代理権（土地売却の代理権）を利用し、Cに土地を売却した。この場合に売買契約の効果はAC間に帰属するのか？

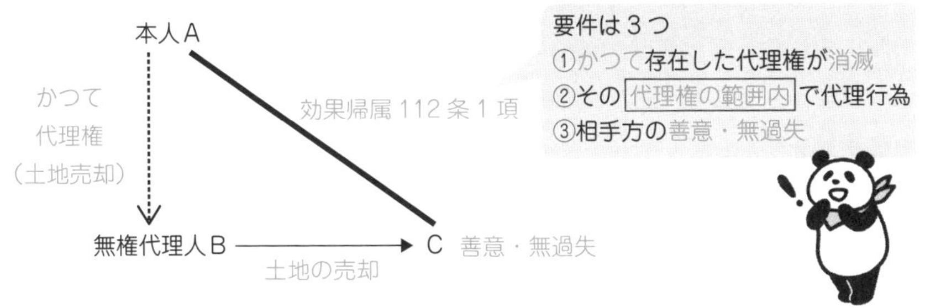

結論 原則は無権代理であるから、本人の追認がない限り効果は帰属しない。しかし、相手方CがBの代理権が消滅した事実につき善意・無過失であれば、112条1項の表見代理を主張してAC間で有効に契約の効果を帰属させることができる。

※なお、112条の表見代理は、法定代理の場合にも適用される。

この図では、Bはかつて代理権を与えられていたということなので、現在は代理権を有していません。それにもかかわらず、かつて与えられていた代理権を利用して土地をCに売却してしまったのです。この場合、CがBの代理

なお、代理権の消滅前に相手方が無権代理人と取引をしたことがあるか否かは関係ないよ。取引をしたことがなくても112条の表見代理は成立する(最判昭44・7・25)。また、112条は代理権がかつてあったケースを念頭に置いているため、初めから代理権が存在していなかった場合は、適用されない(大判大7・6・13)。

権が消滅した事実につき善意・無過失であれば、112条１項の表見代理を主張してＡＣ間に有効に契約の効果を帰属させることができます。

なお、上記の図の事案で、無権代理人Ｂがかつて与えられていた代理権の範囲「外」の行為をしてきてしまったときはどうなるのでしょうか？　例えば、Ｂが第三者Ｄの負担する借入金債務を担保するために土地に抵当権を設定してきたような場合です。この場合も、Ｂ Ｃがその行為について無権代理人Ｂに代理権があると信ずべき正当な理由（代理権があると過失なく信じた≒善意・無過失）があれば、有効に効果が帰属します（112条２項）。

（４）無権代理の場合における本人及び相手方のとり得る手段

ここからは、無権代理の場合における本人と相手方のとり得る手段について見ていきます。無権代理人によって無権代理がなされると、契約の効果が本人と相手方との間に生じなくなります。そうなると、まず害されるのは契約の相手方ということになります。そこで、民法は無権代理をされてしまった相手方を保護するために、４つの手段を用意しています。一方で、本人も無権代理をされたという意味では被害者になるので、本人がとり得る手段も２つだけ用意しています。では、具体的に解説していきましょう。

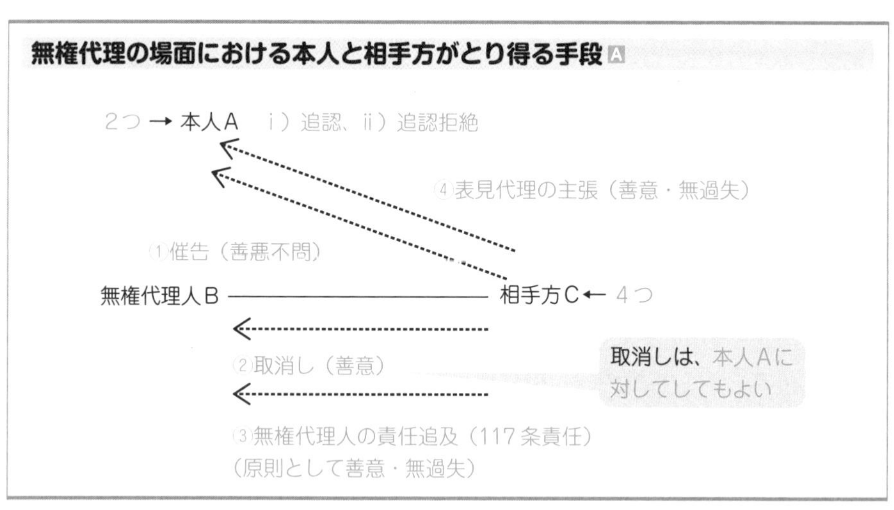

まず、本人Aがとり得る手段としては、ⅰ）追認権、ⅱ）追認拒絶権の２つが用意されています。追認権は無権代理行為を契約の時に遡って有効にする権利です。一方の追認拒絶権は無権代理行為を無効に確定させる権利です。この追認権や追認拒絶権は、相手方に対してすることになっています。ただし、無権代理人に対して行っても構いません（113条２項）。しかし、🅰無権代理人に対して行った場合は、相手方がその事実を知ったときでなければ対抗できません。例えば、無権代理人に対して追認しても、相手方はその事実を知るまでは取消権（後述）を行使することができます。

次に、相手方のとり得る手段としては、①催告権、②取消権、③無権代理人の責任追及（117条責任）、④表見代理の主張の４つがあります。このうち④の表見代理の主張は既に勉強したので、ここではほかの３つの手段に光を当てて説明していきます。

①催告権

「催告権」とは、相手方が、本人に対して「追認するのか否か、はっきりしてくれ」と要求する権利です。🅰もし、本人が相当の期間内に確答しないときは、追認を拒絶したものとみなされます（114条）。つまり、無視されたときの効果は「追認拒絶みなし」となるため、相手方にとってはあまり意味のない手段……と言えます。少なくとも実効性に欠けますね。したがって、🅰催告権は相手方の善意・悪意を問わずに行使することができます。

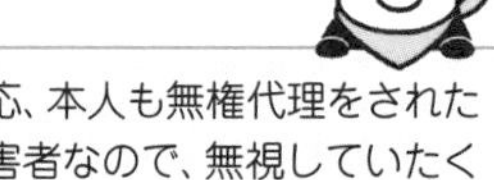

一応、本人も無権代理をされた被害者なので、無視していたくらいで追認みなしになってしまうのはかわいそうだもんね。

②取消権

「取消権」とは、相手方が無権代理行為を取り消す権利です。無権代理人あるいは本人に対して行使することができます。ただ、時期の制限として、本人が追認する以前になすことが必要となります。取消権は、もともとあった瑕疵ある契約の効果を否定するという消極的なものですが、🅰一応法的な効果を持つので、相手方の善意が要求されます。ただ、過失の有無は問われないので、少なくとも善意であれば過失があろうがなかろうが行使することができます（115条）。

つまり善意・有過失でも取消権を行使することができるんだ。

③無権代理人の責任追及（117条責任）

「無権代理人の責任追及」（いわゆる117条責任）とは、無権代理人の負う無過失責任のことを言います。A無権代理人は、自己の代理権を証明したとき、又は本人の追認を得たときを除き、相手方の選択に従い、相手方に対して履行又は損害賠償の責任を負わなければなりません（117条1項）。代替性のある物を引き渡す内容の契約では履行が選択されるケースが多いでしょう。一方、代替性のない物を引き渡す内容の契約では「お前が代わりに……」と言うわけにはいかないので、損害賠償を選択するしかありませんね。ただ、いずれにしても、A履行や損害賠償を求めるという積極的な効果につながるので、相手方の主観としては一番重い「善意・無過失」が要求されることになります。もっとも、無権代理人が自己に代理権がないことを知っていたとき（悪意）は、相手方は善意・有過失でも無権代理人の責任を追及できます（117条2項1号、2号）。なお、A無権代理人の責任（117条責任）は、無権代理人が制限行為能力者である場合には追及できません（117条2項3号）。これはオチとして覚えておきましょう。

相手方のとり得る手段 A

①催告権 → 相手方は、善悪不問で行使可能。相手方は本人に対し、相当の期間を定めて追認するか否かを確答するよう催告することができる。もし、本人がその期間内に確答しなければ、追認を拒絶したものとみなされる。

②取消権 → 相手方は、善意であれば契約を取り消すことができる。過失の有無は関係ない。ただし、追認前に取消権を行使する必要がある。なお、取消権を行使する相手方は無権代理人又は本人。

③無権代理人の責任追及（117条責任）→ 相手方は、善意・無過失（無権代理人が悪意のときは善意・有過失でも可）であれば無権代理人に対して、履行又は損害賠償を請求することができる。これは、無権代理人の側にとっては無過失責任なので、自己に過失がないことを立証しても責任を免れることはできない。なお、この責任は、無権代理人が制限行為能力者である場合には追及できない。

④表見代理の主張 → 相手方は、善意・無過失であれば表見代理（109条、110条、112条）を主張できる。前述したとおり。

※相手方に求められる主観がそれぞれ異なるので注意。催告は、本人に追認するのかしないのかを確かめるだけなので善悪不問。取消権はもともとあった契約を法的に消滅させるということを意味するので、最低限善意は必要となる。無権代理人の責任追及は、履行を請求したり損害賠償を請求したりと、積極的なアクションを起こすので、原則として善意・無過失まで必要となる。表見代理は、本来生じないはずの本人に対する効果を積極的に生じさせることになるので、善意・無過失まで必要となる。

無権代理人の責任追及の可否について主観面をまとめると次の表のようになるので、参考にしてみてください。

無権代理人の責任追及の可否（117条責任） A

	相手方が 善意・無過失	相手方が 善意・有過失	相手方が悪意
無権代理人が善意	可	不可	不可
無権代理人が悪意	可	可	不可

（5）表見代理と無権代理人の責任との関係

無権代理の場面で、相手方が善意・無過失であるときは、①表見代理の主張か、②無権代理人の責任追及（117条責任）かをすることができるわけですが、この2つの手段の関係はどうなっているでしょうか？　この点は、判例があるので、判例の見解をしっかりと押さえるようにしましょう。

表見代理と無権代理人の責任との関係 A

相手方は、表見代理の成立要件を満たしても、表見代理を主張せずに無権代理人の責任を追及することができるのか？　また、無権代理人の側は、相手方から無権代理人の責任を追及されたときに、「まずは表見代理の主張をしてくれ」という抗弁（反論）を出すことができるのだろうか？

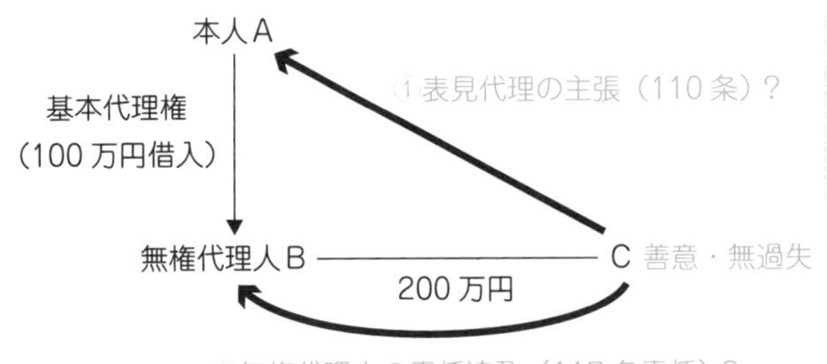

結論　相手方Cは自分の好きな方を選択して主張すればよい。①と②は選択できる（最判昭62・7・7）。ということは、逆に言うと、相手方Cが無権代理人の責任を追及してきたときに、無権代理人Bは、表見代理が成立することを主張（表見代理の抗弁）して自己の責任を免れることはできない。つまり、表見代理の抗弁は成り立たない。

（6）無権代理と相続

無権代理がなされた後に誰かが死んで相続が起こった場合、その無権代理行為はどうなってしまうのでしょうか？　これが「無権代理と相続」という一連の論点です。試験で出題されるパターンは5つしかないので、是非得意にしておきましょう。ここでは事案と結論、そして理由をパターンごとに書き分けておきます。どこが違うのかを確認しながら読んでください。

①無権代理人が本人を相続した場合　A

●原則

Bによって無権代理がなされたが、本人Aが追認権も追認拒絶権も行使しないうちに死亡し、無権代理人Bが相続した場合、Bは、本人の地位で追認拒絶権を行使できるのか。

なお、判例は、無権代理人が無権代理行為をした後に、本人の成年後見人に就任したケースで、無権代理人が成年後見人の立場で本人の追認拒絶権を行使することは信義則に反しないとしている（最判平6・9・13）。この場合、無権代理人は確かに無権代理をした張本人ではあるが、本人がまだ生きているので、成年後見人として本人のためになる行動をとることを否定するわけにはいかないからである

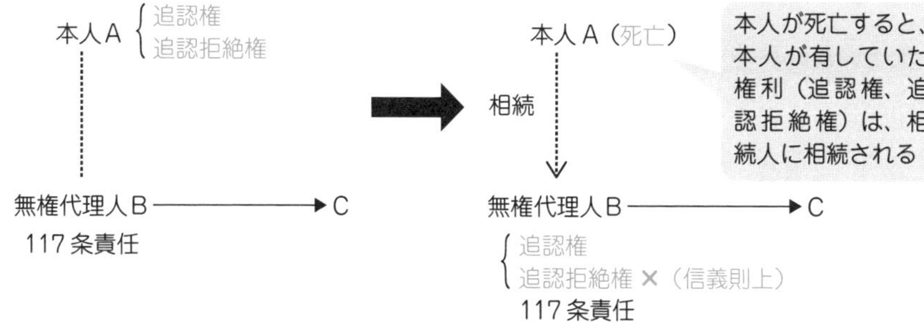

結論　無権代理人Bは本人Aの地位を利用して**追認拒絶権を行使することはできず**、当然に**追認の効果**が生じる（最判昭40・6・18）。よって、BC間の代理行為は有効になる。

理由　無権代理人Bは自分で無権代理行為をしておきながら、相続による本人Aの地位を利用して追認拒絶することは**信義則に反する**（図々しい）。

●例外

Bによって無権代理がなされたが、本人Aが**追認を拒絶してから死亡**し、その後無権代理人Bが相続した場合、Bは、追認拒絶の効果を主張できるのか。

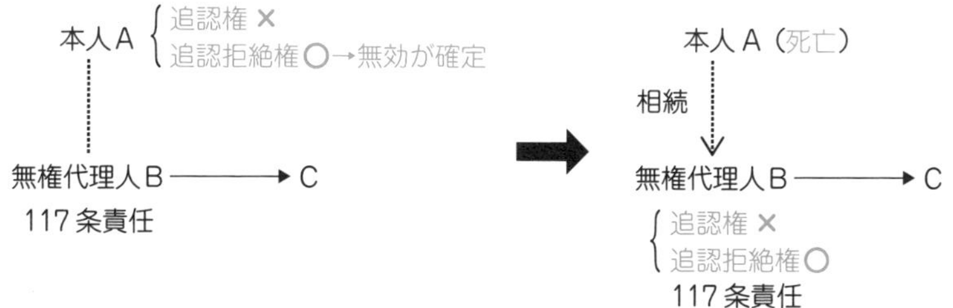

結論　無権代理人Bは**追認拒絶の効果を主張できる**（最判平10・7・17）。

理由　本人Aは死亡前に追認拒絶をしているので、**この時点で権利関係は確定**した。その後のAの死亡により、無権代理人Bはその地位をそのまま引き継いだことになる。換言すると、Bは追認拒絶権を行使したAの地位を引き継いだだけである（別にBが追認拒絶の意思決定をしたわけではない）。

②本人が無権代理人を相続した場合 A

無権代理人Ｂによって無権代理がなされたが、その後Ｂが死亡し、本人ＡがＢを相続した場合、Ａは、追認拒絶権を行使できるのか。

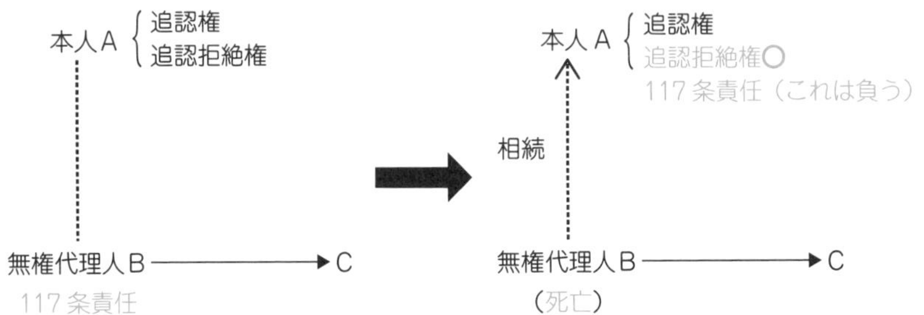

結論　本人Ａは、あくまでも本人の地位で**追認拒絶権を行使できる**（最判昭37・4・20）。もっとも、**無権代理人の責任（117条責任）は負う**。

理由　本人Ａは、自分で無権代理をしたわけではないので、追認拒絶権を行使しても**信義則に反しない**（図々しくない）。ただ、無権代理人Ｂの地位を相続で引き継いでしまっているので、無権代理人の責任は負う。

③無権代理人を相続した後に本人を相続した場合（二段階相続の事案）A

本人Ａの土地を売却した無権代理人Ｂが死亡し、その財産を他の共同相続人ＣとＡが相続した後、今後はＡが死亡し、その財産をＣが相続した場合、Ｃは追認拒絶権を行使できるのか？

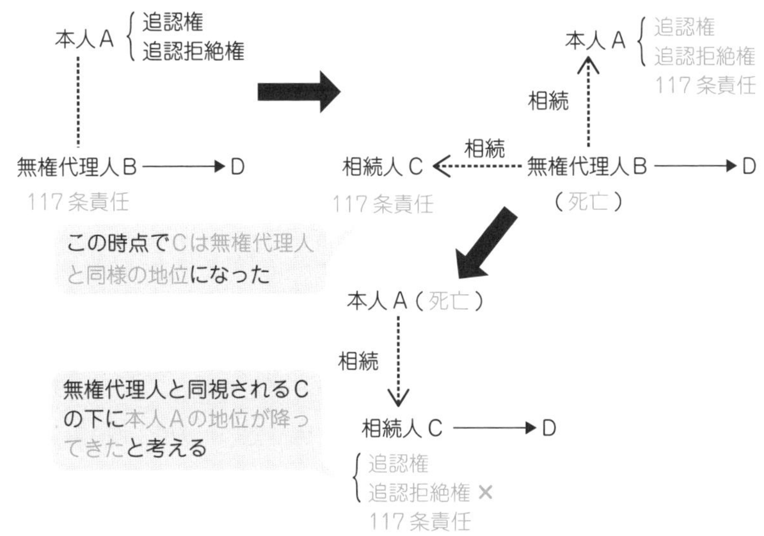

結論 Cは、追認拒絶権を行使できない(最判昭63・3・1)。

理由 ①無権代理人が本人を相続した場合(原則)と同じように構成できるため。ただ、この判例は、①(原則)の場合と異なり、Cが自分で無権代理をしたわけではないので、追認拒絶権を行使できないとするのはおかしいと批判される。

④無権代理人が他の相続人と共に本人を共同相続した場合 A

無権代理人Bが本人A所有の不動産をDに売却した後、Aが死亡し、その財産をBと他の相続人Cが共同相続した場合、Cが追認権を行使しなかったら売買契約はどうなるのか?

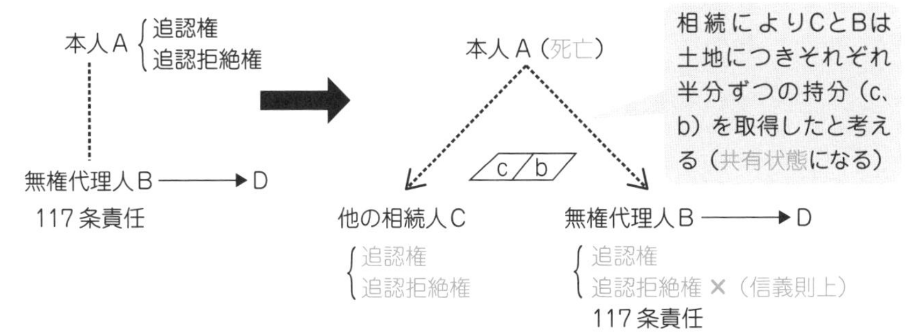

結論 この場合、無権代理人Bはもちろん追認拒絶権を行使できない（信義則に反する）。一方、他の相続人Cは追認権、追認拒絶権を選択して行使できるが、Cが追認権を行使しない限り、無権代理人Bの持分（b）についても当然に有効とはならず、売買契約全体が無効となる（最判平5・1・21）。

理由 確かに、無権代理人Bは追認拒絶権を行使できない以上、Bの持分（b）についてだけは有効としてもよいはずである。しかし、判例は追認権が性質上不可分であるという法律構成をとり、全員が一緒になって追認権を行使しなければ売買は有効にならないと考えている。また、現実的に考えても、Dは土地全体を取得できると思っていたのに、無権代理人Bの持分である（b）しか取得できないというのでは困ってしまう（Dは土地の上に建物を建てようとしていたかもしれない……にもかかわらず半分しか取得できないとすれば建物が建てられない）。そこで、Cが追認権を選択しないのであれば、売買契約全体が無効になるとした上で、あとは損害賠償（お金）で解決すれば十分と考えるのである。

PLAY! 理解度チェック

1. 無権代理行為を本人が追認したときは、いつから有効になるのか。

1. 契約の時に遡って有効となる。

2. 民法109条では、「(　　　)に対して他人に代理権を与えた旨を表示した者は、その代理権の範囲内においてその他人が(　　　)との間でした行為について、その責任を負う」とされている。

2. 第三者

3. 登記申請行為は、民法110条の基本代理権となるのか?

3. なる。

4. 表見代理の規定における「第三者」とは、無権代理行為の直接の相手方に限られるのか?

4. 直接の相手方に限られる。

5. 日常家事代理権を基本代理権として110条の適用を主張できるのか?

5. できない。110条の趣旨を類推適用することはできる。

6. 本人が無権代理人に対して追認したときは、常にそれを相手方に対抗できるのか?

6. 相手方がその事実を知ったときでなければ対抗できない。

7. 相手方は催告権を善悪不問で行使することができるが、本人が相当の期間内に確答しないときはどうなるのか?

7. 追認を拒絶したものとみなされる。

8. 民法117条の責任は、無権代理人が制限行為能力者である場合でも追及できるのか?

8. 追及できない。

9. Bによって無権代理がなされたが、本人Aが追認を拒絶してから死亡し、その後無権代理人Bが相続した場合、Bは、追認拒絶の効果を主張できるのか。

9.
主張できる。

10. 無権代理人Bによって無権代理がなされたが、その後Bが死亡し、本人AがBを相続した場合、Aは、追認拒絶権を行使できるのか。

10.
行使できる。

11. 無権代理人Bが本人A所有の不動産をDに売却した後、Aが死亡し、その財産をBと他の相続人Cが共同相続した場合、Cが追認権を行使しなかったら売買契約はどうなるのか？

11.
全体が無効となる。

TRY! 本試験問題に挑戦

代理に関する次のア～エの記述の正誤の組合せとして、最も適当なものはどれか（争いのあるときは、判例の見解による）。【裁判所職員 H28】

ア. 未成年者Aの法定代理人Bは、Aの許諾を得ずに、またやむを得ない事由もないのに、友人Cを復代理人に選任した。この場合、Cは適法な復代理人ではない。

ア. ×
法定代理人は、自己の責任でいつでも復代理人を選任することができる。

イ. Aは、Bを代理してB所有の自動車をCに譲渡したが、この売買契約の際、CはAをだました。この場合、詐欺を理由として意思表示を取り消すことができるのはAであって、Bは取り消すことはできない。

イ. ×
代理の効果は本人に帰属するので、取消権も本人に帰属する。よって、詐欺を理由に取り消すことができるのはBである。

ウ. 本人Aの無権代理人Bと契約を締結した相手方Cが、Bに対して履行請求をした場合、この請求に対するBの「表見代理が成立し、契約の効果はAに帰属するから、自分は履行の責任を負わない」との主張は認められない。

ウ. ○
そのとおり。
無権代理人は、表見代理の抗弁を出すことはできない。

エ. Aは、何らの代理権もないにもかかわらず、Bの代理人と称してCとの間でB所有の土地を譲渡する契約をした。この場合、BはAに対して追認をすることができるが、Cが追認の事実を知った後でなければ、BからCに対して追認の効果を主張することはできない。

エ. ○
そのとおり。
BはAに対して追認することもできるが、この場合、相手方のCが追認の事実を知った後でなければ、BからCに対して追認の効果を対抗することができない。

	ア	イ	ウ	エ
1.	誤	正	正	誤
2.	正	誤	誤	正
3.	誤	正	誤	誤
4.	正	正	正	誤
5.	誤	誤	正	正

正答　5

TRY! 本試験問題に挑戦

民法に規定する代理に関する記述として、通説に照らして、妥当なのはどれか。

【特別区 R1】

1. 代理は、本人の意思で他人に代理権を授与する場合に限り始まるものであるから、本人から何らの権限も与えられていない者が行った代理行為は、無権代理行為となる。

1. ×
本人の意思で他人に代理権を授与する場合以外にも、法定代理があるので誤り。後半は正しい。

2. 代理人が本人のためにすることを示さないでした意思表示は、代理人が本人のためにすることを相手方が知り、又は知ることができたとき、代理人に対して直接にその効力を生じる。

2．×
代理人が本人のためにすることを相手方が知り、又は知ることができたときは、本人に対して直接にその効力を生じる。

3. 権限の定めのない代理人は、保存行為及び代理の目的である物又は権利の性質を変えない範囲内において、その利用又は改良を目的とする行為をする権限を有する。

3．○
そのとおり。
処分行為はできないので注意しよう。

4. 無権代理人と契約を締結した相手方は、本人に対し、相当の期間を定めて、追認をするかどうかを確答すべき旨の催告をすることができるが、この場合において、本人がその期間内に確答をしないときは、追認したものとみなす。

4．×
追認を拒絶したものとみなす。

5. 本人の完成した意思表示を相手に伝えるために、本人の意思表示を書いた手紙を届けたり、本人の口上を伝えたりする行為は代理行為であり、本人のために自ら意思を決定して表示する者は使者である。

5．×
記述が逆になっている。すなわち、本人の完成した意思表示を相手に伝えるために、本人の意思表示を書いた手紙を届けたり、本人の口上を伝えたりする者は使者であり、本人のために自ら意思を決定して表示する行為が代理行為である。

正答　3

8 条件・期限

重要度
★★★
頻出度
★★★

総則のマイナーテーマ、「条件・期限」について簡単に学習していこう。ただ、試験的にはあまり出題されないので、後回しにしてもよいテーマと言えるる。

1 条件

（1）条件とは？

「**条件**」とは、法律行為の効力の発生・消滅を、将来発生することが**不確実な事実**にかからしめる附款（ふかん）です。附款とは意思表示に付けるおまけみたいなものだと考えておきましょう。条件には「**停止条件**」（例：公務員試験に合格すればこの時計をあげるなど＝条件成就で効力が**発生**する）と「**解除条件**」（例：奨学金を給付するが、成績が落ちた場合には給費を打ち切るなど＝条件成就で効力が**消滅**する）の２つがあります。Ⓑ条件には**基本的に遡及効がない**のですが、当事者が条件の成就した場合の効果をその成就した時以前に遡らせる意思を表示したときは、その意思に従い遡及します（127条３項）。なお、取消しや解除などの相手方のある**単独行為については条件を付けられない**とされています。というのも、一方的に条件を付けると相手方の地位を不安定にするためです。

逆に言うと、①相手方が同意した場合や②相手方の地位を不安定にしない場合は条件を付けることができる。例えば、②の例として、既に履行遅滞に陥っている債務者に対して、「１か月以内に履行しなければ契約を解除する」との停止条件付きの解除は許される。

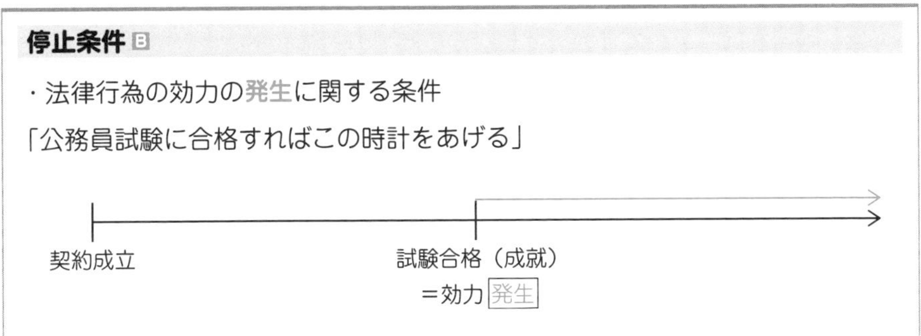

停止条件 Ⓑ

・法律行為の効力の**発生**に関する条件

「公務員試験に合格すればこの時計をあげる」

解除条件 B

・法律行為の効力の消滅に関する条件

「奨学金を給付するが、成績が落ちた場合には給費を打ち切る」

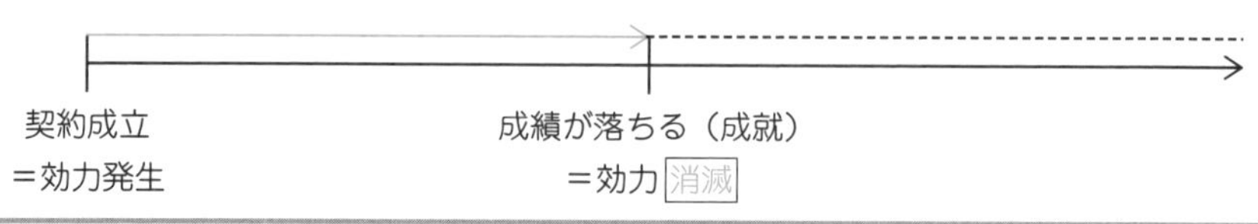

（2）条件に関する問題点

条件付法律行為の各当事者は、条件の成否が未定である間は、条件が成就した場合にその法律行為から生ずべき相手方の利益を害することができません（128条）。つまり、当事者の一方は、将来条件が成就すれば一定の利益を受けられるという期待権を有するため、それを侵害することのないように配慮したのです。

一方、B条件の成否が未定である間における当事者の権利・義務は、一般の規定に従い、処分し、相続し、若しくは保存し、又はそのために担保を供することができます（129条）。

さらに、B条件が成就することによって不利益を受ける当事者が故意にその条件の成就を妨げたときは、相手方は、その条件が成就したものとみなすことができます（130条1項）。例えば、AがBに対して、「Bが公務員試験に合格したら時計をあげる」と約束した場合、試験前日にAがBを拉致し、当日の試験を受けさせなかったときは、Bは条件が成就した（つまり試験に合格した）ものとみなして、時計をもらうことができるのです。ただ、むなしいだけのような気もしますが……。

「できる」だけなので、成就したものとみなさなくても構わないよ。

逆に、B条件の成就によって利益を受ける当事者が不正にその条件を成就させたときは、相手方は、その条件が成就しなかったものとみなすことができます（130条2項）。例えば、先ほどの事案で、Bが試験当日にカンニングをして無理矢理試験に合格した場合、Aは条件が成就しなかった（試験に合格しなかった）ものとみなして、時計をあげなくてもすむというわけですね。

以下では、その他の条件に関する民法の各規定を表にしてまとめておきます。ただ、かなり細かいので後回しにして構いません。

条件まとめ B

条件の種類			法律行為の効力
既成条件	条件が既に成就	停止条件（最初の時点で既に効力が発生）	無条件（有効）
		解除条件（最初の時点で既に効力が消滅）	無効
	条件不成就が既に確定	停止条件（後に効力が発生することはあり得ない）	無効
		解除条件（後に効力が消滅することはあり得ない）	無条件（有効）
不法条件	不法な条件（Bに嫌がらせをしてくれたら100万円あげる）		無効
	不法な行為をしないことを条件（Bに嫌がらせをしないでくれたら100万円あげる）		無効
不能条件	停止条件（後に効力が発生することはあり得ない）		無効
	解除条件（後に効力が消滅することはあり得ない）		無条件（有効）
純粋随意条件	停止条件	単に債務者の意思のみにかかる（気が向いたら100万円あげる）	無効※
		単に債権者の意思のみにかかる（必要となれば100万円もらう）	有効
	解除条件	単に債務者の意思のみにかかる（気が向いたら仕送りをやめる）	有効
		単に債権者の意思のみにかかる（不要になったら仕送りをもらうのをやめる）	有効

表中の※を見てください。純粋随意条件の中でもここだけが無効になっています（134条）。というのも、このような債務者の意思のみにかかる停止条件が付いた法律行為は、100万円をあげる時期が全く不明であるため（つまり債務者の胸三寸）、債権者の地位が不安定になるし、このような適当な法律行為は法的にも保護に値しないからです。

2 期限

（1）期限とは

「期限」とは、法律行為の効力の発生・消滅を、将来発生することが確実な事実にかからしめる附款です。確定期限（○月○日からのような始期、△月△日までのような終期）や不確定期限（私が死んだら車をあげるなど）があります。なお、B「将来出世したら返す」という約束で金銭消費貸借契約（お金を借りる契約）を締結した場合、その附款は、期限であると解されています（大判大４・３・24）。本当に出世するかどうかは分からないわけですから、条件なのでは？ と思うかもしれませんが、判例は期限と解釈しています。それゆえ、出世した時点、あるいは出世しないことが確定した時点で金銭を返すことになります。そして、期限の効力は将来に向かって生じるだけであり、当事者間で特約をしても遡及しません。「10月１日から12月31日まで通行止めにする」との期限が付されているのに、いざ10月１日が到来した際に、８月１日から通行止めにしていたことにするのは無意味ですよね。

民法上、B期限は債務者の利益のために定めたものと推定されます（136条１項）。例えば、ＡがＢに２月１日に金銭消費貸借契約（利息付き）で10万円を貸したとしましょう。この契約で弁済期（返済期）が「４月１日」となっていたとしたら、この「４月１日」まで返さなくてもよいという支払いの猶予が期限の利益です。そして、これは債務者Ｂのために定められたものだろうと推定されるわけです。一方、債務者Ｂとしてはこのような期限の利益を放棄することもできます。つまり期限前に返済しても構いません。しかし、これによって債権者の利益が害されるという事態は避けなければなりません（136条２項）。ゆえに、BＢが４月１日前に返済するにあたっては、４月１日までの利息をちゃんと付けて返済しなければならないのです。そうしないと債権者Ａが害されてしまいますからね。

ただ、①債務者が破産手続開始の決定を受けたとき、②債務者が担保を滅失させ、損傷させ、又は減少させたとき、③債務者が担保を提供する義務を負う場合において、これを供しないときは、この期限の利益を失ってしまう（137条各号）。ということは、すぐに返還請求されてしまうということだ。これを「期限の利益の喪失」と言うよ。

期限の利益 B

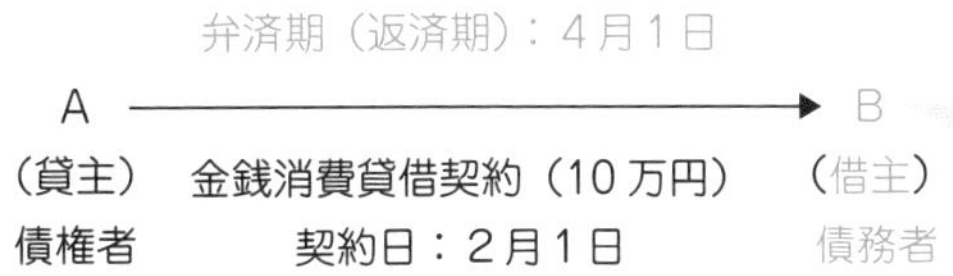

弁済期（返済期）：4月1日

A ――――――――――→ B

（貸主）　金銭消費貸借契約（10万円）　（借主）

債権者　　　契約日：2月1日　　　債務者

本件では、Bは 4 月 1 日まで借りたお金を返さなくてもよい。この支払い猶予の利益を「期限の利益」と言う。この期限の利益は債務者のためと推定される

結論　期限の利益は、債務者のためと推定される。

PLAY! 理解度チェック

1. 停止条件付法律行為は、停止条件が成就した時からその効力が（　　　　）する。

2. 条件の成否が未定である間における当事者の権利・義務は、一般の規定に従い、処分し、相続し、若しくは保存し、又はそのために担保を供することができるのか？

3. 条件の成就によって利益を受ける当事者が不正に条件を成就させた場合、相手方はどうすることができるのか？

4. 不法な行為をしないことを条件とした場合、その法律行為はどうなるのか？

5. 債務者の意思のみにかかる停止条件が付いた法律行為はどうなるのか？

1.
発生

2.
できる。

3.
条件が成就しなかったものとみなすことができる。

4.
無効となる。

5.
無効となる。

6. 期限は誰の利益のために定めたものと推定されるのか？

> **6.**
> 債務者。

7. 債務者が担保を滅失させ、損傷させ、又は減少させたときは、債務者は期限の利益を（　　　　）。

> **7.**
> 失う

TRY! 本試験問題に挑戦

民法に規定する条件又は期限に関する記述として、妥当なのはどれか。

【特別区 H29】

1. 条件が成就することによって不利益を受ける当事者が、故意にその条件の成就を妨げたときであっても、相手方は、その条件が成就したものとみなすことができない。

> 1．×
> 相手方は、その条件が成就したものとみなすことができる。

2. 解除条件付法律行為は、条件が成就した時からその効力を生ずるが、当事者が、条件が成就した場合の効果をその成就した時以前にさかのぼらせる意思を表示したときは、その意思に従う。

> 2．×
> 解除条件付法律行為は、条件が成就した時からその効力を失う。

3. 条件が成就しないことが法律行為の時に既に確定していた場合において、その条件が停止条件であるときはその法律行為は無条件とし、その条件が解除条件であるときはその法律行為は無効とする。

> 3．×
> 逆である。条件が成就しないことが法律行為の時に既に確定していた場合において、その条件が停止条件であるときはその法律行為は無効とし、その条件が解除条件であるときはその法律行為は無条件とする。

4． 法律行為に始期を付したときは、その法律行為の履行は、期限が到来するまで、これを請求することができず、法律行為に終期を付したときは、その法律行為の効力は、期限が到来した時に消滅する。

4．○
そのとおり。
期限を付した際の効果として正しい。

5． 期限は、債務者の利益のために定めたものと推定されるので、債務者が担保を供する義務を負う場合において、これを供しないときであっても、債務者は期限の利益を主張することができる。

5．×
債務者が担保を供する義務を負う場合において、これを供しないときは、債務者は期限の利益を失う。

正答　4

時効（1）

重要度
★★★
頻出度
★★★

今回は時効制度について見ていく。「時効」は多くの人にとってなじみのあるワードではないだろうか。しかし、実際は奥が深いテーマなので、ドツボにはまらないように注意しよう。

1 時効の意義、効果、援用

（1）時効とは？

「時効」とは、時の経過によって新たな法律関係を形成する制度で、権利関係を継続した事実状態に合わせることをその趣旨としています（継続した事実状態の尊重）。そして、時効には「取得時効」と「消滅時効」の２種類があります。ここはあまり深入りせずに次の例だけを理解するようにしてください。

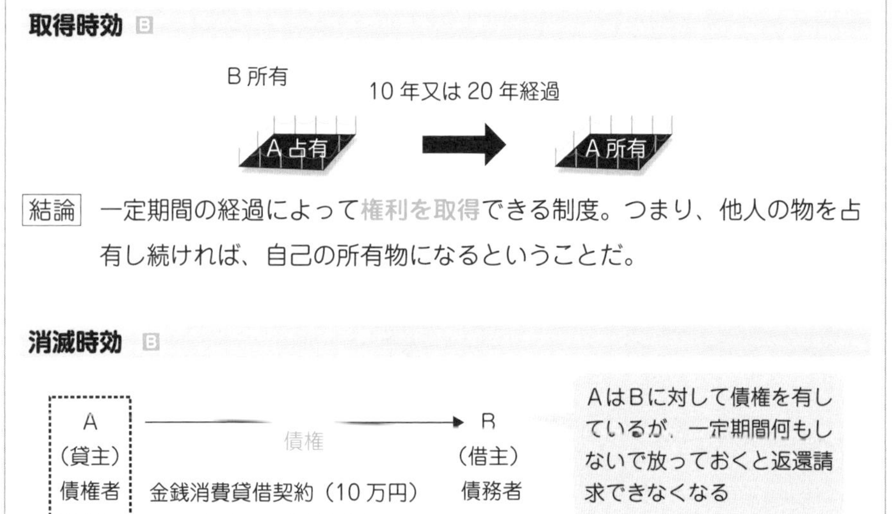

（2）時効の効果

A 時効の効果は、起算日に遡ります（民法144条）。つまり、遡及効があるということです。起算日については後述することにしましょう。

（3）時効の援用

継続した事実状態を尊重するというのが時効制度の趣旨です。しかし、一定の期間の経過だけでは、時効の効果は発生しません。当事者が時効の「援用」をしなければ時効の効果が発生しないのです。このように、時効によって権利の得喪の効果を発生させるためには、一定の期間が経過するだけでなく、B 時効によって利益を受ける者（「援用権者」と言う）の援用が必要であると考える見解を「停止条件説」と言い、判例がこれを採用しています（最判昭61・3・17）。援用が必要であるというシステムにしておくことによって、時効の利益に預かりたくない人（あまりいないかもしれない）の意思も尊重できるわけです。なお、援用権者が複数人いても、そのうちの1人による援用の効果は、他の援用権者に影響しないのが原則です。これを「相対効の原則」と言います。

時効の利益を享受しようとする当事者の意思表示だよ。

公式 B

一定の期間の経過　＋　時効の援用　＝　時効の効果の発生（停止条件説）

2 援用権者

さて、このように時効の効果を発生させるためには援用権者による援用が必要だということは理解できたと思います。では、そもそも「援用権者」とは誰のことを指すのでしょうか？　条文上は「当事者」となっていますが、つまるところ誰なのかが問題となるのです。この点、判例は「援用権者＝当事者」とは、「時効によって直接に利益を受ける者」としています（大判明43・1・25）。しかし、これだけでは具体的にどのような者が「援用権者」に含まれるのかさっぱり分かりません。そこで、条文の列挙事由と判例を見ながら、援用権者にあたるか否

「間接」は含まないよ。この点は注意しようね。

かを一つひとつ覚えていかなければなりません。ちなみに、この「援用権者」の議論は時効の中で最も多く出題されています。ということは……やるしかないですね（笑）。

援用権者と認められた者 A

①主たる債務の保証人、連帯保証人

②物上保証人

③抵当不動産の第三取得者

④詐害行為取消権の場面における詐害行為の受益者

とりあえず、今の段階では、援用権者は、保証人と名の付く者と第三取得者、詐害行為の受益者であると覚えよう！

援用権者と認められなかった者 A

⑤土地の所有権を時効取得できる者から同人所有の建物を賃借している者（建物の賃借人）

⑥抵当不動産の後順位抵当権者

では、一つひとつ説明していきます。ただ、説明の過程で先取りの制度にも触れる必要があるため、完璧に理解することは不可能です。ですから「ほ～、こんなもんか～」と気楽に考えて先に進みましょう。

①主たる債務の保証人、連帯保証人 A

AはBに対して100万円を貸し付けた（主たる債務）。この主たる債務を保証するためにAC間で保証契約（あるいは連帯保証契約）を結んだ。その後、主たる債務が消滅時効にかかったとき、Cはこれを援用できるのか、Cが援用権者に該当するのかが問題となる。

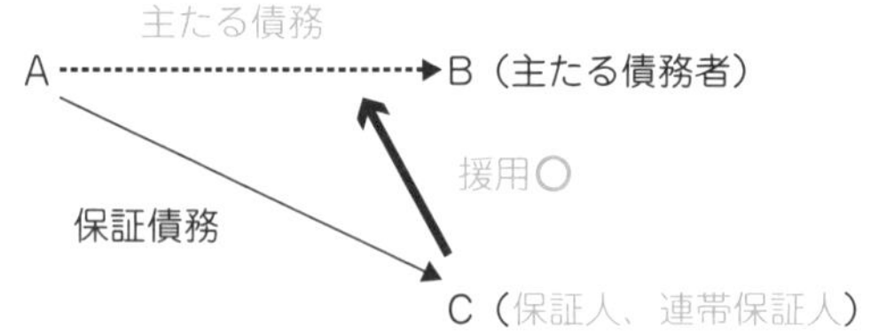

結論 主たる債務が消滅時効にかかったときは、保証債務も目的を失って消滅する（これを付従性と言う）。ゆえに、Cは主たる債務の時効によって、直接利益を受ける者と言え、援用権者に該当する（145条カッコ書、大判昭8・10・13、大判昭7・6・21）。

②物上保証人 A

AはBに対して1000万円を貸し付けた（被担保債権）。そして、この被担保債権を担保するためにAC間で抵当権設定契約を結んだ。この場合のCを物上保証人と言う（Bが被担保債権につききちんと弁済しないと、抵当権が実行されて〈競売〉、Cは土地の所有権を失ってしまう）。その後、被担保債権が消滅時効にかかったとき、Cはこれを援用できるのか、Cが援用権者に該当するのかが問題となる。

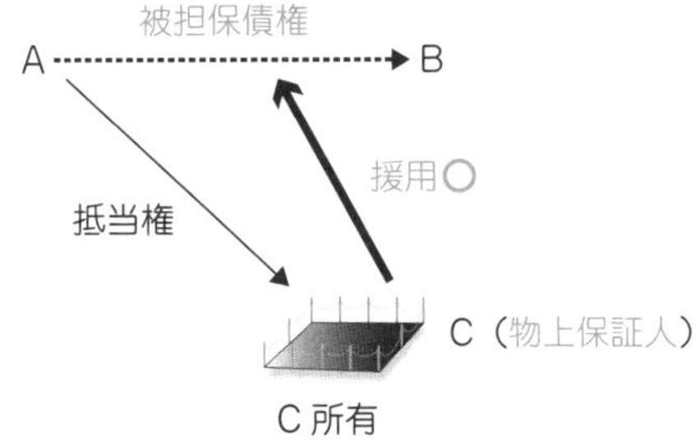

結論 被担保債権が消滅時効にかかったときは、抵当権も目的を失って消滅する（これを付従性と言う）。ゆえに、Cは被担保債権の時効によって、直接利益を受ける者と言え、援用権者に該当する（145条カッコ書）。

③抵当不動産の第三取得者 A

AはBに対して1000万円を貸し付けた（被担保債権）。この被担保債権を担保するためにAB間でB所有の土地に抵当権を設定する契約を結んだ。そして、Cはこの抵当権付きの土地を買った第三取得者である。その後、被担保債権が消滅時効にかかったとき、Cはこれを援用できるのか、Cが援用権者に該当するのかが問題となる。

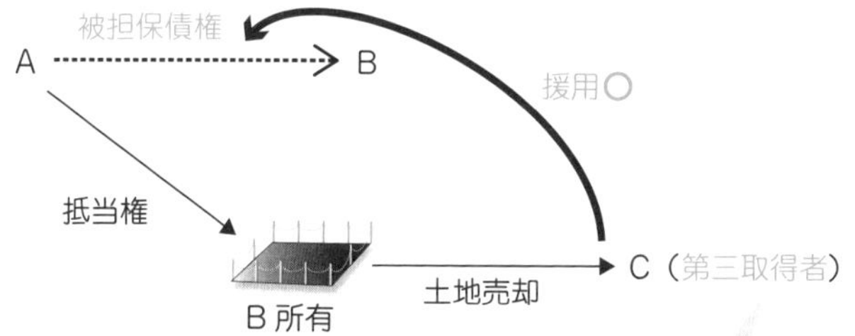

このとき、第三取得者Cは土地の所有権を取得できるが、抵当権付きの土地（抵当権の負担を受けた土地）を取得することになる。したがって、Bが被担保債権につき弁済しないと抵当権を実行され（競売）、所有権を失う可能性がある

結論　被担保債権が消滅時効にかかったときは、抵当権も目的を失って消滅する（これを付従性と言う）。ゆえに、Cは被担保債権の時効によって、抵当権の負担のない完全な所有権を全うできることになり、直接利益を受ける者と言えるので、援用権者に該当する（145条カッコ書）。

④詐害行為取消権の場面における詐害行為の受益者 A

AがBに対して被保全債権（金銭債権）を有している場合に、Bは自己が無資力であるにもかかわらず唯一の財産である土地を受益者Cに贈与した（このような行為を、Aを害する行為という意味で、「詐害行為」と呼ぶが、このとき、AはＢＣ間の贈与を取り消すことができる。これを詐害行為取消権と言う）。その後、Aの被保全債権が消滅時効にかかったとき、Cはこれを援用できるのか、Cが援用権者に該当するのかが問題となる。

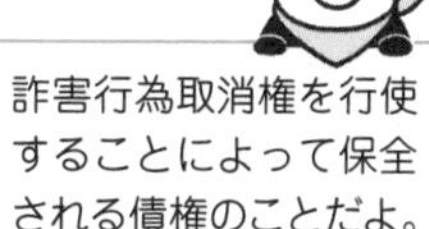

詐害行為取消権を行使することによって保全される債権のことだよ。

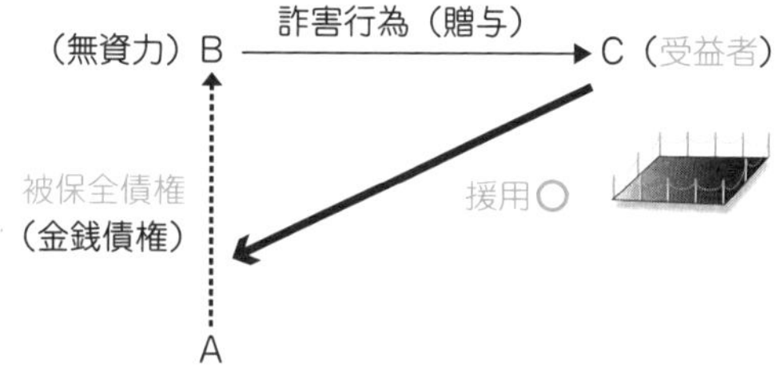

結論 被保全債権が消滅時効にかかることによって、Aは詐害行為取消権を行使できなくなり、結果的に受益者Cは土地につき完全なる所有権を取得できるようになる。よって、Cは直接利益を受ける者と言え、援用権者に該当する（最判平10・6・22）。

⑤土地の所有権を時効取得できる者から同人所有の建物を賃借している者（建物の賃借人） A

今、BはA所有の土地を一定期間占有し続けた（そして、その土地の上に自己所有の建物を建てた）ので、当該土地につき時効取得（取得時効）を主張できる状態にある。このとき、B所有の建物を賃貸によって借りていた建物賃借人Cが当該土地の時効取得を援用できるのか、Cが援用権者に該当するのかが問題となる。

援用×（Cは土地については法的利害関係なし）

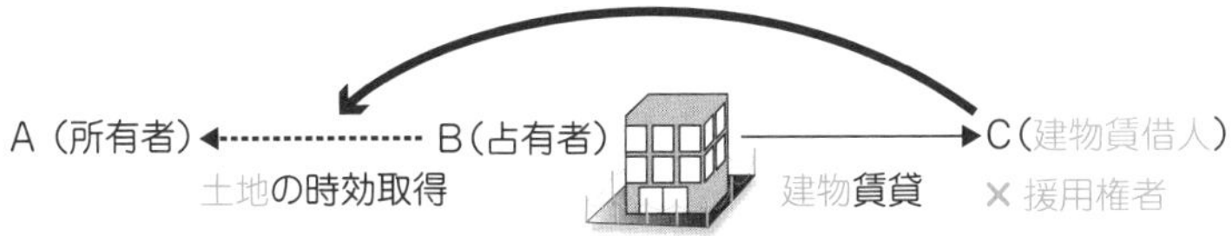

結論 Bが土地を時効取得できる場合に、B所有の建物を借りている賃借人Cは援用権を有しない。というのも、そもそも土地と建物は、法律上別個独立の不動産である以上、Cは建物について利害関係を有していても土地の時効取得については、直接利益を受ける者とは言えないからである。したがって、Cは援用権者に該当しない（最判昭44・7・15）。

⑥抵当不動産の後順位抵当権者 A

AはBに1000万円を貸し（被担保債権）、Bの土地に第1順位の抵当権を設定してもらった（1番抵当権）。その後、CもBに500万円を貸し（被担保債権）、Bの土地に第2順位の抵当権を設定してもらった（2番抵当権）。さらにその後、AのBに対する被担保債権が消滅時効にかかったとき、Cはそれを援用できるのか、Cが援用権者に該当するのかが問題となる。

援用×（Cの順位上昇は反射的利益であり法的利益なし）

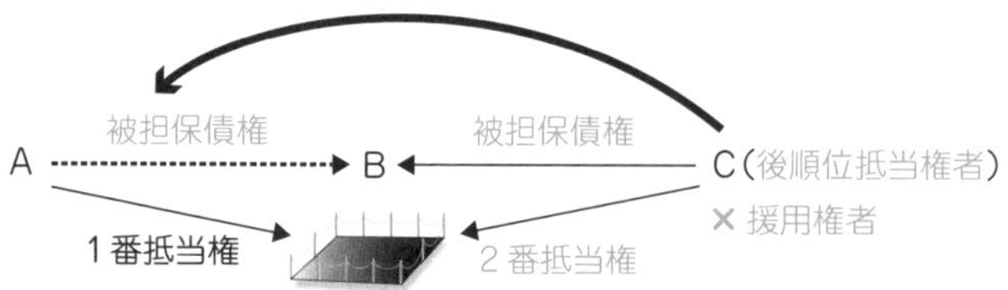

結論　確かに、後順位抵当権者Cは、先順位抵当権者Aの被担保債権が消滅時効にかかり、付従性によって先順位抵当権が消滅すれば、自らの抵当権の順位が上昇するという利益を受けることになる。ただ、この利益は法的な利益ではなく、反射的利益（棚ぼた的利益）に過ぎない。よって、Cは援用権者に該当しない（最判平11・10・21）。

なお、金銭債権の一般債権者は援用権には該当しないものの、民法423条1項（債権者代位権）の規定に従い、債務者が他の債権者に対して負っている債務の消滅時効について援用権を代位行使できるという判例もあります（最判昭43・9・26）。しかし、これは詳しくは民法Ⅱの「債権者代位権」で取り上げるので、今のところはスルーしておいてください。

他人の持っている一定の権利をその他人に代わって行使してしまうという制度だよ。

3 時効の利益の放棄と援用権喪失の理論等

（1）時効の利益の放棄

「時効の利益の放棄」とは、援用権を行使せずにこれを放棄することです。言わずもがなですが、時効の利益を放棄するとその恩恵を受けることができなくなります。A 条文上は、この時効の利益は、あらかじめ放棄することができないことになっています（146条）。この時期の制限は極めて重要で、時効期間経過後に放棄することはできますが、時効期間経過前に放棄することはできないのです。なぜでしょう？それは、債権者が債務者に対して無理強いすることを防止するためだと言われています。すなわち、「今この場で時効の利益を放棄しないとお金を貸してあげないぞ」というような債権者の脅しを排除する趣旨でこのような規定が設けられているというのです。また、時効の利益の放棄は、あくまでも意思表示なので、放棄する際に時効期間経過の事実を「認識」した上ですることが必要です。

（2）援用権喪失の理論

既に述べたように、時効の利益の放棄は、あくまでも意思表示なので、放棄する際には時効期間経過の事実を認識した上でしなければなりません。では、時効期間経過の事実を知らずに債務の承認行為をしてしまった場合にはどうなってしまうのでしょうか？　次の図を見てください。

時効利益の放棄と時効完成後の債務の承認 A

Bは、時効期間が経過した後に、その事実を知らずに債務の承認（承認します、と言葉で言う場合はもちろん、利息を支払ったり、債務の一部を弁済したりする場合も承認行為となる）をしてしまった。この場合、その後、Bは援用権を行使することができるのだろうか？

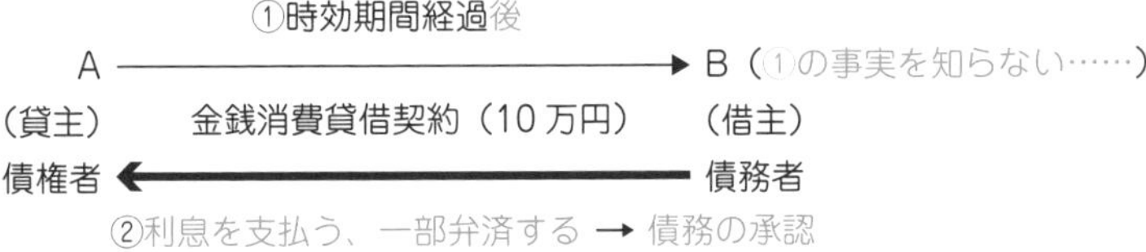

結論　時効期間経過を知らなかった場合は、信義則上、時効援用権を喪失するので、その後、Bは援用権を行使することはできない。

このケースでは、B時効期間経過の事実を知らずに債務の承認行為をしているので、放棄をしたものと擬制することはできません（知ってやったと推定するのは無理）。では、後で援用権を行使できるのか？　というと、それもやはりどこかおかしな感じがします……。この点、判例は、債務の承認行為を知ってしたものとみなすことはできないが（放棄とは構成できない）、A信義則の観点（債権者の信頼を保護する観点）から、時効援用権を喪失するとしています（最大判昭41・4・20）。これを「援用権喪失の理論」と呼びます。

なお、時効にかかるのは1回のみとは思わないでください。つまり、A期間の経過により何度でもかかるので、放棄をした時から、あるいは援用権を喪失した時から、さらに時効期間が経過すれば、また新たに援用することができるようになります。これは継続した事実状態を尊重するという時効制度の趣旨から考えても当然のことと言えます。

（3）放棄の効果

時効の利益の放棄は、ほかの援用権者に影響を及ぼしません。相対効となります。ですから、次の図のようなことが言えるわけです。

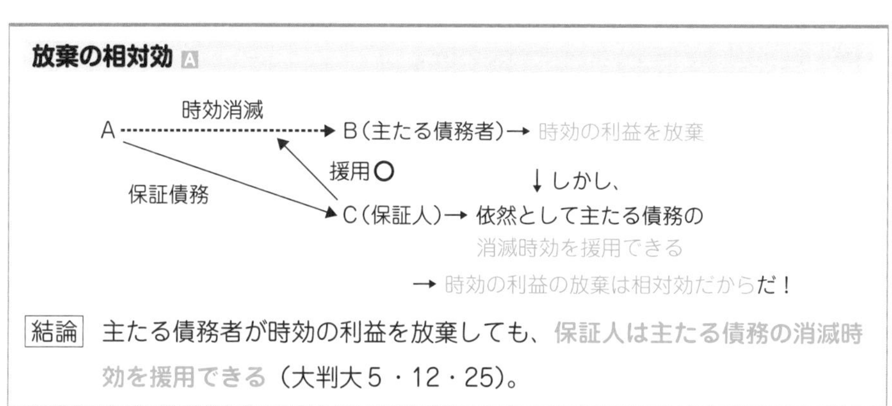

4 時効の完成猶予・更新

「時効の完成猶予」とは、時効期間の進行中に一定の事由が生じた場合に、時効の完成が一定期間猶予されるというものです（つまり、一定期間は時効にかからないということ）。一方、「時効の更新」とは、時効期間の進行中に一定の事由が生じた場合に、それまで積み上げてきた時効期間がリセットされ、再びゼロから時効期間の進行が始まるというものです。この２つの関係を押さえていくことがこれからの勉強になりますので、ちょっと難しいかもしれませんがしっかりとついてきてください。

（1）裁判上の請求等による時効の完成猶予・更新

まず、A裁判上の請求、支払督促、裁判上の和解・民事調停・家事調停、破産手続参加、再生手続参加、更生手続参加がなされると、その事由が終了するまでの間は、時効の完成が猶予されます（147条1項柱書、各号）。これらの中で試験的に重要なのは裁判上の請求です。典型的には訴えを提起すること（訴状を裁判所に提出すること）がこれに該当します。訴えの種類には大きく、給付の訴え、確認の訴え、形成の訴えの3つがありますが、どれでも構いません。

債務者が債務不存在確認訴訟を提起した場合において、債権者が応訴して、勝訴した場合(大判昭14・3・22)や、所有権に基づく登記請求訴訟において、被告が原告の取得時効の成立を否定して、これが認められた場合も裁判上の請求にあたるよ(最大判昭43・11・13)。

次に、上記の完成猶予が生じた後、A確定判決又は確定判決と同一の効力を有するものによって権利が確定したときは、時効の更新の効果が生じます。この場合は、積み上げてきた時効期間がリセットされ、上記の事由が終了した時から新たに時効の進行が始まります（147条2項）。一方、B確定判決又は確定判決と同一の効力を有するものによって権利が確定することなく、上記事由が終了した場合、例えば訴えが却下されたり、訴えが取り下げられたりしたときは、その終了の時（訴えが却下された時又は取り下げられた時）から6か月を経過するまでの間、時効の完成が猶予されるだけという扱いになります（つまり、更新はしません）（147条1項柱書カッコ書）。

なお、明示的一部請求の場合(「100万円中30万円を裁判で請求します」と全体を示したケース)は、その一部だけに時効の完成猶予・更新の効果が生じる。一方、単なる一部請求の場合(100万円中ということを明らかにせずに、単に「30万円を裁判で請求します」としたケース)は、債権全額につき時効の完成猶予・更新の効果が生じる(最判昭45・7・24)。

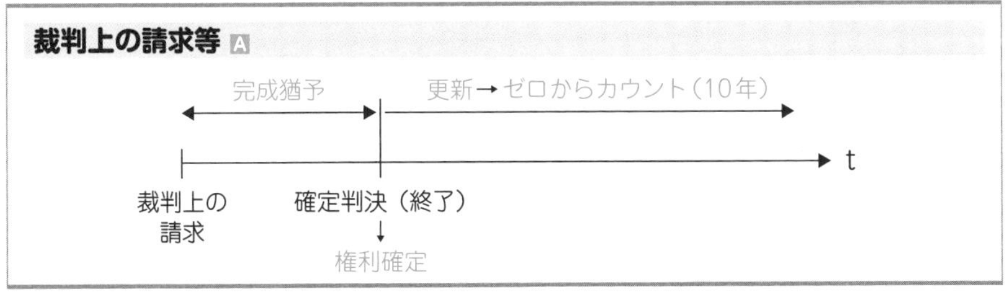

（2）強制執行等による時効の完成猶予・更新

まず、A強制執行、担保権の実行（物上代位も含む）、民事執行法195条に規定する担保権の実行としての競売の例による競売、民事執行法196条に規定する財産開示手続がなされると、その事由が終了するまでの間は、時効の完成が猶予されます（148条１項柱書、各号）。とりあえず試験的には強制執行のみを覚えれば足ります。ただ、B申立ての取下げ又は法律の規定に従わないことによる取消しによってその事由が終了した場合は、その終了の時から６か月を経過するまで時効の完成が猶予されます（148条１項柱書カッコ書）。

次に、A強制執行等をしても債権の満足を得られなかったときは、申立ての取下げ又は法律の規定に従わないことによる取消しによってその事由が終了した場合を除いて、上記の事由が終了した時から、時効の更新の効果が生じます。つまり、積み上げてきた時効期間のカウントがリセットされ、新たに時効の進行が始まります（148条２項）。

なお、強制執行等が物上保証人に対してなされるようなケース、つまり、債務者以外の者に対してなされる場合は、強制執行等がなされた旨を、債務者に対して通知しなければ時効の完成猶予や更新の効力は生じません（154条）。通常は、強制執行等をする際に競売開始決定の正本が債務者に送達されるので、これが通知となります（最判昭50・11・21）。

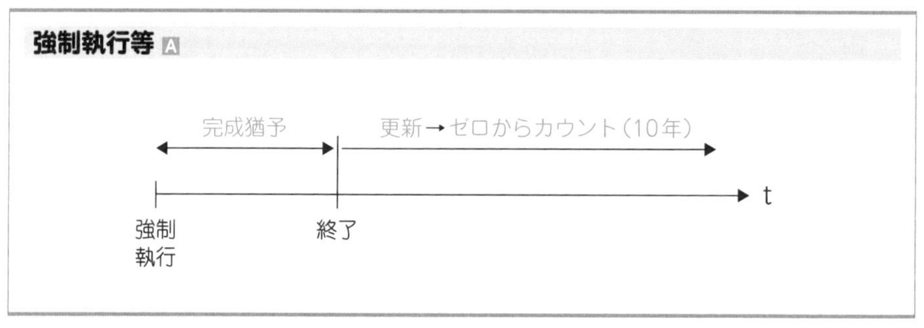

（３）仮差押え等による時効の完成猶予

B仮差押えや仮処分がなされた場合、その事由が終了した時から６か月を経過するまでの間、時効の完成が猶予されます（149条）。ポイントは、これら仮差押え、仮処分では更新が認められていないという点です。これらはあくまでも「仮」の手段であって、その後に正式な訴えを提起することが予定されているからです（そちらで更新の効果をゲットすればよい）。

(4) 催告による時効の完成猶予

「催告」とは、裁判外の請求のことを意味します。これは、時効の完成が間近に迫っていて、訴えを提起する時間的余裕がない場合にとりあえず時効期間を延ばす手段として認められたものです。具体的には、内容証明郵便を送りつけたり、電話をかけて弁済を促したりすることなどがこれに該当します。そして、Aこの催告があったときは、その時から6か月を経過するまでの間、時効の完成が猶予されます(150条1項)。これも更新はありませんので注意しましょう。あくまでも6か月間時効の完成が猶予されるだけです。理由は先ほどと同様、その後正式な訴えの提起が予定されているからです。

ちなみに、催告は一度だけしかできないよ。時効の完成が猶予されている6か月の間に再度催告をして、時効の完成を猶予してもらおうとしても無理だからね。再度の催告は効力を有しないんだ(150条2項)。

(5) 協議を行う旨の合意による時効の完成猶予

債権者Aと債務者B(AがBに100万円を貸したようなケースを念頭)との間で権利関係について話し合おうという合意を書面(あるいは電磁的記録)でするケースがあります。いきなり「金を返せコノヤロー」と訴訟に持ち込むのではなく、まずは当事者の話し合いで解決しようと試みるような場合です。Aこの場合は、次の①〜③のいずれか早い時までの間は、時効の完成が猶予されます(151条1項各号)。

協議を行う旨の合意による時効の完成猶予 A

①協議を行う旨の合意があった時から1年を経過した時
②協議を行う旨の合意において当事者が協議を行う期間(1年に満たないものに限る)を定めたときは、その期間を経過した時
③当事者の一方から相手方に対して協議の続行を拒絶する旨の通知が書面でなされたときは、その通知の時から6か月を経過した時

また、B協議を行う旨の合意が書面でなされ、時効の完成が猶予されている間に再度協議を行う旨の合意を書面でした場合は、さらに時効の完成が猶予されます。もっとも、その効力は、時効の完成が猶予されなかったとすれば時効が完成すべき時から通算して5年を超えることができません(151条2項)。

なお、Ｂ催告によって時効の完成が猶予されている間になされた協議を行う旨の合意は、時効の完成の猶予の効力を有しません。したがって、催告による時効完成猶予の効果だけが認められることになります。同様に、Ｂ協議を行う旨の合意によって時効の完成が猶予されている間になされた催告も効力がありません。この場合も協議を行う旨の合意による時効完成猶予の効果だけが認められることになります（151条３項）。要するに、催告と協議を行う旨の合意は、最初の方を優先し、併用はできないということですね。

（6）権利の承認による時効の更新

Ａ時効は、権利の承認があったときは、その時から新たにその進行を始めます（152条１項）。つまり、承認は更新事由であるということです（時効の完成猶予事由ではない）。ここに「承認」とは、権利の存在を被権利者が認めることを言います。債務者が支払い猶予を申し出るケースが典型ですが、Ａ債務の一部弁済や利息の支払いがあった場合にも、債権全額の承認があったものとされます（大判昭３・３・24）。この承認をするには、行為能力を要しません（152条２項）。ただ、最低限財産を管理する能力は必要なので、制限行為能力者の中でも未成年者や成年被後見人は単独で承認することができません（単独ですると取消しの対象になる）。

一方、被保佐人や同意を要する旨の審判を受けた被補助人は単独で承認することができるよ。

（7）未成年者又は成年被後見人と時効の完成猶予

Ｂ時効の期間の満了前６か月以内の間に未成年者又は成年被後見人に法定代理人がないときは、その未成年者若しくは成年被後見人が行為能力者となった時又は法定代理人が就職した時から６か月を経過するまでの間、その未成年者又は成年被後見人に対して、時効の完成が猶予されます（158条１項）。これは、時効期間の満了まであと６か月という時期にさしかかっているのに、未成年者や成年被後見人に法定代理人がいなければ、時効の完成猶予や更新の手続をとろうにもとれないから、というのが理由です。

この場合も未成年者や成年被後見人の権利行使を期待できないので、時効の完成を猶予するんだ。

また、未成年者又は成年被後見人がその財産を管理する父、母又は後見人に対して権利を有するときは、その未成年者若しくは成年被後見人が行為能力者となった時又は後任の法定代理人が就職した時から６か月を経過するまでの間、その権利について、時効の完成が猶予されます（158条２項）。

（８）夫婦間の権利の時効の完成猶予

夫婦の一方が他の一方に対して有する権利については、婚姻の解消の時から６か月を経過するまでの間、時効の完成が猶予されます（159条）。これは、婚姻中の夫婦の間は権利行使が期待できないので、時効の完成を猶予してあげようということですね。

（９）相続財産に関する時効の完成猶予

相続財産に関しては、相続人が確定した時、管理人が選任された時又は破産手続開始の決定があった時から６か月を経過するまでの間、時効の完成が猶予されます（160条）。

（10）天災等による時効の完成猶予

B 時効の期間の満了の時にあたり、天災その他避けることができない事変のため裁判上の請求等や強制執行等の手続を行うことができないときは、その障害が消滅した時から３か月を経過するまでの間、時効の完成が猶予されます（161条）。ここだけ「３か月」となっている点に注意が必要です。

（11）時効の完成猶予・更新の効力

A 時効の完成猶予・更新は、当事者及びその承継人の間においてのみ、その効力を有します（153条１項～３項）。これは「相対効の原則」が妥当するということです。例えば、土地を２人で共有していて、不法占拠をしている者に対して、共有者の一人が訴えを提起したとします。この場合は、訴えを提起した共有者と不法占拠者との間でのみ時効の完成猶予・更新の効果が生じます。

主な時効の完成猶予・更新事由のまとめ A

	完成猶予	更新
裁判上の請求等	終了するまでの間	権利が確定したとき
強制執行等	終了するまでの間	強制執行等が終了した時
仮差押え、仮処分	終了した時から6か月	なし
催告	催告から6か月	なし
協議を行う旨の合意	①合意があった時から1年 ②協議を行う旨の合意において当事者が定めた協議を行う期間（1年に満たないものに限る） ③協議続行拒絶通知の時から6か月 ※①～③のいずれか早い時までの間	なし
権利の承認	なし	権利の承認があった時

補足知識「除斥期間」B

「除斥期間」とは、法律が権利の存続期間を定めたものであり、その期間の経過によって権利が消滅する点で消滅時効とよく似ています。もっとも、①援用が不要である、②遡及効がない、③起算点が権利の発生時で固定されている、④完成猶予や更新がない、など異なる点もあります。

PLAY! 理解度チェック

1. 消滅時効にかからない権利は何か？

2. 時効によって権利の得喪の効果が発生するためには、一定の期間が経過することに加え何が必要か？

1.
所有権。

2.
当事者の援用が必要である。

3. 主たる債務の保証人や連帯保証人は援用権者か？	**3.** 援用権者である。
4. 物上保証人は援用権者か？	**4.** 援用権者である。
5. 抵当不動産の第三取得者は援用権者か？	**5.** 援用権者である。
6. 詐害行為取消権の場面における詐害行為の受益者は援用権者か？	**6.** 援用権者である。
7. 土地の所有権を時効取得できる者から同人所有の建物を賃借している者は援用権者か？	**7.** 援用権者ではない。
8. 抵当不動産の後順位抵当権者は援用権者か？	**8.** 援用権者ではない。
9. 時効の利益は、あらかじめ放棄することができるのか？	**9.** できない。
10. 主たる債務者が時効の利益を放棄した場合、保証人は主たる債務の消滅時効を援用できるのか？	**10.** できる。
11. 時効完成の事実を知らずに債務の承認をした場合、その後援用権を行使することはできるのか？	**11.** できない（援用権喪失の理論）。
12. 時効の更新の効果はどのようなものか？	**12.** 期間がゼロに戻る。
13. 訴えの却下又は取下げの場合にも、時効の更新の効力が生じるのか？	**13.** 生じない。

TRY! 本試験問題に挑戦

時効の援用に関する次のア～ウの記述の正誤の組合せとして最も適当なものはどれか（争いのあるときは、判例の見解による）。　【裁判所職員 H27】

ア. 他人の債務のために自己の所有する不動産に抵当権を設定したいわゆる物上保証人は、被担保債権が消滅することにより抵当権の実行を免れることができる利益を受けるが、その利益は時効の直接の効果ではないから、被担保債権の消滅時効を援用することができない。

ア. ×
物上保証人は援用権者である。

イ. 債務者が、債務の消滅時効が完成した後、時効完成の事実を知らずに、債権者に対し、当該債務の承認をした場合は、以後その時効の援用をすることは信義則に照らし許されない。

イ. ○
そのとおり。
いわゆる「援用権喪失の理論」である。

ウ. 詐害行為の受益者は、詐害行為取消権を行使する債権者の債権が消滅すれば、受益者の取得した利益の喪失を免れることができるが、その利益は時効の直接の効果ではなく、反射的利益に過ぎないと言うべきであり、直接利益を受ける者にあたらないから、同債権の消滅時効を援用することができない。

ウ. ×
詐害行為の受益者は援用権者である。

	ア	イ	ウ
1.	正	誤	誤
2.	誤	正	正
3.	正	正	誤
4.	誤	正	誤
5.	正	誤	正

正答　4

TRY! 本試験問題に挑戦

民法に規定する時効に関する記述として、妥当なのはどれか。

【特別区 H26改題】

1．消滅時効とは、一定期間権利が行使されなかったことによってその権利が消滅するという制度をいい、債権は10年間、所有権は20年間権利を行使しないときは、消滅時効により消滅する。

1．×
所有権は消滅時効にかからない。

2．催告による時効の完成猶予は、催告時から6か月を経過するまでの間、時効にかからないだけであり、更新の効果は生じない。

2．○
そのとおり。
完成猶予の効果しかないので注意しよう。

3．時効の完成猶予が生じた場合は、それまでに進行した時効期間は効力を失い、完成猶予事由がなくなった場合には、再び時効期間が新たに進行する。

3．×
「それまでに進行した時効期間は効力を失い」という記述は更新に関する説明である。

4．時効の更新事由には、裁判上の請求、仮差押え又は仮処分、権利の承認がある。

4．×
仮差押え又は仮処分は時効の完成猶予事由であり、更新事由ではない。

5．時効の利益は、時効が完成する以前に、あらかじめ放棄することができるので、時効の利益を放棄した後には、その時効の効果を援用することはできない。

5．×
時効が完成する以前に、その利益をあらかじめ放棄することはできない。

正答　2

10 時効(2)

重要度
★★★
頻出度
★★☆

今回は、時効を「取得時効」と「消滅時効」に分けて、それぞれの成立要件と関連する論点を見ていく。とくに、「消滅時効」の起算点は超頻出である。

1 取得時効

(1)所有権を時効取得する場合の要件

取得時効が成立すると、時効には遡及効があるため、占有開始時から制限のない完全な所有者として扱われることになります。これを「原始取得」と言います。このような強烈な効果をもたらすため、要件は結構厳格になっています。では、一つひとつ検討していくことにしましょう。

前主の権利に基づかずに、独立して新たな権利を取得することを言うよ。だから、前主の権利に制限や負担が付いていたとしてもこれらを承継せずに、完全な状態で権利を取得することができるんだ。なお、原始取得の反対概念が承継取得(売買で取得した場合など)だよ。

①他人の物を占有したこと

まず、物であれば、動産か不動産かを問いません。また、B一筆の土地の一部を時効取得することもあり、常に全部を時効取得するとは限りません。さらに、条文上は「他人の物」となっていますが(162条1項)、A自己の物であっても時効取得することが可能と考えていくのが判例です(最判昭42・7・21)。通常、自己の物について時効取得を主張する必要がないことから「他人の物」と規定したのであり、自己の物の時効取得を許さない趣旨ではないからです。とりあえず、試験的には「自己物の時効取得は認められる」と覚えておきましょう。

②所有の意思をもって占有すること(自主占有)

時効取得を主張する者は、所有者と同様の排他的支配を事実上行うという意思(所有の意思)を持って占有しなければなりません。このような占有を「自主占有」と呼びます。A自主占有か否かは、主観によってではなく、占有取得原因によって外形的・客観的に決めます(最判昭45・6・18)。例えば、盗人や無効な売買の買主、不法占拠者の占有は自主占有と扱われる一方、賃借人や質権者(しちけんしゃ)(質物を留置している者)、受寄者(じゅきしゃ)(物を預かっているに過ぎない者)の占有は自主占有とは扱われません。この場合の占有を自主占有と区別して「他主占有」と呼びます。これにより、例えば、B賃借人がいかに長年他人の物を占有し続けても、他主占有である以上、「所有権」を時効取得することはできないという妥当な結論を導き出すことができるようになります。

前述したように、自主占有か否かは、占有取得の原因となった事実から外形的・客観的に判断されるので、占有者の内心の意思によって左右されることはありません。そして、A「所有の意思」は、民法186条1項で推定されています。つまり裁判の場面で、積極的に自らが立証する必要はないのです。この場合には、取得時効の成立を阻止したい相手方が、他主占有事情（例えば、賃貸借契約があったなど）を立証しなければなりません。

③平穏かつ公然な占有であること

占有が、暴行若しくは強迫又は秘匿でないことも要件となっています。もっとも、A「平穏かつ公然」、そして「善意」は、同じく民法186条1項によって推定されているので、裁判の場面で積極的に自らが立証する必要はありません。一方、無過失は推定されていないので、裁判の場面で積極的に自らが立証する必要があります（無過失であれば、時効期間が短くなるため。この点は後述）。

ここに言う「善意」とは、積極的に自己の所有と信じることを意味するよ。通常の「知らない」という善意とは異なるので注意しよう。また、「無過失」も自己の所有と信じるにつき過失がなかったことを意味する。よって、自己の所有か疑っているような状態では「善意」とは言えないんだ。

④一定期間（時効期間）継続して占有すること

時効期間は、占有開始時に善意かつ無過失であれば10年、そうでない場合（悪意又は有過失の場合）には20年です（162条2項）。Bここでは占有開始時に善意かつ無過失であれば、その後悪意又は有過失になっても10年で足りることに注意しましょう。最初は他人の物だとは知らなかったけれど、よくよく調べたら他人の物であることが判明したというようなケースは結構ありますが、その場合に注意深く詮索した者が悪意の洗礼を受けるいわれはないのです。また、占有の継続の事実は、Bその前後の両時点において占有していた証拠を提出すれば、その間継続していたものと推定されます（186条2項）。毎日滞りなく占有をしていた事実を証明するのは不可能なので、立証の負担を軽減したのです。なお、起算点は占有開始時で、任意に動かすことができません。また、時効期間を短縮する合意は有効ですが、延長する合意は無効になってしまいます。

物の譲渡などで占有主体が途中で変わった場合は、その承継人（現占有者）は、自己が占有した期間だけを主張してもよいですし、前占有者が占有した期間を併せて主張しても構いません（187条１項）。もっとも、A前占有者が占有した期間を併せて主張する場合には、その前占有者の瑕疵（地位）をも承継することになります（187条２項）。そうなると、少し厄介なことになります。次の図で確認してみましょう。

占有の承継 A

Ａは悪意で他人の土地を９年間占有した。その後、ＡはＢに目的物を譲り、Ｂは善意かつ無過失で12年間占有した。

Ａ（９年間） ――――→ Ｂ（12年間）
悪意　　　　　　　　　善意・無過失

結論　①Ｂは自己の占有のみで10年の時効取得を主張することができる。

②Ｂは前占有者Ａの占有を併せて20年の時効取得を主張することもできる。前占有者の占有を併せて主張する場合には、前占有者の瑕疵をも承継することになる。つまり、Ａが悪意者なので、Ｂも悪意者として扱われ、10年の時効取得は主張できなくなる。

練習

Ａ（５年間） ――――→ Ｂ（10年間）
悪意　　　　　　　　　善意・無過失

結論　①Ｂは自己の占有だけを主張すれば、10年の時効取得を主張できる。

②Ｂは前占有者Ａの占有を併せて主張する場合には、Ａの瑕疵をも承継し、悪意者扱いとなる。よって、計15年しか占有できていないので（20年に満たない）、時効取得を主張できない。

→ ①を選ぶ方が良い。

（２）所有権以外の財産権を時効取得する場合

対象となる権利が所有権以外の財産権である点以外は、所有権の時効取得の要件と同じです（163条）。したがって、とくに説明することはないのですが、ここでは不動産賃借権の時効取得だけを見ておきます。

不動産賃借権は債権です。通常、債権には占有というものを観念できない（債権は請求権のことなので通常目に見えない）ので、時効取得など認められないのではないか？ が問題になります。A しかし判例は、不動産賃借権の時効取得を肯定しています（最判昭43・10・8）。ただ、無条件に認めているわけではなく、2つの要件を満たせばという留保を付けています。次の図で詳しく説明します。

不動産賃借権の時効取得 A

ＡＢ間でＡの土地を売却する契約を結んだ（売買契約）。そして、Ｂは取得した土地をＣに賃貸している（Ｃは賃借人として長年占有している）。しかし、その後、Ａは、ＡＢ間の売買契約が強迫取消しにより遡及的に無効となった旨を主張し、これに基づき、Ｃに対して土地の明渡しを求めている。この場合、Ｃは賃借人である以上、土地の「所有権」を時効取得することはできない（他主占有なので）。では、Ｃは賃借権を時効取得したことを理由にＡの明渡請求を拒否できるのか？

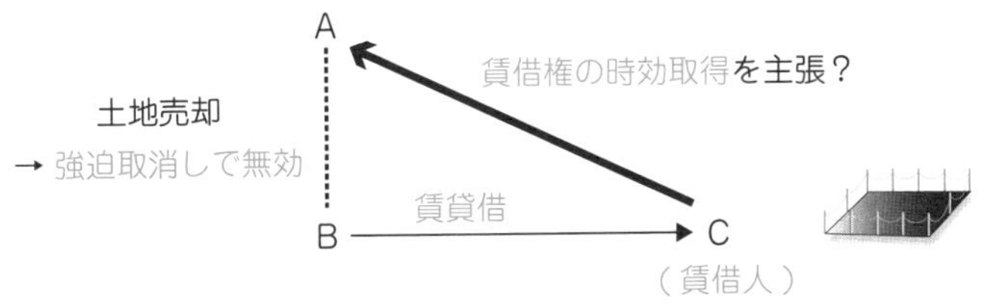

結論 この場合、Ｃに、①目的物の継続的用益（ようえき）という外形的事実が存在し、②それが賃借の意思に基づくことが客観的に表現（Ｃがちゃんと Ｂに賃料を支払っている）されていれば、賃借権を時効取得できる。そして、Ｃが賃借権を時効取得すると、自動的にＡＣ間に賃貸借契約が発生するので、ＣはＡの土地を継続して使用することができる。

理由 債権は単なる請求権であるため、本来占有というものを観念できない。よって、債権を時効取得することはできないのが原則である。しかし、不動産賃借権は債権ではあるものの、占有を観念できる特別の債権である。「継続した事実状態を尊重する」という取得時効の趣旨があてはまるので、一定の条件の下、時効取得を認めても構わない。

2 消滅時効

（1）消滅時効にかかる権利

消滅時効にかかる権利は、債権（166条１項）と、所有権以外の財産権（地上権や地役権など）です（166条２項）。債権が消滅時効にかかった場合、時効の効果は起算日に遡るので、時効期間中に生じた利息も、遡及的に消滅することになります。なお、Ａ所有権は消滅時効にかからないので注意しましょう。もちろん、他人に取得時効が成立したことによって（時効取得される結果）反射的に所有権を失うことはありますが、それは消滅時効とは呼びません。そして、所有権が消滅時効にかからない以上、それに付随する権利、すなわち、Ａ所有権に基づく物権的請求権、所有権に基づく登記請求権、相隣権、共有物分割請求権等も、消滅時効にかかりません。まだ勉強していない権利ばかりなので、正確に理解しなくても構いませんが、親が時効にかからない以上、子供も時効にかからない的な発想で覚えておきましょう。

（2）債権の消滅時効

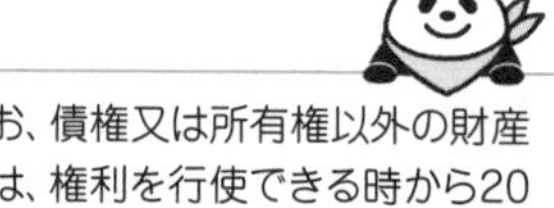

なお、債権又は所有権以外の財産権は、権利を行使できる時から20年間行使しないときは、時効によって消滅するよ（166条２項）。客観的起算点しかないんだね。

債権の消滅時効の起算点（カウントを開始する時期）には、①主観的起算点と②客観的起算点の２つがあります。そして、Ａ債権の消滅時効期間は、原則として①主観的起算点から５年、又は②客観的起算点から10年です（166条１項１号、２号）。①②の関係が問題となるのですが、要するに①②のいずれか早い方の期間が経過すれば消滅時効が完成すると考えてください。まずはこのルールを覚えましょう。そうしないと多分頭がごちゃごちゃになります……。

①主観的起算点

主観的起算点は、「債権者が権利を行使することができることを知った時」です（166条１項１号）。「知った」という主観が要件となることから「主観的起算点」と呼ばれます。そして、ここを起算点として原則５年で時効が完成します。ここはとくに論点がないので、条文の意味だけ分かっておきましょう。

②客観的起算点

客観的起算点は、「権利を行使することができる時」です（166条１項２号）。そして、ここを起算点として、原則10年で時効が完成します。もっとも、A人の生命又は身体が侵害された場合の債務不履行に基づく損害賠償請求権（企業が安全配慮義務に違反して労務災害を発生させた場合など）は、客観的起算点から20年で時効が完成することになっています。「人の生命又は身体の侵害」という事の重大性に鑑み、時効期間を通常の２倍に延ばしているのです（167条）。

債権の消滅時効 A

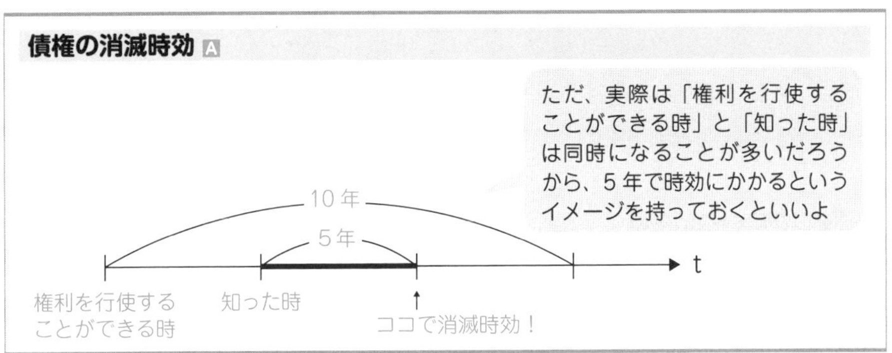

ただ、いずれにせよ「権利を行使することができる時」という言葉は非常に不明瞭であるため、債権の種類に応じて実質的に考える必要があります。以下でまとめてみたので、各自で見ておいてください。「権利を行使することができる時」とは一体いつなのだろう？ と常に自分に問いかけながら読んでいくと頭に残りやすいでしょう。

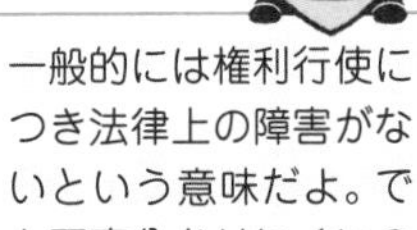

一般的には権利行使につき法律上の障害がないという意味だよ。でも正直分かりにくいので無視して構わないよ。

確定期限の定めのある債権 A

AがBに10万円を貸す場合で、弁済期（返済期）が明確に定まっている（４月１日）ケース。

弁済期（返済期）４月１日＝期限到来時

A ──→ B

（貸主）債権者　金銭消費貸借契約（10万円）契約日：２月１日　（借主）債務者

結論　AがBに対して有する返還請求権の消滅時効は、「期限到来時」から起算する。

不確定期限の定めのある債権 A

AがBに10万円を貸す場合で、弁済期（返済期）が「Aが死んだら返す」という形で不確定期限になっているケース。

「私（A）が死んだら返す」← Aが死んだ= 期限到来時（✕ 期限到来を知った時）

A ⟶ B
（貸主）　金銭消費貸借契約（10万円）　（借主）
債権者　契約日：2月1日　債務者

結論　AがBに対して有する返還請求権の消滅時効は、「**期限到来時**」から起算する。期限到来を知った時から起算するのではない。

期限の定めのない債権 A

BがAに対して自動車を売却した場合で、引渡しの期限を定めていなかったケース。

期限の定めなし……

A ⟶ B
（買主）　自動車の売買（引渡請求権）　（売主）
債権者　契約日：2月1日= 債権成立時　債務者

結論　AがBに対して有する自動車の引渡請求権の消滅時効は、「**債権成立時**」から起算する。

債務不履行に基づく損害賠償請求権 A

BがAに対して自動車を売却した場合で、引渡し日（3月1日）よりも前に、当該自動車が滅失（2月20日）により引き渡せなくなった（履行不能）ときは、AはBに対して債務不履行（＝契約違反）に基づく損害賠償請求権を取得する。では、この債務不履行に基づく損害賠償請求権の消滅時効はいつの時点から起算するのか？

債務不履行に基づく
損害賠償請求権→起算点は？

本来の債権について履行を
請求できる時＝3月1日（履行期）

引渡し日：3月1日

A ――→ B（帰責性あり）
（買主）　自動車の売買（引渡請求権）　（売主）
債権者　契約日：2月1日→2月20日滅失　債務者
（履行不能）

履行不能となった時ではないんだ

結論　AがBに対して有する債務不履行に基づく損害賠償請求権の消滅時効は、**「本来の債権について履行を請求できる時」（履行期）から起算する。**

返還時期の定めのない消費貸借 B

AがBに10万円を貸す場合で、期限の定めがないケース。

期限の定めなし……

A ――→ B
（貸主）　金銭消費貸借契約（10万円）　（借主）
債権者　契約日：2月1日　債務者
＝債権成立後、相当期間が経過した時

相当期間経過というのが入るんだね

結論　AがBに対して有する返還請求権の消滅時効は、「**債権成立後、相当期間が経過した時**」から起算する。お金の貸し借りの場合は、期限の定めがないとは言え、債権成立時から（契約を締結した瞬間）時効が進行すると解釈するのは妥当でない。なぜなら、お金を貸すという行為の**性質上**、当該貸したお金は借主の下で**運用されることが予定されているから**である。よって、運用を考慮して相当の期間を経過しないと消滅時効が進行しないとした。

債権の消滅時効の起算点のまとめ A

	消滅時効の起算点
確定期限の定めのある債権	期限到来時
不確定期限の定めのある債権	期限到来時（✕期限到来を知った時）
期限の定めのない債権	債権成立時
債務不履行に基づく損害賠償請求権	本来の債権について履行を請求できる時
返還時期の定めのない消費貸借	債権成立後、相当期間が経過した時

簡単に言うと「分割払いの契約書」という意味だよ。

なお、割賦払いの契約書（割賦金弁済契約書）には、通常１回でも支払いを怠ったときは全額を返済するという条項が入っています。では、割賦払いを１回分怠った場合、全額について時効が進行するのでしょうか、それとも支払われなかった１回分だけが進行するのでしょうか。この点、B判例は、１回の支払債務の不履行があったとしても、原則として、その１回分ごとに時効が進行するとしています。もっとも、「全額を弁済するように」という債権者の意思表示があった場合には、例外的に全額について時効が進行します（最判昭42・６・23）。つまり、１回分の支払いを怠った時点を全額についての客観的起算点と見るのではなく、債権者の意思表示があった時を全額についての客観的起算点と見るわけです。

（３）不法行為による損害賠償請求権の消滅時効

不法行為とは、故意又は過失によって、相手方の権利・利益を侵害する行為を言うよ。人の名誉を毀損したり、自動車で他人をひいたりするケースが典型かな。

債権は債権でも、不法行為による損害賠償請求権の主観的起算点は特別規定が置かれています。具体的には、A「被害者又はその法定代理人が損害及び加害者を知った時」とされています（724条１号）。そして、その時から３年で時効が完成します。ただ、A人の生命又は身体を害する不法行為による損害賠償請求権（自動車にひかれてケガをした場合など）については、時効期間が若干延びて５年で時効が完成することになっています。（724条の２）。これは被害者を救済する必要性が極めて高い場面だからでしょう。一方、A客観的起算点は「不法行為の時」です。そこから20年で時効が完成します（724条２号）。

（4）定期金債権の消滅時効

定期に一定の金銭その他の物を給付させることを内容とする債権を「定期金債権」と言います。年金や毎月の扶養料などがこれにあたります。この定期金債権は、債権者が定期金の債権から生ずる金銭その他の物の給付を目的とする各債権を行使することができることを知った時を主観的起算点とし、その時から10年で時効にかかります（168条１項１号）。あるいは各債権を行使することができる時を客観的起算点とし、その時から20年で時効にかかります（168条１項２号）。

（5）判決で確定した権利の消滅時効

日確定判決又は確定判決と同一の効力を有するものによって確定した権利については、10年より短い時効期間の定めがあるものでも、その時効期間は10年となります（169条１項）。ただ、確定の時に弁済期の到来していない債権については、10年とはならずそのままの短い時効期間が適用されます（169条２項）。

PLAY! 理解度チェック

1. 自己の物であっても時効取得することができるのか？
2. 自主占有か否かは、どのように決めるのか？また、賃借人の占有は自主占有と言えるのか？
3. 時効期間は、占有開始時に善意かつ無過失であれば10年であるが、ここに言う「無過失」は法律上推定されるのか？
4. 取得時効の起算点は、任意に動かすことができるのか？

1.
できる（自己物の時効取得）。

2.
占有取得原因によって外形的・客観的に決める。賃借人の占有は他主占有である。

3.
推定されない。

4.
できない。

5. 不動産賃借権を時効取得するための要件は？

5.
①目的物の継続的用益という外形的事実が存在し、②それが賃借の意思に基づくことが客観的に表現されていること。

6. 所有権に基づく物権的請求権は消滅時効にかかるのか？

6.
かからない。

7. 人の生命又は身体が侵害された場合の債務不履行に基づく損害賠償請求権は、権利を行使することができる時から（　　）年で時効によって消滅する。

7.
20

8. 不確定期限の定めのある債権の消滅時効は、いつの時点から客観的に起算するのか？（客観的起算点はいつ？）

8.
期限到来時。

9. 債務不履行に基づく損害賠償請求権の消滅時効は、いつの時点から客観的に起算するのか？（客観的起算点はいつ？）

9.
本来の債権について履行を請求できる時。

10. 確定判決によって確定した権利は、10年より短い時効期間の定めがあるものでも、その時効期間は、原則として（　　）年となる。

10.
10

TRY! 本試験問題に挑戦

取得時効に関する次のア～オの記述のうち、妥当なもののみを全て挙げているものはどれか（争いのあるときは、判例の見解による。）。【裁判所職員 R4】

ア. 土地の継続的な用益という外形的事実が存在し、かつ、それが賃借の意思に基づくことが客観的に表現されているときは、土地賃借権の時効取得が可能である。

ア. ○
そのとおり。
不動産賃借権の時効取得の要件として正しい。

イ. 占有者がその占有開始時に目的物について他人の物であることを知らず、かつ、そのことについて過失がなくても、その後、占有継続中に他人の物であることを知った場合には、悪意の占有者として時効期間が計算される。

イ. ×
善意・無過失の基準は「占有開始時」である。したがって、占有継続中に他人の物であることを知った場合にも、悪意の占有者としては扱われることはない。

ウ. 時効取得を主張する相続人は、自己の占有のみを主張することも、被相続人の占有を併せて主張することもできる。

ウ. ○
そのとおり。
選択可能である。

エ. 賃借人が、内心では所有の意思をもって占有している場合、その占有は自主占有となる。

エ. ×
所有の意思の有無は、占有取得の原因となった事実から外形的・客観的に判断される。よって、占有者の内心によっては左右されない。

オ. 他人の物を占有することが取得時効の要件であるから、所有権に基づいて不動産を占有していた場合には、取得時効は成立しない。

オ. ×
自己の物であっても時効取得することができる。

1．ア、ウ　2．ア、エ　3．イ、オ　4．ウ、エ　5．エ、オ

正答 1

11 物権

重要度 ★★★
頻出度 ★★★

今回から「物権」というテーマに入っていく。最初のうちは抽象的でわからない部分も多いかもしれないが、先に進むにつれてだんだんと全体像が見えてくるはずだ。

1 物権と債権の違い

「**物権**」とは、特定の**物を直接支配**して利益を享受する排他的な権利です。最初のうちは分かりづらいかもしれませんが、これからの議論は「**所有権**」を念頭に考えていきましょう。実際は、結構な数の物権が民法上用意されているので、ここではあえて詳しい説明を割愛します。なぜかと言うと、混乱するからです（笑）。少なくとも公務員試験レベルでは、その都度出てくるものを順次覚えていくことで足ります。

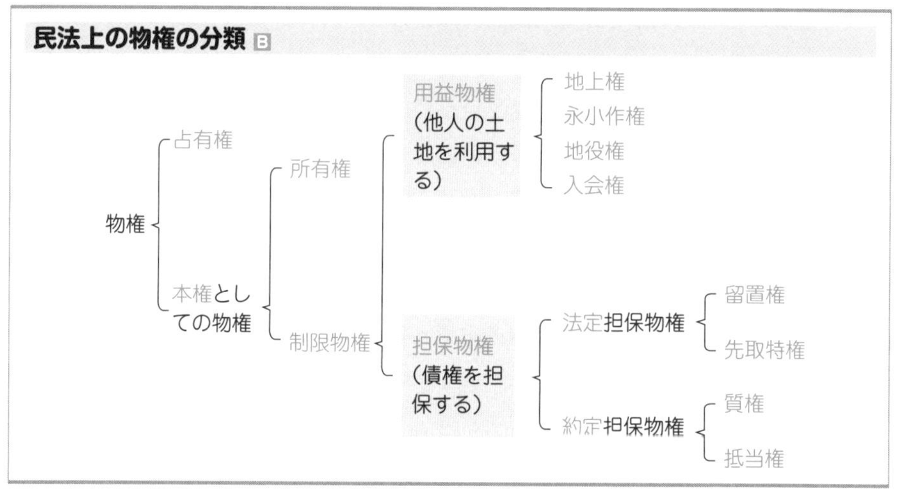

さて、物権と債権はどこが違うのでしょうか？　ちなみに債権は、特定人に対する何らかの請求権ですね。一般的に、物権と債権の違いは**3つ**あると言われています。具体的には、①**直接性**の有無、②**絶対性**の有無、③**排他性**の有無の３つです。

まず、B①**直接性**とは、**他人を介さず**に直接支配できるという性質です。所有権などの物権は物さえちゃんと存在していれば誰の手を借りることもなく支配できるわけですから、直接性があります。しかし、債権は債務者という相手方を通じてしか実現できません。例えば、誰かにお金を貸したときには、「お金を返せ～」と請求できる権利、すなわち返還請求権という債権を取得することになります。しかし、それは結局債務者の資力に依存することになります。お金がなければ債権を実現できません。要は、人に頼ってしまう……これが「直接性がない」というイメージです。

次に、B②絶対性とは、誰に対しても主張できるという性質です。物権にはこれがあります。ですから、今、手に持っているペンの所有権を誰に対しても主張することができるわけです。しかし、債権にはこの性質がありません。相対性しかないのです。先ほどの例を思い出してください。皆さんが「お金を返せ～」と請求できるのは、言わずもがな債務者（お金を貸した相手方）に対してだけですね。それ以外の第三者に対して「お金を返せ～」と請求しても返してもらえるわけがありません。

最後に、B③排他性とは、同一の物に対して同一内容の権利は成立しないという性質です。もし排他性が認められれば権利を主張してきた他人を排除することができます。この点、物権には排他性があります（共有の場合は例外）。例えば、今、皆さんが手に持っているペンの上には皆さんの所有権が成立しているので、他人の所有権は成立しません。このようなことを「一物一権主義」と呼びます。こうして邪魔者を排除することができます。しかし、債権には排他性がありません。同じ内容の契約を同時に複数の人と結ぶことも可能なのです。いわゆるダブルブッキングという事態（重複契約）が起こるのもそのせいです。

債権との違い B

	直接性（他人を介さずに直接支配できるという性質）	絶対性（誰に対しても主張できるという性質）	排他性（同一の物に対して同一内容の権利は成立しないという性質）
物権	あり	あり	あり
債権	なし（債務者を介する）	なし（債務者に対してのみ主張できる）（相対性）	なし

2 物権と債権の関係

例えば、AがBに対して不動産を賃貸する（賃借人は「賃借権」という債権を取得する）一方で、Cに対し同一の不動産を売買した場合（買主は「所有権」という物権を取得する）のように、B「物権」と「債権」がぶつかる場面では、原則として物権が優先します。これを俗に「売買は賃貸借を破る」と言ったりします。ただ、A例外的に不動産賃借権は対抗要件を備えることができるので、その場合にはこの原則が覆ります。ここにA「対抗要件」とは、自己が持っている権利を第三者に主張するために備えておくべき法律要件です。これを備えておかないと第三者との関係で自分の権利を主張できなくなってしまいます。つまり、争いに負けてしまうということですね。少し抽象的で分かりづらいかもしれないので、次の図で詳しく説明します。

売買は賃貸借を破る A

まず、AはBに不動産を賃貸した。その後、AはCに当該不動産を売買した。

●原則

A（賃貸人）—①賃貸借→B（賃借人）

②売買

VS

C（新所有者）← 勝ち

結論　物権（所有権）を取得できる売買と、債権（賃借権）を取得できるに過ぎない賃貸借がぶつかった場合、物権（所有権）を取得した側が勝つ。よって、理論的に考えると、CはBに対して「出ていけ」と言える。

●例外

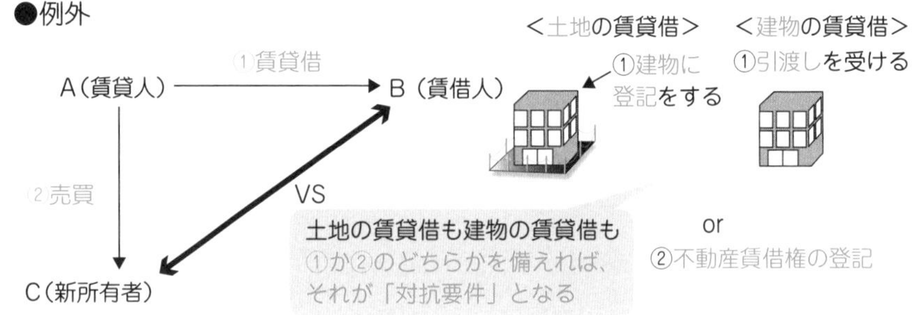

結論 債権の中でも「不動産賃借権」だけは、対抗要件を備えれば、物権と同様に排他性を備えることができる。よって、対抗要件を備えた不動産賃借権は、物権を有する者に対しても自己の賃借権を対抗できるようになる（不動産賃借権の物権化）。したがって、今回の場合は、Bが対抗要件を備えており新所有者Cに対して自己の賃借権を対抗できるので、CはBに対して「出ていけ」と言えない（賃借権が優先する）。

3 物権法定主義

なお、債権は「契約自由の原則」が妥当しているので、契約で様々な種類のものを創設することができるよ。

物権は原則として債権に優先するので、このような強い権利を当事者の契約でいかようにも作れるとなってしまうと大変です。そこで、B民法は175条で「物権法定主義」を定め、契約で新たな物権を創設することはできないとしています。つまり、物権は、法律に定めるもののほかは、当事者が勝手に作ってはいけないのです。Bただ、「譲渡担保」などのように例外的に「判例で」慣習法上認められてきた物権はあります（つまり、法定されていない物権もある）。

4 所有権の客体

所有権の客体は「物」でなければなりません。ここで「物」とは、有体物のことを指し、原則として、無体物（熱や光、電気、権利）ではダメです。Bただ、権利については例外的に物権の客体となることがあります（362条１項「財産権」、369条２項「地上権及び永小作権」）。また、所有権の客体は原則として特定された単一の物で、さらに独立の物でなければなりません。ただ、これも原則なので、一筆の土地の一部について取得時効の成立や譲渡を認めることはできます。

「物」の代表例としては「不動産」や「動産」があります。「不動産」とは、土地及びその定着物のことを指します（86条１項）。「定着物」とあるので、石垣や溝などは土地の一部として扱われます。Bただ、建物は例外的に土地から独立した別個の不動産として扱われます。よって、当然ですが、土地を売却しても建物を売却したことにはならないわけです。なお、B土地に生立する樹木は、取引上の必要性がある場合には、土地とは別個独立の不動産として所有権譲渡の目的とすることができます。また、この場合には、立木法(りゅうぼくほう)の登記又は明認方法(めいにんほうほう)と呼ばれる特別の対抗要件も用意されています。

つまり、土地に生えているまま(切り倒さずに)所有権を譲渡することができるんだ。

一方、「動産」とは、不動産以外の物を言います（86条２項）。ですから、この世にある目に見える物のほとんどが動産ということになります。

物の所有者が、その物の常用に供するため、自己の所有に属する他の物をこれに附属させたときは、その附属させた物を「従物(じゅうぶつ)」と呼びます（87条１項）。家の中にある畳などがその典型です（大判昭５・12・18）。このとき、家が「主物(しゅぶつ)」、畳が「従物」となるのですが、従物と言い得るためには、①主物の常用に供されていること、②主物に附属すると言い得る程度の場所的関係にあること、③独立の物であること、④主物と同一所有者に帰属すること、が必要です。そして、A民法は、「従物は、主物の処分に従う」旨の規定を置いています（87条２項）。これは要するに、家を売却したら、畳も売却したことになるということです。このように、従物は主物と運命をともにするのです。

宅地に対する石灯籠・取り外しの容易な庭石(最判昭44・３・28)や、ガソリンスタンドの建物に対する地下タンク・計量機・洗車機(最判平２・４・19)なども従物だよ。

5 物権的請求権

「物権的請求権」とは、物権の円満な支配が妨害されたり、妨害されるおそれがある場合、物権者が自己の物権を守るために、一定の作為又は不作為を請求できる権利です。これは、早い話、自分の物権を守るための「防御権」です。B民法上、とくに明文規定が用意されているわけではないのですが、解釈によって当然に認められています。具体的には、他人に物を奪われたときに、その返還を求める「物権的返還請求権」（返して）、妨害されているときにそれを排除する「物権的妨害排除請求権」（邪魔だ、どけ！　あるいはどかせ！）、妨害されそうなときにそれを予防する「物権的妨害予防請求権」（危ないから何とかして！）の３つがあります。

A物権的請求権を行使する際には、相手方の故意又は過失その他の帰責事由はいりません。純客観的に物権の円満な支配が害されていれば（あるいは、害されそうになっていれば）即行使することができるのです。なお、🅰判例は、不動産の賃借人が対抗要件を備えている場合には、目的物の不法占拠者に対し、不動産賃借権に基づき妨害排除請求権を行使することができるとしています（最判昭28・12・18）。これは、不動産賃借権は債権であるものの、物の占有を要素とするものであり、その点で物権に近い性質を有しているからだと言われています。

あくまでも対抗要件を備えているときの話だよ。つまり、排他性を具備していないといけないんだ。

なお、ここでは「妨害排除請求権」と書いたけど、平成29年改正で、①妨害停止請求と②返還請求が明文上用意されるに至っている。具体的には民法Ⅱザ・ベストハイパーの「賃貸借」のところで話すね。

では、物権的請求権を行使する際には、誰を相手とすればよいのでしょうか？　この点は少し難しい判例があるので、次の図で解説します。

物権的請求権を行使する際の相手方 🅱

BはAの土地に勝手に建物を建築し、建物に登記をした上でCに譲渡した（なお、Bは未だに建物の登記をCに移していない）。その後しばらくの間はCが土地と建物を占有していたが、現在はCが行方をくらましており所在不明の状態になっている。このとき、Aは誰に対して建物収去・土地明渡請求（つまり物権的妨害排除請求権）をすればよいのか？

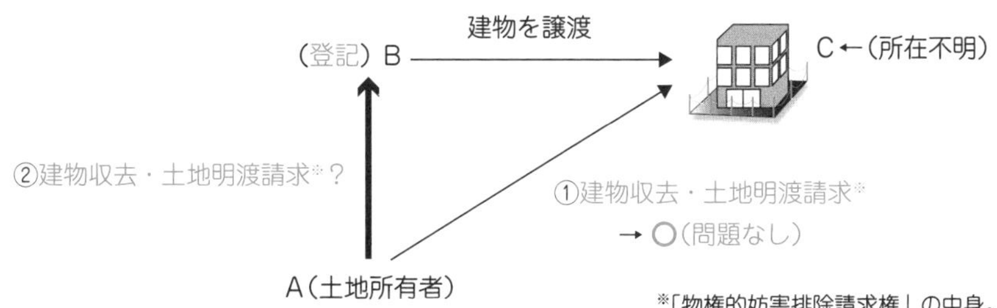

結論　原則として、建物を実際に所有し土地を占有している者（C）に対して請求するべきである。ただし、例外的に、自らの意思に基づいてBが建物所有権の登記を経由した場合には、建物を譲渡したとしても引き続き登記名義を保有する限り譲渡による建物所有権の喪失を主張できない。つまり、Aは自らの意思に基づいて登記を経由したBに対しても、請求することができる（最判平6・2・8）。

理由　Bは建物所有権を失ったのであれば、それを公示するべきである（Cに登記を移すべきである）。それにもかかわらず、自分で登記を保有し、所有者のような外観を築いている以上、所有権を失ったことを主張することができない。

PLAY! 理解度チェック

1. 他人の土地を利用する「用益物権」には何があるのか？	1. 地上権、永小作権、地役権、入会権。
2. 直接性とは、他人を介さずに直接支配できるという性質を言い、物権には（　①　）が、債権には（　②　）。	2. ①ある　②ない
3. 絶対性とは、誰に対しても主張できるという性質を言い、物権には（　①　）が、債権には（　②　）。	3. ①ある　②ない
4. 「物権」と「債権」がぶつかる場面では、原則としてどちらが優先されるのか？	4. 原則として物権が優先される。
5. 物権法定主義の例外を１つ挙げよ。	5. 譲渡担保。
6. 物権の客体は常に有体物でなければならないのか？	6. 常にではない。例外的に権利が客体となることもある。
7. 樹木は、土地と別個独立の不動産として所有権譲渡の目的とすることができるのか？	7. できる。

8. 従物は、主物の処分に従う？　従わない？

8.
従う。

9. ガソリンスタンドの建物に対する地下タンク・計量機・洗車機は従物か？

9.
従物である。

10. 物権的請求権を行使する際には、相手方の故意又は過失その他の帰責事由が必要となるのか？

10.
不要である。

TRY! 本試験問題に挑戦

民法に規定する物権に関する記述として、通説に照らして、妥当なのはどれか。

【特別区 H21】

1. 契約自由の原則から、物権は民法その他の法律に定めるもののほか、契約によって自由に創設することができるが、物権法定主義により、物権の内容を民法その他の法律に定められているものとは違ったものとすることはできない。

1. ×
物権法定主義により、物権は民法その他の法律に定めるもののほか、契約によって自由に創設することはできない。

2. 物権の客体は物であることを要し、民法において物とは有体物をいうものとされているので、物権には、有体物以外のものを客体とするものはない。

2. ×
例外的に財産権、地上権及び永小作権などの権利を客体とするものもある（362条1項、369条2項）。

3. 民法上の物権を分類すると、自分の物に対する物権である所有権と他人の物に対する物権である制限物権に分けられるが、制限物権のうち他人の物を利用する用益物権には、占有権、永小作権及び地役権が含まれる。

3. ×
用益物権は、地上権、永小作権、地役権、入会権の4つであり、占有権は含まれていない。

4. 物権は絶対的・排他的な支配権であるが、物権と債権が衝突するときに、債権が物権に優先する場合がある。

4．○
そのとおり。
対抗要件を備えた不動産賃借権は、物権（所有権）に優先することがある。

5. 土地に生立する樹木は、取引上の必要性がある場合には、土地とは別個独立の不動産として所有権譲渡の目的とすることができ、この場合、立木登記又は明認方法と呼ばれる公示方法を備えた場合に限り、有効な取引とされる。

5．×
立木登記又は明認方法は単なる対抗要件であって、取引の有効要件ではない。

正答　4

TRY! 本試験問題に挑戦

次の民法に規定する物権A～Eのうち、用益物権を選んだ組合せとして、妥当なのはどれか。　【特別区H30】

A. **留置権**

A. ×
担保物権

B. **永小作権**

B. ○

C. **先取特権**

C. ×
担保物権

D. **入会権**

D. ○

E. **地役権**

E. ○

1．A　B　D
2．A　C　D
3．A　C　E
4．B　C　E
5．B　D　E

正答　5

12 不動産物権変動

重要度
★★★
頻出度
★★★

今回は永遠のAランクと言われる「不動産物権変動」を見ていく。ここは毎年どこかで出題される重要テーマなので、必ずマスターしてもらいたい。量が多いのがネックだが、時間をかけてしっかりと理解・記憶するように。ファイト！

1 177条の対抗要件主義

176条は、「物権の設定及び移転は、当事者の意思表示のみによって、その効力を生ずる」とし、「意思主義」を採用しています。これは例えば、売買において、原則として売主、買主双方が「売ります」「買います」という意思表示をすればその物の所有権が買主に移転するということを意味しています。もっとも、A 177条は、登記をしないとその物権変動を第三者に対抗することができないとしています（対抗要件主義）。これはつまるところ、当事者間では、登記を備えなくても176条によって物権変動の効果は生じるのですが、その生じた効果を当事者以外の「第三者」に主張するためには、登記を備えなければならないということです。

このように、A 登記には、権利を争う者の中で、誰が最も優先するのかを決める、対抗要件としての機能があります。対抗問題を処理する鍵となるのが登記というわけです。とりあえず、試験的には「不動産物権変動の対抗要件は？」と聞かれたら、即座に「登記です」と答えられるようにしてください。では、内容を簡単に図にしてみましょう。

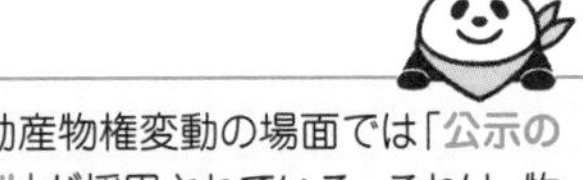

不動産物権変動の場面では「公示の原則」が採用されている。これは、物権変動に外から認識し得る公示（登記）を要求する原則を言うよ。「物権変動があったことを外から見て分かるようにしておこう」ということだ。

対抗（＝主張）できないとは？ A

AはBに不動産を譲渡した。その後、AはCにも当該不動産を譲渡した（二重譲渡）。なお、登記は依然としてAが保有している。

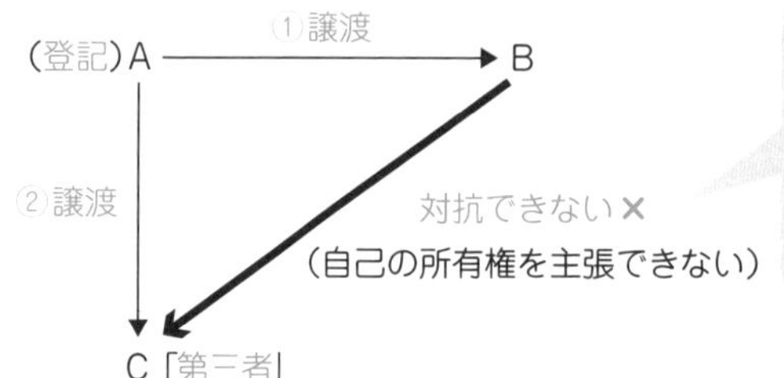

結論　この場合、Bは当事者であるAに対しては、登記がなくても自己の所有権を主張できる。しかし、第三者Cに対しては、自分に登記がない以上、対抗できない（対抗要件主義）。裏を返せば、Bが登記を先に備えれば第三者Cに対して、自己の所有権を対抗できる。

2 177条の「第三者」とは？

では、自分が登記を持っていないと物権変動を対抗できない177条の「第三者」とは一体誰を指すのでしょうか？　判例は、この「第三者」の範囲に絞りをかけ、A「第三者」とは、「当事者及び包括承継人（＝相続人）以外の者であって、登記の欠缺（けんけつ）（不存在）を主張するにつき正当な利益を有する者」であるとしています（大連判明41・12・15）。意味不明ですね。ただ、少なくとも当事者以外のすべての者を第三者と呼ぶのではないということは分かるでしょう。試験では、「第三者」にあたらない例として、相続人、無権利者・不法行為者・不法占拠者、転々譲渡の場合における前前主……などが出題されていますので、具体的に見ていくことにします。

相続人 A

AはBに土地を譲渡したが、その後Aが死亡し、Cが当該土地を相続した。このとき、Bから見て相続人Cは「第三者」にあたるのか？

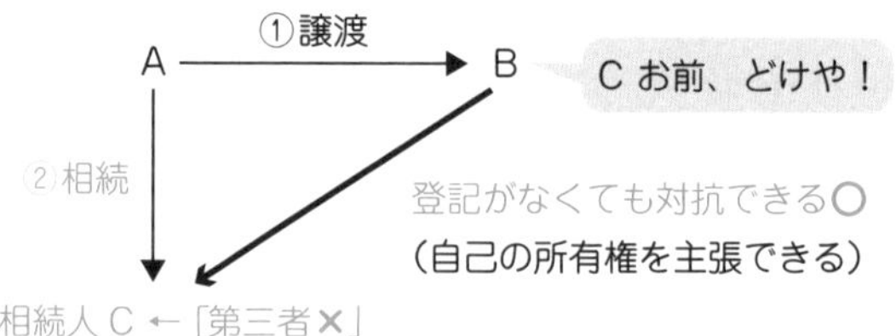

結論　相続の場合には、A＝Cと考えるので、包括承継人である「相続人」は第三者にあたらない（つまり、当事者と同視する）。よって、Bは登記なくして自己の所有権をCに対抗できる。

無権利者・不法行為者・不法占拠者 A

AはBに土地を譲渡した。ところが、当該土地の上には不法占拠者であるCが居座っている。このとき、Bから見て、不法占拠者Cは「第三者」にあたるのか？

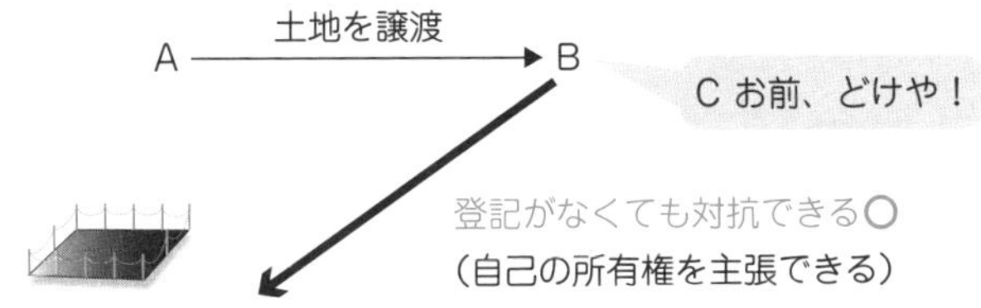

結論　無権利者・不法行為者・不法占拠者は、Aとの間で法律上の原因に基づいて利害関係を持つに至った者ではないため、第三者にあたらない。よって、Bは登記なくして自己の所有権をCに対抗できる（妨害排除請求権を行使してCを追い出せる）。

転々譲渡の場合における前前主 A

AはBに土地を譲渡した。その後、Bは当該土地をさらにCに譲渡した。このとき、Cから見てAは「第三者」にあたるのか？

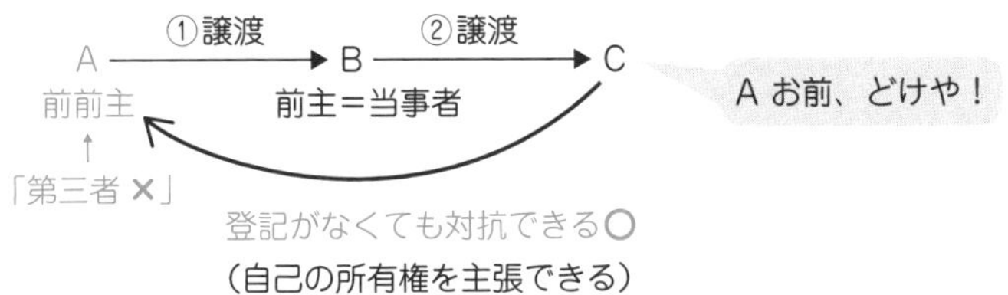

結論　転々譲渡の場合は、二重譲渡の事案と異なり矢印が相反する関係になっていないので、１つの土地を２人で取りあうような構図になっていない（対抗問題になっていない）。よって、前前主であるAは第三者にあたらない。CはAに対して、登記なくして所有権を対抗できる。

単なる悪意者と背信的悪意者 A

AはBに土地を譲渡し、その後、Aは当該土地をCにも譲渡した。そして、第二譲受人であるCが「単なる悪意者」、又は「背信的悪意者」であった場合に、Bから見てCは「第三者」にあたるのだろうか？

背信的悪意者とは、他人を害する目的で不動産を取得した者で、例えば、Bに高く売りつけてやろう(時価総額1000万円の土地を500万円で安く取得して、Bに1200万円で売る)と思って介入してくるようなCのことを言うよ。ただ、公務員試験では「背信的悪意者」と問題文に書いてあることが多いよ。

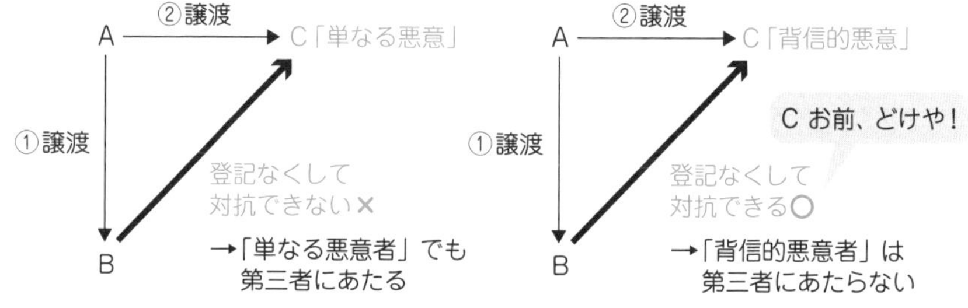

結論　**単なる悪意者（単純悪意者）は第三者にあたる**（最判昭32・9・19）が、**背信的悪意者は第三者にあたらない**（最判昭43・8・2）。

理由　単なる悪意者の場合は、**自由競争が妥当**する不動産取引の世界では保護に値する。つまり、不動産取引の世界ではよりよい条件を提示した方に売却するのは当然なので、第一譲渡のことを知っていたという程度で第三者から除外するのはおかしい。ただ、背信的悪意者は**自由競争の範囲を逸脱**しているので保護に値しない（**信義則の観点から**）。

背信的悪意者からの譲受人 A

AがBに土地を譲渡し、その後、Aは当該土地をCにも譲渡した（Cは背信的悪意者）。そして、Cはさらに当該土地をDに譲渡した。では、このときBから見てDは「第三者」にあたるのだろうか？

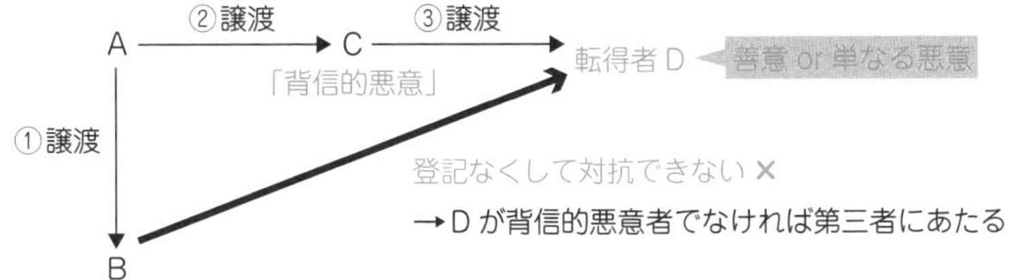

結論　転得者Dは、**背信的悪意者でない限り、「第三者」にあたる**。よって、Bは登記なくして所有権をDに対抗できない。

理由　背信的悪意者であっても、完全な無権利者ではなく**一応権利者**である以上（第一譲受人との関係で信義則上「第三者」にあたらないだけ）、**権利の譲渡は可能**と考える。よって、Dは有効に権利を取得できる。

※なお、判例は、転得者D自身が登記を有している場合、第一譲受人Bとの関係で背信的悪意者と評価されるのでない限り、転得者Dはその不動産の取得を第一譲受人Bに対抗することができる、としている（最判平8・10・29）。

善意ないし単なる悪意者から譲り受けた背信的悪意者 B

Aが土地をBに譲渡し、その後、Aは当該土地をCにも譲渡した（Cは善意者又は単なる悪意者）。そして、Cはさらに当該土地をDに譲渡した（Dは背信的悪意者）。では、このときBは背信的悪意者Dに登記なくして所有権を対抗できるのだろうか？

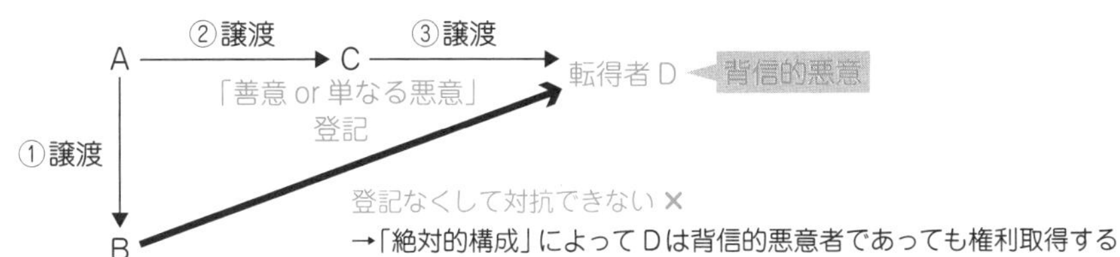

結論　善意者又は単なる悪意者であるCが一度権利を取得し、登記をした以上、**その時点で権利関係は確定**し、転得者Dは、背信的悪意者であっても権利取得する（**絶対的構成**）。よって、Bは登記なくしてDに所有権を対抗できない。

理由　**法律関係の早期安定の見地**から、一度善意者又は単なる悪意者が出た以上、それ以降の者の主観を問題とせずにすべて保護すると考えるのが簡明なため。このような考え方を「**絶対的構成**」と呼ぶ。

3 その他登記をめぐる具体的問題

（1）取得時効と登記

ここからは「登記」をめぐる各種問題点を見ていきます。ここも結局は「所有権を対抗するためには登記が必要なのか？」という議論ですから、今までと同じ頭で考えてみると分かりやすいでしょう。では早速、「取得時効と登記」と呼ばれる一連の論点を見ていきます。試験的には次の**3パターン**に分けて考えていくことが大切です。

元所有者との関係 B

A所有の土地をBが占有していた。そして、一定期間が経過したのでBが当該土地を時効取得した。このとき、BはAに対して当該土地の所有権を登記なくして対抗できるのか？

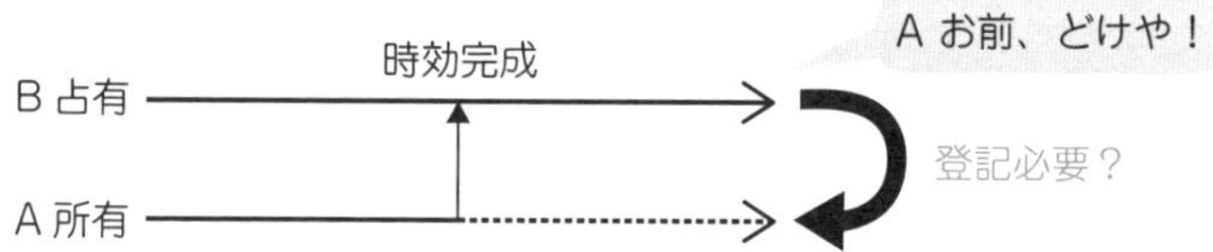

結論　BはAに対し、**登記なくして所有権を対抗できる。**

理由　BとAは時効取得した側とされた側という関係であり、「**当事者類似**」と見ることができるため、**177条の「第三者」にあたらない。**

時効完成前の第三者との関係 A

A所有の土地をBが占有していた。そして、AがCに対して当該土地の所有権を譲渡した。その後、Bが占有を開始してから一定期間が経過したのでBが当該土地を時効取得した（Cは時効完成前に譲渡を受けた第三者）。このとき、BはCに対して当該土地の所有権を登記なくして対抗できるのか？

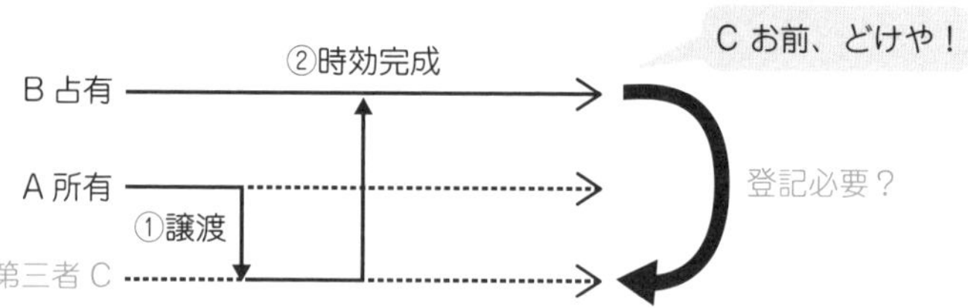

結論　BはCに対し、登記なくして所有権を対抗できる（大判大7・3・2、最判昭41・11・22）。

理由　時効取得者Bと時効完成前に譲渡を受けたCは、時効取得した側とされた側という関係であり「当事者類似」と見ることができるため、177条の「第三者」にあたらない。

時効完成後の第三者との関係 A

A所有の土地をBが占有していた。そして、Bは占有を開始してから一定期間が経過したので当該土地を時効取得した。その後、AはCに対して当該土地の所有権を譲渡し、Cは登記を具備した（Cは時効完成後に譲渡を受けた第三者）。このとき、BはCに対して当該土地の所有権を登記なくして対抗できるのか？

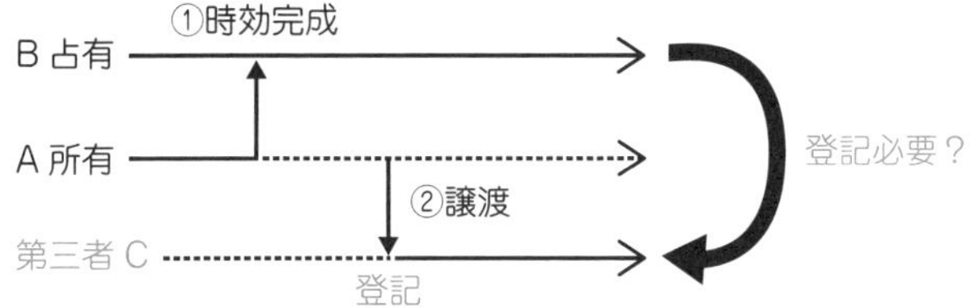

結論　BはCに対し、登記なくして所有権を対抗できない（最判昭33・8・28）。

理由　時効完成後に譲渡を受けたCは、時効取得者Bとは、対抗関係になる。というのも、Aを起点とした二重譲渡類似の関係と見ることができるからである。よって、Cは177条の「第三者」にあたる。もっとも、「時効完成後の第三者」は、177条の「第三者」に該当するが、上記事例のCが背信的悪意者であれば、Bは登記なくして所有権を対抗できることになる。判例は、Cは、Bが取得時効の成立要件を充足していることをすべて具体的に認識していなくても、背信的悪意者と認められることがある、とする。その場合には、少なくとも、CがBによる多年にわたる占有継続の事実を認識している必要がある、としている（最判平18・1・17）。

※なお、Cが登記を備えた後も、Bがさらに所有の意思をもって長年占有し続ければ再び時効取得し得る（最判昭36・7・20）。この場合にはBは登記なくして所有権の取得をCに対抗することができる。元所有者との関係（当事者類似の関係）に戻るだけだからである。さらに、Bの時効完成後、所有権移転登記がなされることのないまま、CがAから抵当権の設定の登記を受けた場合において、Bがその時から引き続き時効取得に必要な期間占有を継続したときは、Bが抵当権の存在を容認していたなど抵当権の消滅を妨げる特段の事情がない限り、Bは不動産を時効取得し、その結果、Cの抵当権は消滅する（最判平24・3・16）。

最後に大切なことを述べておきます。判例は、このように時効完成前の第三者と時効完成後の第三者を明確に分けているので、A時効の起算点は占有開始時に固定するべきです（最判昭35・7・27）。そうしないと、例えば、時効の起算点を任意に後ろに動かすことで、すべての第三者を時効完成前の第三者にすることができてしまい、時効完成前の第三者と時効完成後の第三者で法律構成に差異を設けた意味がなくなってしまいます。

（2）相続と登記

次に、「相続と登記」と呼ばれる一連の論点を見ていきます。ここは人が死んだときの相続の問題になるので、若干ややこしいかもしれません。ただ、極力シンプルに、かつ分かりやすく説明するので、しっかりと内容を理解するようにしてください。

単独名義の登記をした場合 A

A所有の土地をBとCが共同相続したところ（BとCはそれぞれ持分を有する共有関係になる）、Bが勝手に単独名義の登記をして、その不動産全部をDに譲渡してしまった。この場合、Cは、登記なくして自己の持分（c持分）の所有権をDに対抗できるのか？

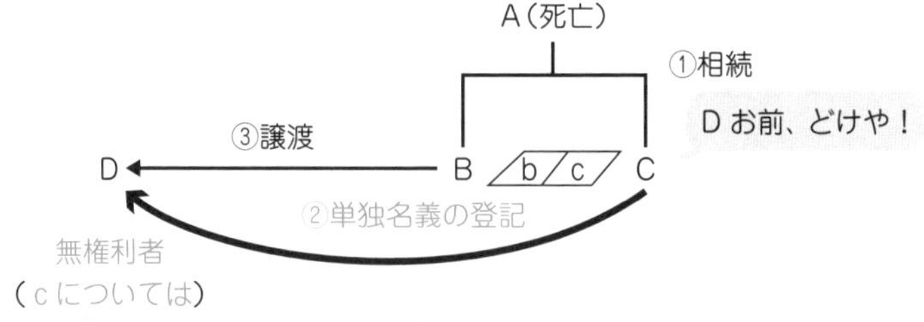

Cは、登記なくしてc持分の所有権をDに対抗できるのか？

→ 登記なくして対抗できる○

結論　Cは、登記なくして自己の持分（c持分）の所有権をDに対抗できる（最判昭38・2・22）。

理由　Bが単独名義の登記をしたところで、BはCの持分（c持分）については無権利者である。Bは自己の持分（b持分）についてはDに譲渡できるとしても、Cの持分（c持分）については他人の物である以上譲渡できない。よって、譲り受けたDもc持分については無権利者となる。無権利者は177条の「第三者」にあたらない。

相続放棄をした場合 A

A所有の土地をBとCが共同相続したところ（BとCはそれぞれ持分を有する共有関係になる）、Bが相続放棄をした（当該土地ははじめからCの単独所有であったことになる）。ところが、その後、Bの債権者Dがその持分（b持分）を差し押さえてきた。この場合においてCは、登記なくして自己の単独所有（b持分の取得）をDに対抗できるのか？

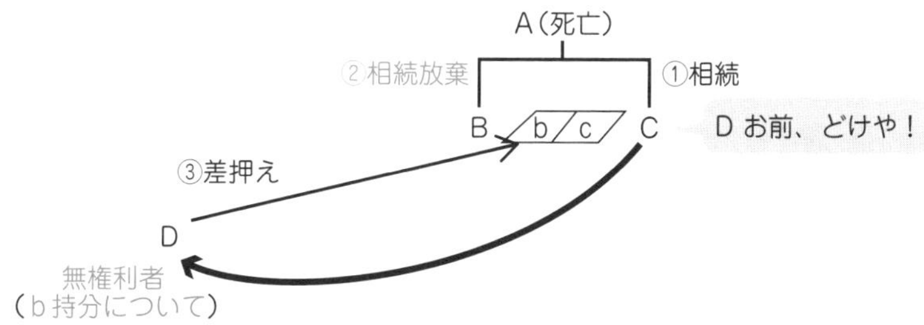

Cは、登記なくして自己の単独所有（b持分の取得）をDに対抗できるのか？
→ 登記なくして対抗できる○

結論　Cは、登記なくして自己の単独所有（b持分の取得）をDに対抗できる（最判昭42・1・20）。

理由　Bが相続放棄をした瞬間に、相続時に遡って本件土地はすべてCの所有であったという扱いになる（放棄には遡及効があり、はじめから相続人ではなかったという扱いになる）。よって、Dはもはやこの世に存在していないb持分を差し押さえたことになる。つまり、Dの差押えは空振りに終わり、b持分についてDは無権利者となる。無権利者は177条の「第三者」にあたらない。

遺産分割後の第三者 A

A所有の土地をBとCが共同相続し（BとCはそれぞれ持分を有する共有関係になる）、遺産分割によりCが不動産全部を取得することになった。それにもかかわらず、その後Bがb持分をDに譲渡した場合、Cは、登記なくして土地の所有権の取得をDに対抗できるのか？

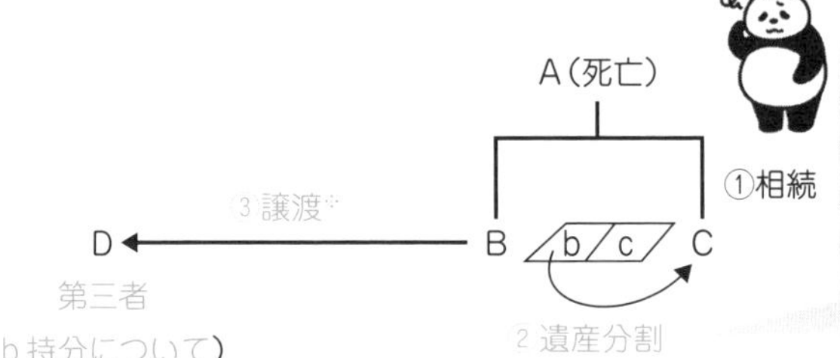

遺産分割とは、共有状態になっている相続財産の帰属を最終的に決める手続だよ。これがまたよく子供同士で揉めるんだよね。困ったものだ

Cは、登記なくして土地の所有権の取得をDに対抗できるのか？
→ 登記なくして対抗できない ×

※Dが差し押さえた場合も同じ。

結論　Cは、登記なくして土地の所有権の取得をDに対抗できない（最判昭46・1・26）。

理由　Bが遺産分割によって、b持分をCに譲渡した後に、Bがその譲渡したはずのb持分をさらにDに対しても譲渡したのであるから、Bを起点とした二重譲渡と見ることができる。よって、Dは177条の「第三者」にあたる。条文でも、「相続による権利の承継は、遺産の分割によるものかどうかにかかわらず、次条及び第901条の規定（法定相続分等）により算定した相続分を超える部分については、登記、登録その他の対抗要件を備えなければ、第三者に対抗することができない」とされている（899条の2）。

遺贈と登記 B

被相続人Aから土地について遺贈を受けたBは、その土地を差し押さえてきた相続人Cの債権者Dに自己の所有権を登記なくして対抗できるのか？

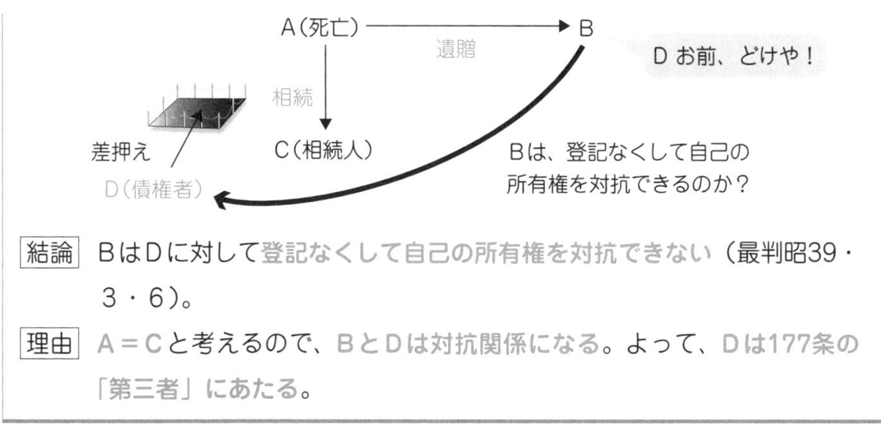

結論　BはDに対して登記なくして自己の所有権を対抗できない（最判昭39・3・6）。

理由　A＝Cと考えるので、BとDは対抗関係になる。よって、Dは177条の「第三者」にあたる。

（3）取消しと登記

土地の売主が制限行為能力あるいは錯誤や詐欺、強迫を理由として売買契約を取り消した後、買主が土地を第三者に譲渡した場合につき、A判例は、売主と取消し後の第三者との関係は、先に登記をした者が優先するとしています（大判昭17・9・30）。つまり、取消し後の第三者は177条の「第三者」にあたるのです。これは、取消しによって所有権が復帰的に変動し、中間者たる買主を起点とした二重譲渡と同視できるからです。なお、A取消し前の第三者は、第三者保護規定が用意されている錯誤や詐欺の場合（善意・無過失の第三者の場合）だけ保護されることになります。この点は以前勉強しましたね。

（4）解除と登記

契約違反（民法上では「債務不履行」と呼ぶ）が起こった場合に、当事者は当該契約を解除することができます。これは何となく通常の感覚で理解できると思います。ただ、解除の場面においても第三者が登場することがあるため、当該第三者との調整を図らなければなりません。Aこの点、民法は、解除前に利害関係を持つに至った第三者を保護するために条文を置いています。解除すると契約を最初からなかったことにする遡及効が生じます。そこで、この遡及効により、それまでの既得的地位がひっくりかえってしまう解除前の第三者を保護するために条文を用意したのです。したがって、A解除前の第三者は、登記を具備していれば保護されることになります（545条１項ただし書、最判昭33・6・14）。

一方、A解除後の第三者については保護の条文がありません。それゆえ、すべて解釈によりますが、判例は、解除権者と解除後の第三者との関係を対抗問題として処理していきます。つまり、A解除後の第三者は177条の「第三者」にあたるので、解除権者は、登記なくして解除後の第三者に所有権を対抗することができないとなるのです（最判昭35・11・29）。これは、解除によって所有権が復帰的に変動し、中間者を起点とした二重譲渡と同視できるからです。では、図にまとめておきます。

解除前の第三者 A

AはBに土地を売却した。そして、BはCに当該土地を転売した。ところが、Bが売買代金を支払わないので（債務不履行）、AはAB間の売買契約を解除した。このとき、Aは解除前に利害関係を持つに至ったCに対して自己の所有権を対抗できるのか？

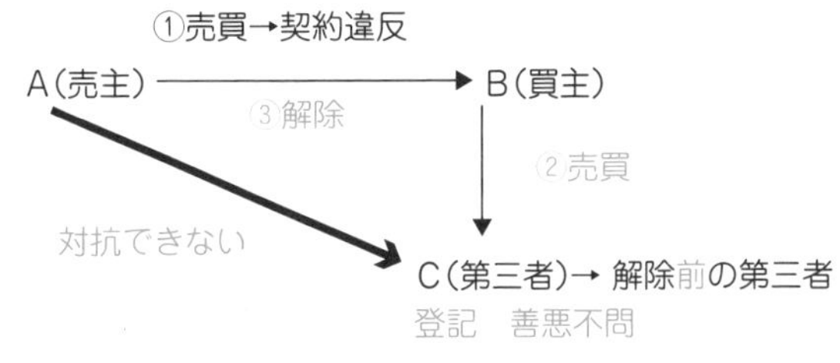

結論　545条1項ただし書の「第三者」とは、解除前の第三者を指す。そして、解除前の第三者であれば、登記をすれば保護される。善意・悪意という主観は問題とならない。よって、Cが既に登記を具備している場合には、AはCに所有権を対抗できない。

545条1項ただし書には、「第三者の権利を害することはできない」と書いてある。これはいわゆる解除前の第三者を保護するために置かれた「第三者保護規定」なんだ。

解除後の第三者 A

AはBに土地を売却した。ところが、Bが売買代金を支払わないので（債務不履行）、AはAB間の売買契約を解除した。その後、BはCに当該土地を転売した。このとき、Aは解除後に利害関係を持つに至ったCに対して自己の所有権を対抗できるのか？

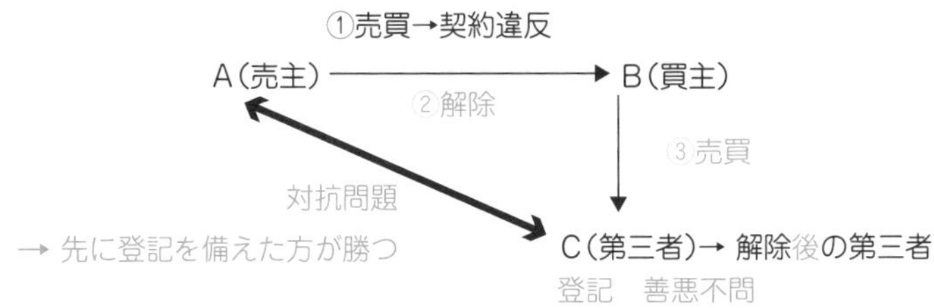

結論 解除権者と解除後の第三者との関係は、**二重譲渡類似の関係**となり、**対抗問題**として処理する。よって、**解除後の第三者は177条の「第三者」にあたる**ので、Aは、登記なくして解除後の第三者Cに所有権を対抗することができない。

民法177条の「第三者」にあたるか？ A

	民法177条の第三者にあたるか？	結果
相続人	あたらない（当事者と同じ）	登記なくして対抗できる
無権利者・不法行為者・不法占拠者	あたらない（そもそも権利を取得していない）	登記なくして対抗できる
転々譲渡の前前主	あたらない（そもそも対抗していない）	登記なくして対抗できる
単なる悪意者	あたる（不動産取引の世界では知っているくらいなら保護する）	**登記がなければ対抗できない**
背信的悪意者	あたらない（**自由競争の範囲を逸脱**するので信義則の観点から第三者に含めない）	登記なくして対抗できる
背信的悪意者からの譲受人	あたる（転得者自身が背信的悪意者でない限り第三者にあたる。**背信的悪意者も一応権利者**なので、権利を譲渡することはできるため）	**登記がなければ対抗できない**

時効取得の場面における元所有者	あたらない（当事者類似）	登記なくして対抗できる
時効完成前の第三者	あたらない（当事者類似）	登記なくして対抗できる
時効完成後の第三者	あたる（二重譲渡と同じ）	登記がなければ対抗できない
単独名義の登記をした共同相続人から譲り受けた者	あたらない（無権利者と同視）	登記なくして対抗できる
相続放棄後に差押えをした差押債権者	あたらない（無権利者と同視）	登記なくして対抗できる
遺産分割後の第三者	あたる（二重譲渡と同じ）	登記がなければ対抗できない
被相続人から相続した不動産を差し押さえた差押債権者（遺贈と登記）	あたる（二重譲渡と同じ）	登記がなければ対抗できない
取消し後の第三者	あたる（二重譲渡と同じ）	登記がなければ対抗できない
解除前の第三者	民法545条１項ただし書で保護	第三者が保護されるためには対抗要件としての登記が必要
解除後の第三者	あたる（二重譲渡と同じ）	登記がなければ対抗できない

4 登記

（1）登記請求権

「登記請求権」は、登記名義を自分に移してくれと請求する権利です。この登記請求権には、何を根拠に請求するのかという観点から、３種類あります。次に簡単にまとめておくので目を通してみてください。

登記請求権 B

物権的登記請求権	所有権等の物権を有することから当然に認められるというもの。
債権的登記請求権	当事者間の合意に基づき登記の移転を請求できるというもの。
物権変動的登記請求権	A→B→Cと不動産が転々譲渡された場合で、未だ登記がAに残っているときに、BがAに対して自分に登記名義を移してくれと請求できるというもの。Bはもはや所有権者ではないが、物権変動の過程を正確に登記に反映させるためとくに認められた登記請求権である。

（2）中間省略登記

「中間省略登記」とは、物権変動がA→B→Cと生じた場合に、登記をいきなりAからCに移すことを言います。登記には、物権変動の過程を正確に反映させなければならないので、このような中間省略登記はあまり好ましいものではありません。しかし、実際は、登録免許税を払いたくないという理由で、このような中間省略登記をしてしまうことがあります。では、このような中間省略登記は有効なのでしょうか？　ここは、A→B→Cと物権変動が生じた場合を前提に、２つの場面に分けて検討します。

①これから中間省略登記をするという場合

これから中間省略登記をするという場合には、B全員の合意があれば可能です（大判大11・３・25）。

②既に中間者の同意なくなされた中間省略登記の場合

既に中間者の同意なくなされてしまった中間省略登記であっても、最低限、現在の権利関係には合致しているので原則として有効と扱います。やってしまったものは仕方がないという発想ですね。ただ、A中間者に抹消の利益があれば、登記の抹消を請求できます（最判昭35・４・21）。この点は次の図で確認してみましょう。

既になされた中間省略登記の有効性 A

A→B→Cと土地が順次譲渡されたケースにおいて、BはCに土地を譲渡したのに、未だ代金を受け取っていない。それにもかかわらず、A→Cに既に中間省略登記がなされてしまった。さて、この場合、中間者であるBは登記の抹消を請求できるのか？

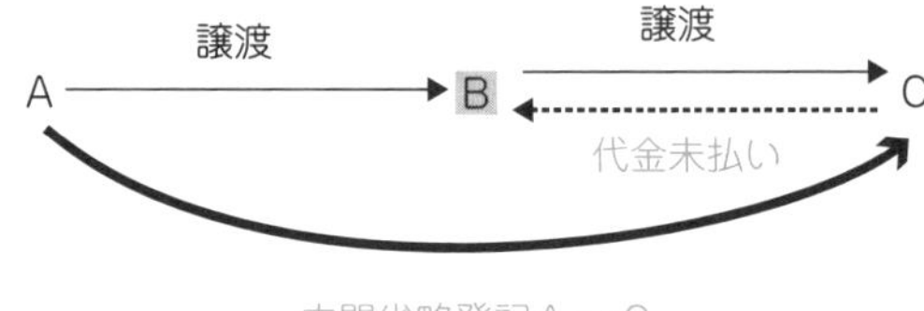

結論　中間省略登記は、原則として有効だが、中間者が登記抹消を求める正当な利益を有している場合（BがCから代金を受け取っていない場合）には、中間者は登記の抹消を請求できる。

理由　Bは「代金を支払うまでは登記は渡さない」旨の抗弁（同時履行の抗弁）を主張し登記の引渡しを拒んでいたのに、勝手にA→Cに中間省略登記がなされてしまうとこの抗弁を主張できなくなってしまうので、代金債権を確保することが難しくなる。

PLAY! 理解度チェック

1. 売買契約の当事者間では、登記がなくても自己の所有権を対抗できるのか？

2. 177条の「第三者」とは一体誰か？

3. 無権利者・不法行為者・不法占拠者は、177条の「第三者」にあたるのか？

4. 単なる悪意者は177条の「第三者」に（　①　）が、背信的悪意者は177条の「第三者」に（　②　）。

5. 背信的悪意者からの譲受人は177条の「第三者」にあたるのか？

6. 時効取得者が、時効完成前の第三者に対して、自己の所有権を対抗するためには、登記が必要か？

7. 単独名義の登記をした共同相続人から土地を譲り受けた者に対して、他の共同相続人が自己の持分を対抗するためには、登記が必要か？

1.
できる。

2.
当事者及び包括承継人以外の者であって、登記の欠缺を主張するにつき正当な利益を有する者。

3.
あたらない。

4.
①あたる　②あたらない

5.
その者自身が背信的悪意者でない限り、あたる。

6.
必要ない。

7.
必要ない。

8．土地を共同相続した場合において、相続放棄後の差押債権者に対して、他の共同相続人が当該土地の単独所有を対抗するためには、登記が必要か？

8．
必要ない。

9．土地を共同相続した場合において、遺産分割後の第三者に対して、他の共同相続人が当該土地の所有権の取得を対抗するためには、登記が必要か？

9．
必要である。

10．解除権者は、登記なくして解除後の第三者に所有権を対抗することができないのか？

10．
登記なくして対抗することができない。

11．既に中間者の同意なくなされてしまった中間省略登記の抹消を請求できる場合とは？

11．
中間者が登記抹消を求める正当な利益を有している場合。

TRY! 本試験問題に挑戦

不動産の物権変動に関する次の記述のうち、判例に照らし、妥当なのはどれか。

【国税専門官、財務専門官、労働基準監督官 R4】

1．Aが所有する甲不動産について、Bが自己に所有権がないことを知りながら20年間占有を続けた。その占有開始から15年が経過した時点でAはCに甲不動産を譲渡していた。Cは民法第177条にいう第三者に当たるので、Bは登記がなければ甲不動産の所有権の時効取得をCに対抗することができない。

1．×
Cは時効完成前の第三者であるため、民法第177条にいう第三者にはあたらない。よって、Bは登記がなくても甲不動産の所有権の時効取得をCに対抗することができる。

2. Aが自己の所有する甲不動産をBに譲渡し登記を移転したが、Bが代金を支払わなかったため、AがBとの売買契約を解除した場合において、契約解除後にBが甲不動産をCに譲渡したときは、Aは登記がなくとも甲不動産の所有権をCに対抗することができる。

2. ×
Cは解除後の第三者であるため、民法第177条にいう第三者にあたる。よって、Aは登記がなければ甲不動産の所有権をCに対抗することができない。

3. Aが自己の所有する甲不動産をBに譲渡した後、その登記が未了の間に、Cが甲不動産をAから二重に買い受け、さらにCからDが買い受けて登記を完了した。この場合において、Cが背信的悪意者であるときは、Cの地位を承継したDも背信的悪意者とみなされるため、Bは登記がなくとも甲不動産の所有権の取得をDに対抗することができる。

3. ×
Cが背信的悪意者であっても、その地位は一身専属的なものなので、Dは背信的悪意者とはみなされない。よって、Dが善意や単なる悪意の場合は、民法第177条の第三者にあたるため、Bは登記がなければ甲不動産の所有権をDに対抗することができない。

4. Aが自己の所有する甲不動産をBに譲渡したが、Cが甲不動産を不法に占有している場合、不法占有者は民法第177条にいう第三者に当たらないため、Bは、登記がなくとも甲不動産の取得をCに対抗することができ、その明渡しを請求することができる。

4. ○
そのとおり。
不法占有者は何ら権利を取得していないため、民法第177条にいう第三者にあたらない。

5. Aが、自己の所有する甲不動産をBに譲渡し、その後、甲不動産をCにも二重に譲渡した場合において、AがBに甲不動産を譲渡したことについてCが悪意であるときは、Cは、登記の欠缺を主張することが信義則に反すると認められる事情がなくとも、登記の欠缺を主張するにつき正当の利益を有する者とはいえず、民法第177条にいう第三者に当たらない。

5. ×
Cが悪意で、登記の欠缺を主張することが信義則に反すると認められる事情がない場合は、民法第177条にいう第三者にあたる。

正答 4

TRY! 本試験問題に挑戦

民法に規定する不動産物権変動に関するA～Dの記述のうち、最高裁判所の判例に照らして、妥当なものを選んだ組合せはどれか。【特別区 H28】

A. 土地の元所有者亡甲が当該土地を乙に贈与しても、その旨の登記手続をしない間は完全に排他性ある権利変動を生ぜず、被上告人丁が甲の相続人丙から当該土地を買い受けその旨の登記を得た場合、乙からさらに当該土地の贈与を受けた上告人戊はその登記がない以上、所有権取得を被上告人丁に対抗することはできないとした。

A. ○
そのとおり。
戊から見て、甲の相続人丙から当該土地を買い受けた丁は177条の「第三者」にあたる。

B. 不動産を目的とする売買契約に基づき買主のため所有権移転登記があった後、当該売買契約が解除され、不動産の所有権が売主に復帰した場合でも、売主は、その所有権取得の登記を経由しなければ、当該契約解除後において買主から不動産を取得した第三者に対し、所有権の復帰をもって対抗し得ないとした。

B. ○
そのとおり。
解除後の第三者に対して所有権を対抗するためには、登記が必要である。

C. 甲乙両名が共同相続した不動産につき乙が勝手に単独所有権取得の登記をし、さらに第三取得者丙が乙から移転登記を受けた場合、甲は丙に対し、自己の持分を登記なくして対抗することはできないとした。

C. ×
甲は丙に対し、自己の持分を登記なくして対抗することができる。

D. 不動産の取得時効が完成しても、その登記がなければ、その後に所有権取得登記を経由した第三者に対しては時効による権利の取得を対抗し得ず、第三者の当該登記後に占有者がなお引続き時効取得に要する期間占有を継続した場合にも、その第三者に対し、登記を経由しなければ時効取得をもって対抗し得ないとした。

D. ×
第三者の当該登記後に占有者がなお引続き時効取得に要する期間占有を継続した場合には、その第三者に対し、登記を経由しなくても時効取得を対抗できる。当事者類似の関係になるからである。

1．A、B　2．A、C　3．A、D　4．B、C　5．B、D

正答　1

13 動産物権変動・即時取得

重要度
★★★
頻出度
★★★

前回の不動産物権変動に続いて、今回は動産物権変動を見ていく。ここでは対抗要件である「引渡し」(占有の移転)の概念が大切である。また、即時取得は得点しやすいおいしいテーマである。

1 動産物権変動

(1)対抗要件(178条)

動産は、不動産と異なり、取引が頻繁に行われるため、いちいち登記をしていると煩雑です。そこで民法は、動産物権変動についてより簡易な対抗要件手段を認めました。Ａそれが「引渡し」(占有の移転)です(178条)。この「引渡し」には4つの類型があるので、まずはそれを押さえましょう。

「引渡し」の4つの類型(動産の対抗要件)Ａ

①現実の引渡し……現実に物を渡して移動させること(182条1項)。

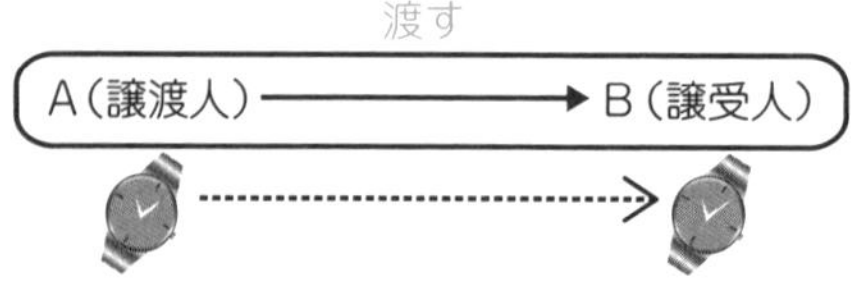

②簡易の引渡し……譲受人又はその代理人が既に物を所持している場合に、当事者の意思表示だけで占有権を譲渡すること(182条2項)。もともと賃貸していた物をそのままあげるような場合。

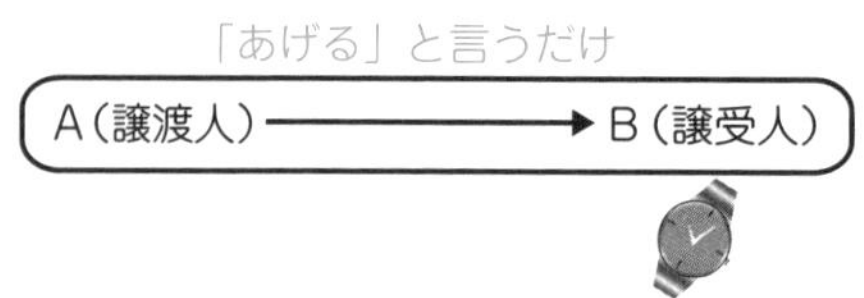

③占有改定……譲渡人が物を譲渡した後も、引き続き当該物を所持すること。以後譲受人のために占有する旨の意思表示をすることによって行われる(183条)。物を譲渡した後も、そのまま譲渡人が当該物を借りて使っているような場合。

「あげるけど僕が持っておくね」

A（譲渡人）――→B（譲受人）

外形上何らの変化も生じないので、非常に不明確な引渡しとなる

④**指図による占有移転**……物を**誰かに預けたままの状態**で、他人に譲渡すること。譲渡人が占有代理人に物を占有させている場合に、譲渡人の占有代理人に対する**命令**と、譲受人による**承諾**があることによって行われる（184条）。

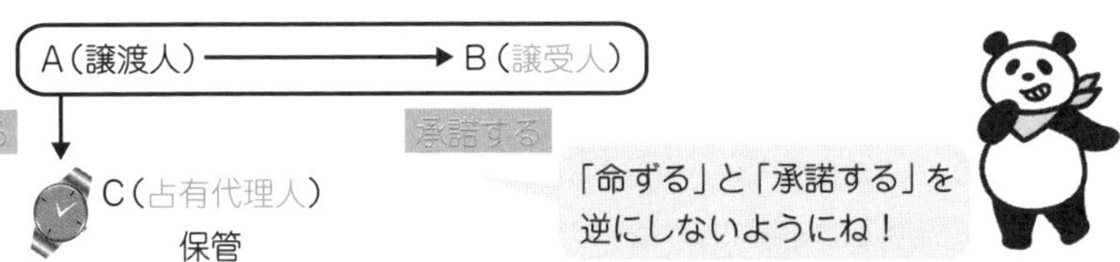

このように、A対抗要件としての「引渡し」には**上記4つすべてが含まれます**。つまり、動産物権変動の場面では「4つともすべて対抗要件となる」ということです。

> **法人**が動産を譲渡した場合において、動産譲渡登記ファイルに登記すると、民法178条の**「引渡し」があったものとみなされる**（動産及び債権の譲渡の対抗要件に関する民法の特例等に関する法律3条1項）。なお、登記の効力は、あくまでも「引渡し」と同じなので、対抗問題は、引渡しと登記の先後によって決められる。

（2）明認方法

ここでは「立木（たちき）」についての説明を加えていきます。正直あまり出題されていないので、時間がない場合はとばしてもOKです。「立木」とは土地に生えている樹木のことを言うわけですが、ここでは**立木を切り倒さずに**、誰かに譲渡するケースを考えていきます。立木については、B土地とは**別個に（独立の財産として）**売却することができます。この場合には意思主義の観点から**意思表示**さえあれば物権変動は起こるのですが、**対抗要件**を備えなければ「第三者」に対抗することができません。

> 「立木ニ関スル法律」（立木法（りゅうぼくほう））によって登記された場合、又は明認方法を施された場合には、土地とは独立の不動産として扱われることになるんだ。

ここに立木の対抗要件としては、①「**立木法（りゅうぼくほう）の登記**」、又は②「**明認方法**」の2つが認められています。②の「明認方法」とは、木の皮を剥いで名前を書いたり、立て札を立てたりする簡易な対抗要件手段です（慣習上の公示方法）。よって、B第三者が利害関係を有するに至った時点において存在していなければ、対抗力は認められません（最判昭36・5・4）。

2 即時取得（192条）

（1）即時取得とは？

「即時取得」は、無権利者と動産の取引をした者が権利を取得できるという、風変りな制度です。動産を占有する相手方を正当な権利者であると信じて取引をした者を保護するためにこのような制度を置いたと言われています。動産物権変動につき「公信の原則」を採用し、取引の相手方を保護しようというわけです。

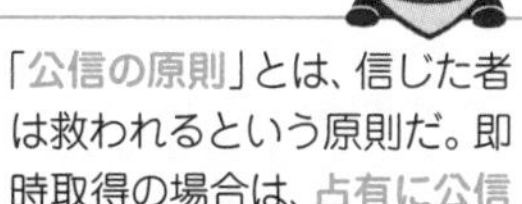

「公信の原則」とは、信じた者は救われるという原則だ。即時取得の場合は、占有に公信力を認めたというわけだね。

即時取得（192条）A

AはBに動産を預けていた。ところが、Bが当該動産を勝手にCに売却してしまった（動産の他人物売買のケース）。このとき、Cは動産の所有権を取得できるのか？

A（所有者） —①預ける→ B（②占有＝無権利※） ---③売却＝他人物売買---> C 所有権を取得？（動産）

※処分権限がないということ。

結論　Cは、ある一定の要件を備えれば動産の所有権を取得できる。反面、Aは所有権を失う。これが「即時取得」である。ただこの場合、Cが簡単に即時取得できてしまえば、Cは喜ぶが、真の権利者であるAは非常に困ってしまう……。そこで、Cが即時取得するための要件は結構厳格である。要件ごとに論点があるので、しっかり確認していこう。

（2）即時取得の要件

①動産であること

まず、不動産には登記という公示方法がありますので、占有に公信力を認める即時取得の制度は適用されません。即時取得できるのは動産のみです。ただ、動産は動産でも特別法で「登記」や「登録」の対象になっている動産には即時取得の制度は適用されません。不動産と同じように扱ってしまうからです。例えば、A道路運送車両法による登録済みの自動車には適用されません。つまり、即時取得できないということです。一方、未登録自動車や登録を抹消された自動車には適用されます。また、船舶（登記）、飛行機（登録）も同様に適用されません。

そして、金銭は所有と占有が一致する関係で、即時取得は適用されません。これも併せて覚えておきましょう。

②有効な取引行為による取得であること

ここでは2つのことが要求されます。Aまずは「取引行為」でなければならないので、相続や木の伐採などには適用されません。しかし、裏を返せば「取引行為」であれば何でもいいので、例えば、競売（強制競売）による競落や弁済としての給付、代物弁済などには適用されます。また、取引行為は「有効」でなければならないので、A完全に有効とは言えない制限行為能力者との取引、無権代理人との取引、取引に意思表示の瑕疵がある場合には適用されません。この点は次の図を見て確認しましょう。

本来の弁済としての給付に代えてほかの給付をすることだよ。お金の代わりに自動車を渡して弁済と扱ってもらうようなケースを想像してみて。

制限行為能力者との取引、無権代理人との取引 A

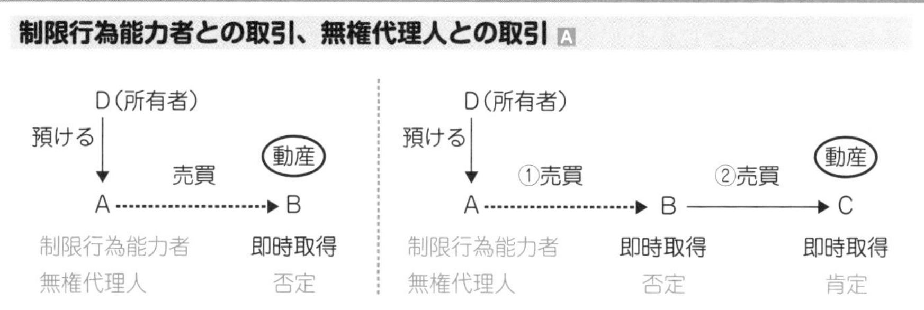

結論　制限行為能力者や無権代理人と直接取引をしたBは即時取得できない。しかし、Bからさらに転売を受けたCは即時取得できる。

理由　ＡＢ間の売買は完全に「有効」とは言えないため。

取引に意思表示の瑕疵がある場合 Ａ

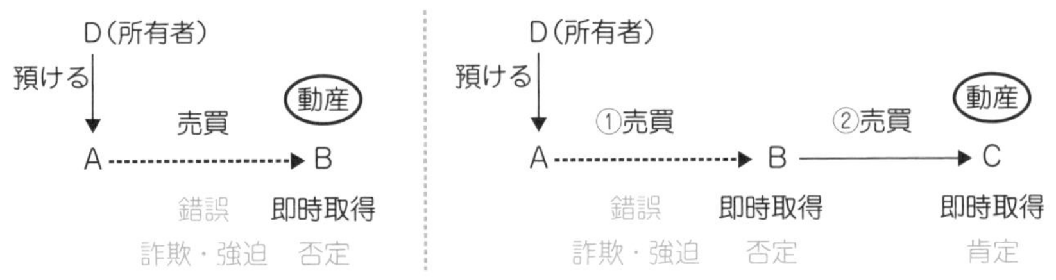

結論　錯誤や詐欺・強迫に基づいて意思表示をした場合における**直接の相手方Ｂは即時取得できない**。しかし、Ｂからさらに転売を受けた**Ｃは即時取得できる**。

理由　ＡＢ間の売買は完全に「有効」とは言えないため。

③無権利者からの取得であること

当該動産を処分する権限のない者から取得したということが必要です。

④平穏・公然・善意・無過失であること

平穏・公然・善意までは、**186条１項により推定**されます。また、Ａ無過失も**188条**を通じて**推定**されます（最判昭41・６・９）。この点は取得時効との大きな違いですね。

⑤占有を取得したこと

占有を取得したと言えるためには、**引渡し**を受けなければなりません。これには４つの類型がありましたね。しかし、Ａこのうち「**占有改定**」では即時取得が認められません。なぜなら、占有改定は占有の態様に何らの変化も生じないわけですよね？　それなのに、いつの間にか占有改定により真の権利者が権利を失っていたというのでは取引の静的安全にもとります（つまり、真の権利者が所有権を失ったことについて気づくきっかけすら与えられず、酷であるということ）。ただ、もちろんその後、現実の引渡しをし、その時点で相手方が善意・無過失であれば即時取得が認められます。

（３）即時取得の効果

即時取得は原始取得です（これは時効取得の効果と同じ）。つまり、制限のないきれいな権利を取得することができます。なお、取得できる権利は所有権だけではありません。Bほかにも質権や一部の動産先取特権、譲渡担保なども即時取得できます。とりあえず試験的には所有権だけに限る肢は×と覚えておけば、それで足ります。

（４）盗品又は遺失物の場合の特例

ここでは、即時取得の対象物が実は盗品又は遺失物であったという場合における特例について説明していきます。B即時取得の対象物が盗品又は遺失物であったときは、被害者又は遺失者は、盗難又は遺失の時から２年間、占有者に対してその物の回復を請求することができます（193条）。これは、自分の意思に反し（盗品）、又は意思によらないで（遺失）占有を離れたときには、その被害者又は遺失者を保護すべきであるという価値判断の下設けられた条文です。では、回復請求を受けない間の対象物の所有権は誰に帰属するのでしょうか？　この点につき判例は、原所有者に帰属するという立場をとっています（原所有者帰属説）。つまり、占有者が盗難又は遺失の時から２年以内に被害者又は遺失者から回復請求を受けないときに限って初めて対象物の上に行使する権利を取得するわけです（大判大10・７・８）。

また、B占有者が、盗品又は遺失物を、競売若しくは公の市場において、又はその物と同種の物を販売する商人から、善意で買い受けたときは、被害者又は遺失者は、占有者が支払った代価を弁償しなければ、その物を回復することができません（194条）。なお、これらの規定はあくまで盗品又は遺失物の場合に適用されるものなので、Bそれ以外の例えば「横領」や「詐欺」の場合には適用されません。つまり、この場合は２年間の回復請求はできないので注意してください。では、次の図でこれらをまとめておきます。

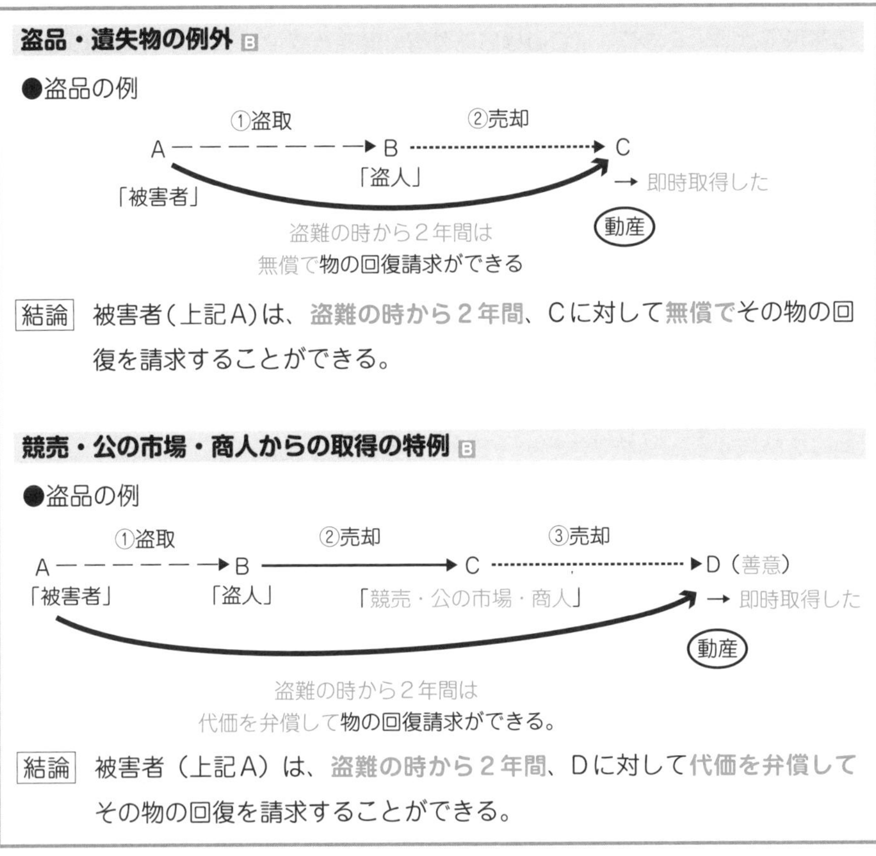

なお、盗品又は遺失物の占有者が、盗品又は遺失物の引渡しを拒むことができる場合には、占有者は、**代価の弁償の提供があるまで盗品又は遺失物の使用収益を行う権限を有するとする**のが判例です（最判平12・６・27）。

PLAY! 理解度チェック

1. 動産物権変動の対抗要件の「引渡し」には、占有改定は含まれないのか？

2. 指図による占有移転は、譲渡人の占有代理人に対する（　①　）と、譲受人による（　②　）があることによって行われる。

3. 未登録自動車や登録を抹消された自動車に即時取得の制度は適用されるのか？

4. 相続や木の伐採などには即時取得が適用されるのか？

5. 即時取得の場面では、平穏・公然・善意は186条１項により推定されるが、無過失は推定されないのか？

6. 占有改定による引渡しでも即時取得ができるのか？

7. 即時取得の効果は？

8. 即時取得できる権利は所有権だけか？

1.
含まれる。

2.
①命令　②承諾

3.
適用される。

4.
適用されない。

5.
無過失も188条を通じて推定される。

6.
できない。

7.
原始取得。

8.
所有権だけではない。質権や一部の動産先取特権、譲渡担保なども即時取得できる。

9. 占有者が、盗品又は遺失物を、競売若しくは公の市場において、又はその物と同種の物を販売する商人から、善意で買い受けたときは、盗難又は遺失の時から２年間、被害者又は遺失者は、何をすればその物の回復を請求することができるのか？

9.
占有者が支払った代価を弁償すれば、その物の回復を請求することができる。

TRY! 本試験問題に挑戦

即時取得に関する記述として最も適当なものはどれか（争いのあるときは、判例の見解による）。 【裁判所職員 H28】

1. 即時取得の対象は、動産に限られる。したがって、道路運送車両法による登録を受けている自動車は即時取得の対象となるが、土地から分離されていない立木は即時取得の対象とならない。

1. ×
登録済みの自動車は即時取得の対象とならない。

2. 即時取得は、前主が所有者を名乗っていたが真実は無権利者であった場合だけでなく、前主が所有者の代理人を名乗っていたが真実は無権代理人であった場合にも成立する。

2. ×
無権代理人から取得した直接の相手方との関係では、即時取得は成立しない。

3. 即時取得が成立するためには、占有の取得が平穏かつ公然と行われ、取得者が前主の無権限について善意かつ無過失であることが必要である。これらの要件のうち、平穏、公然及び善意は推定されるが、無過失は推定されない。

3. ×
無過失も推定される。

4. 即時取得は、現実の引渡し、簡易の引渡し又は占有改定によって占有を取得した場合には成立するが、指図による占有移転によって占有を取得した場合には成立しない。

4．×
即時取得は、占有改定によって占有を取得した場合には成立しないが、指図による占有移転によって占有を取得した場合には成立する。

5. 即時取得が成立する場合であっても、原所有者が盗難によって占有を喪失したときは取得者又は転得者に対して回復請求をすることができるが、詐欺によって占有を喪失したときは回復請求をすることができない。

5．○
そのとおり。
回復請求はあくまでも盗品又は遺失物の場合でないと認められない。

正答　5

TRY! 本試験問題に挑戦

動産の取引に関するア～オの記述のうち、妥当なもののみをすべて挙げているのはどれか。ただし、争いのあるものは判例の見解による。【国家一般職 H27】

ア. 道路運送車両法（昭和44年法律第68号による改正前のもの）による登録をいまだ受けていない自動車については、即時取得が認められるが、一度登録を受けた自動車については、その後、当該自動車が抹消登録を受けたとしても、即時取得は認められない。

ア．×
当該自動車が抹消登録を受けたのであれば、即時取得が認められる。

イ. 即時取得が認められるためには、占有の取得が平穏・公然・善意・無過失に行われる必要があるが、即時取得を主張する占有取得者は、自己に過失のないことの立証を要する。

イ．×
即時取得の場面では無過失まで推定されるので、即時取得を主張する占有取得者は、自己に過失のないことを立証する必要はない。

ウ. 即時取得が認められるためには、一般外観上従来の占有状態に変更を生ずるような占有を取得することが必要であり、占有取得の方法が一般外観上従来の占有状態に変更を来さないいわゆる占有改定の方法による取得では、即時取得は認められない。

ウ. ○
そのとおり。
占有改定の方法による取得では、即時取得は認められない。

エ. 即時取得が認められるためには、取引行為の存在が必要であるが、競売により執行債務者の所有に属しない動産を買い受けた場合には、取引行為が存在したとは言えず、即時取得は認められない。

エ. ×
競売も取引行為に含まれる。よって、即時取得が認められる。

オ. Aが自己の意思に基づき、自己の所有する動産甲をBに預けたところ、Bが甲を横領してCに売り渡した場合、甲はAの意思に反してCに処分されているため、甲の即時取得の成立が猶予され、Aは、甲を横領された時から２年間、Cに対して甲の回復を請求することができる。

オ. ×
２年間の回復請求が認められるのは、占有物が「盗品又は遺失物」の場合である。本肢のように「横領」された場合は回復請求をすることができない。

1．ウ　　2．エ　　3．ア、ウ　　4．イ、エ　　5．イ、オ

正答　1

TRY! 本試験問題に挑戦

民法に規定する即時取得に関する記述として、最高裁判所の判例に照らして、妥当なのはどれか。【特別区 R1】

1. 金銭の占有者は、特段の事情のない限り、その占有を正当づける権利を有するか否かにかかわりなく、金銭の所有者とみるべきではないから、金銭については即時取得の適用があるとした。

1．×
金銭は占有と所有が一致するため、金銭の占有者がすなわち所有者という扱いを受ける。よって、金銭については即時取得の適用がない。

2. 執行債務者の所有に属さない動産が強制競売に付された場合であっても、競落人は、即時取得の要件を具備するときは、当該動産の所有権を取得することができるとした。

2．○
そのとおり。
強制競売も「取引行為」にあたる。

3. 寄託者が倉庫業者に対して発行した荷渡指図書に基づき倉庫業者が寄託者台帳上の寄託者名簿を変更して、その寄託の目的物の譲受人が指図による占有移転を受けた場合には、即時取得の適用がないとした。

3．×
指図による占有移転を受けた場合にも、即時取得の適用がある。

4. 道路運送車両法により抹消登録を受けた自動車については、登録が所有権の得喪並びに抵当権の得喪及び変更の公示方法とされているから、即時取得の適用がないとした。

4．×
抹消登録を受けた自動車には、即時取得の適用がある。

5．物の譲渡人である占有者が、占有物の上に行使する権利はこれを適法に有するものと推定されない以上、譲受人たる占有取得者自身において過失のないことを立証することを要するとした。

5．×
占有者が、占有物の上に行使する権利はこれを適法に有するものと推定される。よって、譲受人たる占有取得者自身が過失のないことを立証する必要はない。

正答　2

14 占有権

重要度
★★★
頻出度
★★☆

占有権は条文知識が重要である。試験でも条文知識をベースにそれに関連する論点を出題してくるケースが多い。とくに「占有訴権」については要注意だ。

1 占有権とは?

「占有権」とは、自己のためにする意思をもって物を所持することによって取得できる権利(180条)です。「自己のためにする意思」とは、事実上自分が利益を受けようとする意思のことです。通常、これはあると考えられるのでとくに問題となることはありません。一方、「所持」とは、物に対する事実上の支配です。所持と言うと、実際に手で持っているという感じがするのですが、もっと広い概念であり、自己のコントロールの及ぶ状態にあればよいとされています。例えば、皆さんの家に置いてあるパソコンに対しては、皆さんの所持が及んでいると考えて構いません。さらに、B所有権をはじめとする「本権」がなくても、占有権を有することはあるので注意しましょう。つまり、誰かから借りた本については、皆さんは「所有権こそ有していないものの、占有権は有している」という状態になります。このように、所有権と占有権とはしばしばずれることがあり、それぞれ全く別の権利である(202条)ということを理解しておいてください。

占有を法律上正当づける権利で所有権、地上権、賃借権などがあるよ。

2 占有の形態

(1)代理占有(181条)

「代理占有」とは、占有代理人が所持をなし、本人がこれに基づいて占有をなすことを言います。ちょっと分かりづらいかもしれませんが、例えば、賃貸借契約を締結している当事者間では、賃貸人は賃借人を通じて間接的に占有権を有することになり、これが代理占有です。次の図で確認してみましょう。

「間接占有」とも言うよ。

代理占有（間接占有）とは？ A

Aが、Bに土地を貸している場合における賃貸人Aの占有を代理占有と言う。占有代理人である賃借人を通じて間接的に占有しているので間接占有とも言う。

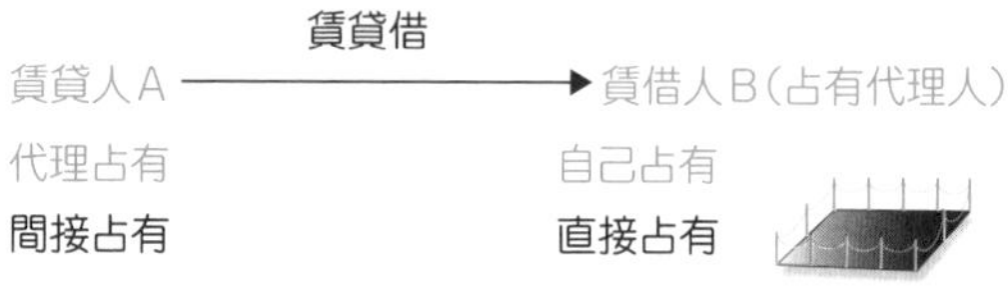

なお、Aこの図でＡＢ間の賃貸借契約が終了したからといって、直ちに代理占有関係が終了することはありません。したがって、依然としてＡは代理占有を有することになります（204条２項）。このように、代理占有関係は、事実上の状態があれば足り、法律上の権原に基づかなくても構わないのです。

（2）自主占有と他主占有

「自主占有」とは、所有の意思を持って占有することを言います。ここに「所有の意思」とは、自分よりも優先した支配を認めない意思を言います。ですから、A例えば、無効な売買における買主の占有や盗人の占有も自主占有となります。

共同相続人の一人が、単独に相続したものと信じて疑わず、相続財産を現実に占有し、その管理、使用を専行してその収益を独占し、公租公課も自己の名で納付していた場合は、他の相続人がなんら関心をもたず、異議も述べなかったときは、単独所有者としての自主占有を取得したと扱われる（最判昭47・９・８）。

逆に、「他主占有」とは、所有の意思がない占有を意味し、例えば、賃借人や質権者、受寄者の占有がその典型です。

物を保管して預かっている人のことだよ。

これらを区別する実益は、所有権の取得時効の可否に現れます。すなわち、自主占有であれば所有権を時効取得できる一方、他主占有であればその占有を何年続けても、所有権を時効取得することはできません。そして、この自主占有か他主占有かは、所有の意思の有無によって決まることになるのですが、A占有の取得原因たる権原、又は占有に関する事情により、客観的・外形的に判断することになります（最判昭58・３・24）。A通常、占有者は所有の意思をもって占有するものと推定されます。つまり、民法186条１項は「占有者は、所有の意思をもって、善意で、平穏に、かつ、公然と占有をするものと推定する」旨を定めているのです。以前少し学習したのですが、重要なのでぜひ覚えておきましょう。

このように、自主占有か他主占有かは占有の取得原因たる権原、又は占有に関する事情により、客観的・外形的に判断されるので、占有の最初の段階で決まってしまいます。そして通常、他主占有が自主占有に変わることはありません。しかし、民法上、例外的に以下の２つの場面で他主占有から自主占有への転換が認められます。

①自己に占有させた者に対して所有の意思があることを表示した場合

これは例えば、賃借人が賃貸人に対して今後は所有の意思を持って占有する旨を表示するような場合です。あまりないケースですね。

②新たな権原（新権原）によりさらに所有の意思をもって占有を始めた場合

例えば、賃借人が賃借物を賃貸人から買い取ったような場合です。これはもしかしたらあるかもしれませんね。借りていた物が気に入ったので売ってもらうことにしたという話はよく耳にします。

では、ここで１つ判例を紹介します。相続が「新たな権原」と言えるのか？　という点を争ったもので、試験では度々出題されています。しっかりと確認するようにしてください。

相続と新権原 Ａ

ＡがＢに土地を賃貸していた（賃借人Ｂは他主占有）。その後、Ｂが死亡しＣがこれを相続した。この場合、Ｃは相続を「新たな権原」とみなして、自己の占有（つまり自主占有）のみを主張し、土地の所有権を時効取得できるのか？

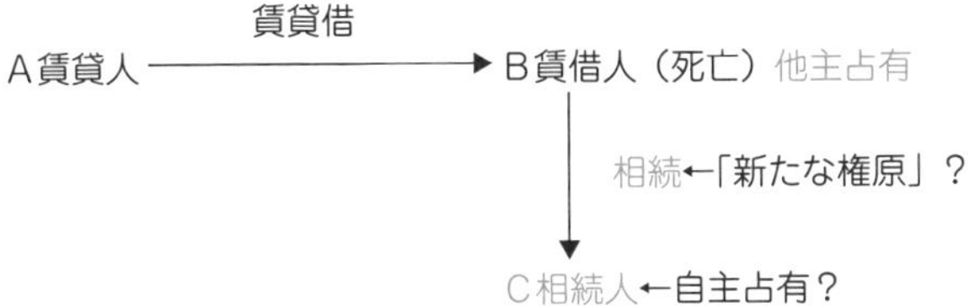

結論　相続人は、人が死亡すれば、相続した事実を知らなくても当然に占有権を承継する。したがって、Ｃはたとえ自分が相続したということを知らなくてもＢの占有権を相続により承継する。そしてこの場合には、Ｃが

①新たに相続財産を事実上支配することによって占有を開始し、②その占有に所有の意思があると認められるとき（つまり、CがAに対して賃料を支払っていない場合）に限り、相続も「新たな権原」にあたる（最判昭46・11・30)。よって、Cは自主占有者として一定の年数（10年か20年）占有すれば、所有権を時効取得できる。

このように、A自動的に相続を「新たな権原」とみなすわけではないのです。この点にはくれぐれも注意しておきましょう。あくまでも、①②を満たしたときだけ、自主占有への転換を認めるのです。とくに、②については、CはBと同様にAに対して賃料を支払っているようではダメです。それでは他主占有者Bと同じ行動をとっていることになり、そのまま他主占有者と扱われてしまいますから……。したがって、CはAに賃料を支払わずに図々しくも当該土地に居座り続けることが必要なのです。なお、Cが自主占有を主張する場合は、民法186条1項の所有の意思の推定は働きません。イレギュラーのケースなので、Cが所有の意思を自ら立証する必要があります（最判平8・11・12)。

（3）占有の承継

この点は、以前にも触れましたが、ここでもう一度確認しておきます。A占有を承継した者は、その選択に従い、自己の占有のみを主張することも、又は自己の占有に前の占有者の占有を併せて主張することもできます（187条1項)。つまり選択できるわけです。ただ、前の占有者の占有を併せて主張する場合には、その瑕疵をも承継することになります（187条2項)。例えば、Aが15年間土地をCの所有に属することを知りながら占有し、その後、Aが死亡しBがその占有を相続したケースを考えてみます。Bが当該土地はCの所有に属することを知らずに自己の所有に属すると信じて5年間占有を継続したとき、Bは前の占有者であるAの占有を併せて主張することができます。ただ、Aこの場合には、前の占有の瑕疵をも承継することになるので、Bは悪意占有として承継することになります。このケースでは、結局計20年間、悪意占有を継続したという扱いになるため、Bは当該土地を時効取得することができます（162条1項)。

（4）本権の推定

占有者が占有物について行使する権利は、**適法に有するものと推定**されます（188条）。例えば、Bが時計を占有していれば、「Bに所有権があるのだろうな」と普通の人は思うので、一応Bに所有権（本権）があると推定したわけです。しかし、この推定は、当事者が、所有権の帰属を争っているような場面、すなわち権利の存否自体を争っている場合には働きません。したがって、このような場合は、B自身が「私に所有権があるのだ」と権原を立証しなければなりません（最判昭35・3・1）。

3 占有権の効力

（1）善意占有者の果実収取権

所有権等の本権がないにもかかわらず、占有者が自分に本権があると**誤信した**（つまり信じた）占有が「**善意占有**」だよ。占有に関しては、**ちょっとでも疑いを持つと「悪意」**と扱われてしまうんだ。通常の「善意」とは意味合いが異なるので注意しよう。

まず、善意の占有者は、占有物から生じる果実を取得することができます（189条1項）。これを「**善意占有者の果実収取権**」と言います。善意占有ということは、自分の所有物だと**信じ込んでいる**わけなので、そこから生じた果実であれば普通は収取してしまうでしょう。それなら最初から果実収取権を認めてしまえというわけです。なお、B 占有者は善意であれば足りるので、**無過失である必要はありません**。

善意占有者の果実収取権（189条） A

A所有の土地に生えている木にはリンゴの実がなっている。この場合、土地全体を占有しているBは、自分の土地だと思い込んで、リンゴの実を収取してしまった。

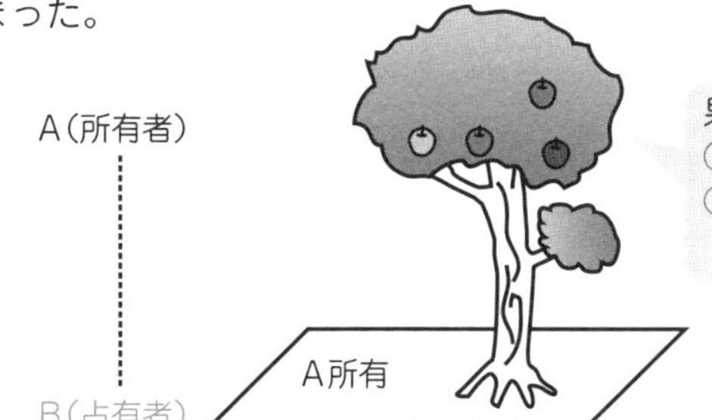

果実には2つある。
①天然果実（リンゴの実）
②法定果実（誰かに不動産などを貸した場合における賃貸料など）

結論　Bが善意の場合は、果実収取権がある。よって、リンゴの実を自分のものとして取得してよい。一方、Bが悪意の場合は、果実収取権がない。よって、果実を返還し、かつ、既に消費し、過失によって損傷し、又は収取を怠った果実の代価を償還する義務を負う（190条1項）。

Aなお、善意占有者が本権の訴え（所有権に基づく返還請求など）において敗訴した場合には、訴えの提起の時から（敗訴の時からは×）悪意であったものとみなされます（悪意擬制、189条2項）。よって、それ以後の果実は返還しなければなりません。悪意擬制の基準を「訴えの提起の時」としている点がポイントです。基準としては、①占有開始の時、②訴えの提起の時、③敗訴の時、の3つを観念できるはずですが、真ん中の②を悪意擬制の基準として採用しているのです。

（2）占有者による損害賠償

占有物が占有者の責めに帰すべき事由（つまり占有者のせい）によって滅失し、又は損傷したときは、Bその回復者（所有者など）に対し、悪意の占有者はその損害の全部の賠償をする義務を負います。一方、善意の占有者はその滅失又は損傷によって現に利益を受けている限度（現存利益）において賠償をする義務を負います。このように、占有者の主観で賠償範囲が異なってくるのです。ただ、所有の意思のない占有者（賃借人など）は、たとえ善意であるときであっても、全部の賠償をしなければなりません（191条）。これは少なくとも他人の物を使っている認識はあるのだから、全部の賠償をさせるのが妥当だということなのです。

占有者による損害賠償（191条）B

占有者BはA所有の建物を自己の責めに帰すべき事由（つまり占有者のせい）により、損傷してしまった。このとき、Bはどの範囲で賠償する義務を負うのか？

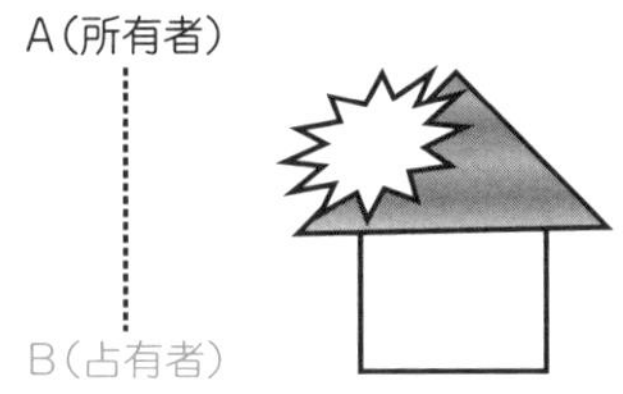

結論　悪意占有者又は他主占有者であれば損害全部を賠償する義務を負う。つまり、修繕して返還する。善意占有者でかつ自主占有者であれば現存利益の限度で賠償する義務を負う。つまり、壊れたまま返還すればよい。

（3）占有者による費用の償還請求（費用償還請求）

物の保存・管理のために必要な費用（修繕費、公租公課など）のことだよ。

物の価値を増加するのに要した費用（模様替え、壁紙の張替え、雨戸の新調、エアコンの取替えなど）のことだよ。

占有者が占有物を返還する場合には、必要費を回復者（所有者など）から償還させることができます。これを「必要費償還請求権」と言います。Bこれは占有者の善意・悪意を問わず、支出した必要費の全額を償還させることができます。もっとも、占有者が果実を取得したときは、通常の必要費は、占有者の自己負担となります（196条1項）。

一方、占有者は有益費については、その価格の増加が現存する場合に限り、回復者（所有者）の選択に従い、その支出した金額又は増価額を償還させることができます。これが「有益費償還請求権」です。Bこちらは善意・悪意を問わずできるのですが、価格の増加が現存している場合に限られます。また、悪意の占有者に対しては、裁判所は、回復者の請求により、その償還について相当の期限を許与することができます。つまり「ちょっとあんた、悪意なんだから、有益費の償還は認めてあげるけど少し待ってあげなさい」と言うことができるというわけですね。

必要費の償還請求（196条） B

建物が台風によって壊れたので、占有者BがA所有の建物につき修繕費用を支出した。

結論　占有者Bは、善意・悪意を問わず、Aに対して、支出した必要費の全額の償還を請求できる。ただし、占有者Bが果実を取得したときは、通常の必要費は占有者が負担する。

有益費の償還請求 B

占有者BがA所有の建物につき部屋の壁紙を張り替えた。

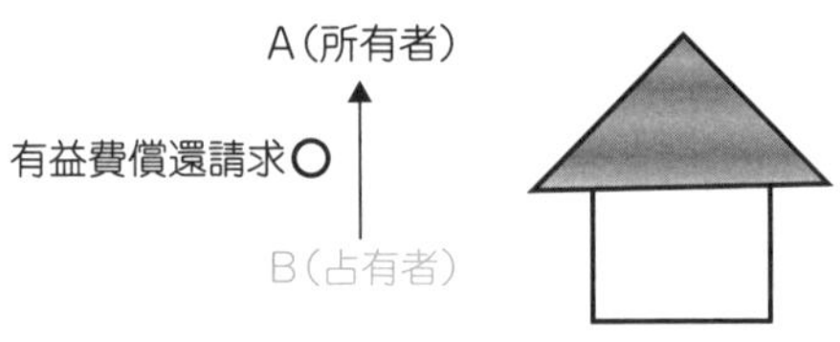

有益費＝壁紙の張替え費用を支出した

結論　占有者Bは、善意・悪意を問わず、価格の増加が現存する場合に限って、回復者Aの選択に従い、占有者Bが支出した額又は増加額を償還させることができる。悪意の占有者にも有益費償還請求権は認められるが、裁判所は、回復者Aの請求により、相当の期限の許与をすることができる。

占有権の効力のまとめ B

占有者と回復者との関係		善意占有者	悪意占有者
果実収取権（189条、190条）		○※	×
損害賠償（191条）		現存利益のみ。ただし、他主占有の場合には損害全部	損害全部
費用償還請求権（196条）	必要費	○　← 善悪不問で全額OK ただし、果実を取得している場合には、通常の必要費は不可	
	有益費	○　← 善悪不問で価格の増加が現存している場合に限りOK	
		――	裁判所は相当の期限を許与することができる

※善意占有者が本権の訴え（所有権に基づく返還請求など）において敗訴した場合には、訴えの提起の時から（敗訴の時からは×）悪意であったものとみなされる。

（4）占有訴権

占有権を害された（ないし害されそうな）場合、占有権を有する者は、その状態からの回復を求めて占有に関する訴えを提起することができます。これが「占有訴権」です（197条）。以前、物権的請求権について説明しましたがその占有権バージョンのようなものです。Aこの占有訴権は、占有権を有する者であれば誰でも行使することができます。すなわち、善意・悪意、自主・他主、代理・自己、直接・間接などその占有の形態を問いません。よく「○○の場合は行使することができない」などという肢がありますが、その類の肢はすべて×です。ただし、占有補助者（会社の代表取締役など）だけは独立した占有権を有していないと解されているため、占有訴権を行使することができません。では、次に占有訴権の具体的な種類を見ていきます。

①占有保持の訴え

占有者がその占有を妨害されたときは、「占有保持の訴え」により、Aその妨害の停止及び損害の賠償を請求することができます（198条）。これは物権的請求権で言うところの妨害排除請求権に対応するものです。

②占有保全の訴え

占有者がその占有を妨害されるおそれがあるときは、「占有保全の訴え」により、Aその妨害の予防又は損害賠償の担保を請求することができます（199条）。これは物権的請求権で言うところの妨害予防請求権に対応するものです。侵害がまだ起こっていないので、手段も妨害の予防か損害賠償の担保かという選択になります。しかも損害賠償ではなく、損害賠償の「担保」ですからね（笑）。後で侵害が起こったときに損害賠償を請求するので、そのときに損害賠償ができるように担保だけ出させておくということです。

③占有回収の訴え

占有者がその占有を奪われたときは、「占有回収の訴え」により、Aその物の返還及び損害の賠償を請求することができます（200条1項）。A「奪われた」ときでなければならないので、詐取や遺失、横領は含みません。また、A占有回収の訴えは、善意の特定承継人（売買などにより侵奪者からさらに占有を取得した者）に対して提起することができません。つまり、その特定承継人が侵奪の事実を知っていた（悪意）ときに限り、その者に対して提起することができるのです（200条２項）。なお、占有回収の訴えは、占有を奪われた時から１年以内に提起しなければなりません（201条３項）。「占有を奪われたことを知った時」からではないので注意しましょう。

以上、これらは表にしてまとめた方が分かりやすいので、次の表で覚えるようにしてください。

占有訴権のまとめ A

	要件	請求内容	行使期間
占有保持の訴え（198条）「邪魔だからどいて」という訴え	占有が現に妨害されているとき	妨害の停止（相手方の故意又は過失は不要） 及び 損害賠償（相手方の故意又は過失が必要）	妨害の存する間又はその消滅した後１年以内（ただし、工事により占有物に損害が生じた場合は、工事着工から１年経過又は工事が完成するまで）
占有保全の訴え（199条）「危ないから何とかして」という訴え	占有を妨害されるおそれがあるとき	妨害の予防（相手方の故意又は過失は不要） 又は 損害賠償の担保（相手方の故意又は過失は不要）	妨害の危険が存する間（ただし、工事により占有物に損害を生ずるおそれがあるときは、工事着工から１年経過又は工事が完成するまで）
占有回収の訴え（200条）「返して」という訴え	占有を奪われたとき（詐取・遺失・横領は×）※	物の返還（相手方の故意又は過失は不要） 及び 損害賠償（相手方の故意又は過失が必要）	占有を奪われた時から１年以内（知った時からは✕）

※占有回収の訴えは、悪意の特定承継人に対してしか提起できない。

（５）物権的請求権と占有訴権との関係

例えば、Ａがある物の所有者かつ占有者である場合で、Ｂがその物を奪ったときには、Ａは、占有回収の訴えを提起しても、あるいは所有権に基づく返還請求訴訟（本権に基づく訴訟）を提起しても構いません。つまり、この２つの訴訟は基になっている権利が占有権か所有権かで異なるため、どちらを提起しても構わないのです。B現に、民法でも「占有の訴えは本権の訴えを妨げず、また、本権の訴えは占有の訴えを妨げない」と規定されています（202条１項）。

これに関連して、いわゆる交互侵奪が問題となることがあります。交互侵奪とは、自己の所有物を奪われた者がそれを自力で奪い返すことを言います。具体的な事例で説明するので、次の図を見てください。

反訴提起は可能 A

Ｂの所有物を盗人のＡが奪い、それを自力でＢが奪い返した。そこで、Ａは占有回収の訴えをＢに対して提起した。このとき、Ｂはそもそも自分の所有物であるとして、所有権確認の訴えを反訴（訴え返すこと）として提起した。さて、この反訴提起は許されるのか？

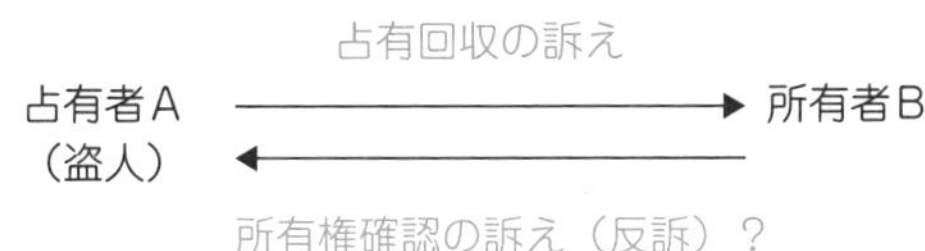

結論　反訴提起は許される。

抗弁＝攻撃防御方法の提出は不可能 A

Ｂの所有物を盗人のＡが奪い、それを自力でＢが奪い返した。そこで、Ａは占有回収の訴えをＢに対して提起した。このとき、Ｂは占有回収の訴えの中で、Ａに対して「そもそも自分の所有物である」旨の抗弁（単なる訴訟上の攻撃防御方法）を提出できるのか？

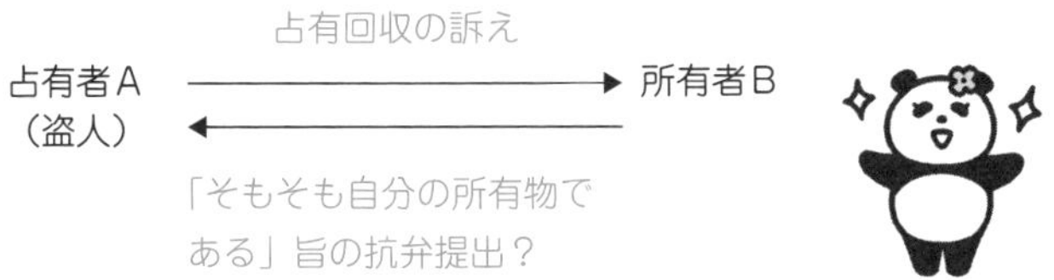

結論　抗弁提出はできない。

この図のように、AＢが自己の所有権を主張したいのであれば、本権の訴え（つまり所有権確認の訴え）という反訴提起によらなければならず、単なる攻撃防御方法の提出（抗弁）で済ませるわけにはいきません。不思議に思うかもしれませんが、占有回収の訴えの争点はあくまでも「占有権が害されたか否か」であり、「所有権があるか否か」は問題となっていないからです（「今日の朝何食べた？」と聞かれて、「昨日の夜はカレーを食べた」と答えているようなもの）。占有回収の訴えの中でいかに「自分に所有権があるんだ」と言ってみてもそもそも争点がずれているので全く意味がないのです。意味が分からない場合は、とりあえず「所有権があることを理由にしたいのであれば、ちゃんと反訴を提起しなさい」ということなのだと思っておけば足ります。

4 占有権の消滅

占有権は、占有者が占有の意思を放棄し、又は占有物の所持を失うことによって消滅します。ただし、B占有者が占有回収の訴えを提起したときは、占有権は消滅しません。つまり、占有回収の訴えに勝訴し、その物の占有を回復したときは、現実に占有しなかった間も占有が継続していたものと擬制されるのです（最判昭44・12・2）。

PLAY! 理解度チェック

1. 所有権をはじめとする「本権」がなくても、占有権が認められることはあるのか？

2. 代理占有とは、賃貸人の占有のことを指すのか、賃借人の占有のことを指すのか。

3. 通常、占有者は所有の意思をもって占有するものと推定されるのか？

1.
ある。

2.
賃貸人の占有のことを指す。

3.
186条１項で所有の意思をもって占有するものと推定される。

4. 他主占有が自主占有に変わる２つの場合とは？

4.
①自己に占有させた者に対して所有の意思があることを表示した場合、②新たな権原（新権原）により更に所有の意思をもって占有を始めた場合。

5. 相続が「新たな権原」にあたるのはどのようなときか。

5.
①新たに相続財産を事実上支配することによって占有を開始し、②その占有に所有の意思があると認められるとき。

6. 善意占有者が本権の訴えにおいて敗訴した場合には、いつから悪意であったものとみなされるのか。

6.
訴えの提起の時から。

7. 悪意占有者や他主占有者は占有訴権を行使できないのか？

7.
できる。占有権を有する者であれば誰でも行使することができる。

8. 占有保全の訴えの請求内容とは？

8.
妨害の予防又は損害賠償の担保。

9. 占有を詐取された場合や遺失した場合にも、占有回収の訴えを提起できるのか？

9.
できない。

10. 占有回収の訴えは、特定承継人が侵奪の事実を知らない場合にも提起することができるのか？

10.
できない。

11. 占有回収の訴えは、いつからいつまでの間に提起しなければならないのか。

11.
占有を奪われた時から１年以内。

12. 交互侵奪の場面における占有回収の訴えの中で、自己に所有権がある旨の抗弁を提出することはできるのか？

12.
できない。

TRY! 本試験問題に挑戦

占有権に関する次の記述のうち、妥当なのはどれか。ただし、争いのあるものは判例の見解による。 【国家一般職 H25】

1. AがB所有の甲山林を自己の所有と信じて占有し、甲山林から生じた果実を採取して消費した場合であっても、Aが甲山林を自己の所有と信じたことに過失があるときは、Aの果実収取権は否定され、Aは、Bに対し、消費した果実の代価を返還しなければならない。

1．×
善意でありさえすれば果実収取権が認められるので、過失があっても果実収取権は否定されない。

2. A所有の甲土地をBが過失により自己の所有と信じ17年間にわたり占有した後、事情を知らないCがBから甲土地を買い受け３年間にわたり甲土地を占有した場合でも、Cは、Cの３年間の占有とBの17年間の占有を併せて、20年間の占有に基づき時効取得を主張することはできない。

2．×
Cが前主であるBの占有を併せて主張する場合には、CはBの瑕疵（地位）をも引き継ぐので過失のある占有となる。ただ、本肢のように自己の占有を加えて20年間占有したことになる以上、20年間の時効取得を主張することができる（162条１項）。

3. ＡＢ間でＢ所有の甲土地についてＢを貸主としＡを借主とする賃貸借契約が成立している場合において、賃貸借契約期間中に、ＡがＢに対し、今後は所有の意思をもって甲土地を占有することを表示したときは、Ａの占有は自主占有になる。

3．○
そのとおり。
他主占有から自主占有へと転換する。

4. AはCに対しA所有の甲絵画を寄託していたところ、AB間で甲絵画の売買契約が成立し、BはAに対し代金を支払った。その後、BがCに対し、以後、Bのために甲絵画を占有するように指示し、Cがこれを承諾した場合には、Bは甲絵画の占有権を取得する。

4．×
AがCに対し、以後、Bのために甲絵画を占有するように指示し、Bがこれを承諾した場合には、Bは甲絵画の占有権を取得する（指図による占有移転）。

5. BはA所有の甲絵画を自己の所有と信じて占有している。Aの友人CがAに渡す目的でBから甲絵画を奪った場合、BはCに対し、占有回収の訴えにより、甲絵画の返還及び損害賠償を請求することはできない。

5．×
Bは占有権者である。したがって、そのBがCにより甲絵画の占有を奪われた以上、占有回収の訴えにより、甲絵画の返還及び損害賠償を請求することができる。

正答　3

TRY! 本試験問題に挑戦

民法に規定する占有権に関する記述として、妥当なのはどれか。

【特別区 R3】

1. 占有者の承継人は、その選択に従い、自己の占有のみを主張し、又は自己の占有に前の占有者の占有を併せて主張することができ、前の占有者の占有を併せて主張する場合であっても、その瑕疵（かし）は承継しない。

1．×
前の占有者の占有を併せて主張する場合は、その瑕疵をも承継する。

2. 悪意の占有者は、果実を返還し、かつ、既に消費し、又は過失によって損傷した果実の代価を償還する義務を負うが、収取を怠った果実の代価を償還する義務は負わない。

2．×
収取を怠った果実の代価を償還する義務も負う。

3. 占有物が占有者の責めに帰すべき事由により滅失したときは、その回復者に対し、善意であって、所有の意思のない占有者は、その滅失により現に利益を受けている限度で賠償する義務を負い、その損害の全部を賠償することはない。

3．×
善意であっても、所有の意思がない占有者の場合は、現存利益の賠償では足りない。損害の全部を賠償しなければならない。

4. 占有者が、盗品又は遺失物を、競売若しくは公の市場において、又はその物と同種の物を販売する商人から、善意で買い受けたときは、被害者又は遺失者は、占有者が支払った代価を弁償しなければその物を回復することができない。

4．○
そのとおり。
代価弁償をしないと回復できない。

5. 占有者がその占有を妨害されたときは、占有保持の訴えにより、損害の賠償を請求することができるが、他人のために占有をする者は、その訴えを提起することができない。

5．×
占有保持の訴えをはじめとする占有訴権は、占有権を有する者であれば誰でも行使できる。占有の形態を問わない。

正答　4

15 所有権

重要度 ★★★
頻出度 ★★★

ここでは占有権に続き所有権について見ていく。ただ、あまり試験では出題されないマイナーテーマであるため、時間のない受験生はとばしても構わない。

1 所有権

「所有権」とは、その目的物を法令の制限内において自由に使用・収益・処分することができる物権です（206条）。ただ、無制限に使用・収益・処分が認められているわけではありません（所有権絶対の原則の修正）。あくまでも「法令の制限内において」という留保が付いているのです。また、B土地の所有権は、法令の制限内においてその土地の上下に及びます（207条）。上下と言っても、こちらも無制限にというわけにはいきませんから、当然相当な範囲内に限られます。

Aなお、所有権は消滅時効にかかりません（所有権に基づく物権的請求権なども同じ）。これは「時効」のところで説明しましたが、もう一度確認しておきましょう。

（1）相隣関係における囲繞地通行権

他の土地に囲まれていて公道に出ることができない土地を「袋地（ふくろじ）」と言いますが、その袋地の所有者は、袋地の周りを囲んでいる土地（囲繞地（いにょうち）と呼ぶ）を通って公道に出なければなりません。そこで、B民法上、袋地の所有者には囲繞地通行権が認められています（210条1項、法定通行権）。また、必要があれば、囲繞地に通路を開設することもできます（211条2項）。

囲繞地通行権は袋地の所有者が法律上当然に認められている権利なので「法定通行権」と呼ぶんだ。

囲繞地通行権 B

Aは袋地の甲地を所有している。このとき、Aが公道に出るためにはどのようにすればよいのか？

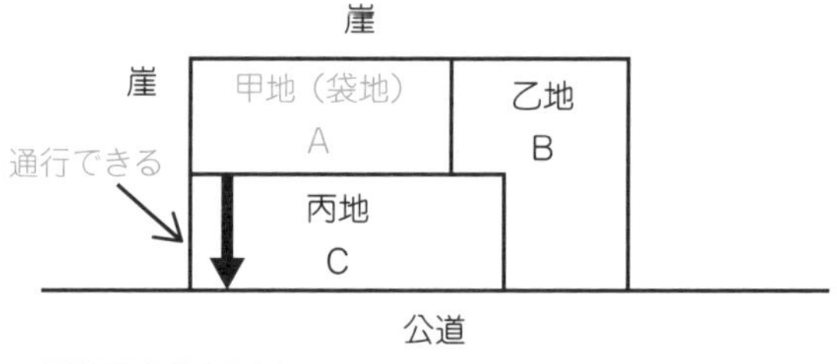

結論　AはC所有の丙地を通行できる。ただ、丙地にとって**最も損害が少ない方法**で通行し、**償金を支払う必要**がある（211条１項、212条）。なお、償金の不払いによって当然に通行権が消滅するわけではない。また、この通行権は自己の土地につき**登記がなくても主張できる**（最判昭47・４・14）。なぜなら、囲繞地通行権は、取引の安全を確保することとは無関係である以上、177条を適用するべきではないからである。そして、囲繞地通行権は通行の対象地である囲繞地に特定承継が生じた場合にも消滅しない（最判平２・11・26）。

では次に、袋地が土地の**分割**又は**一部譲渡**によって生じた場合はどうでしょうか？もともとは袋地ではなかったのに、分割や一部譲渡によって袋地ができあがってしまったというケースですね。このときには囲繞地通行権が**若干修正**されます。次の図を見てください。

分割又は一部譲渡の場合 B

もともとB所有の甲地は公道に通じる１つの土地であった。しかし、後に、それがBによって２つに分割され、甲地が袋地となった。そして、Bはこの甲地をAに譲った。さて、この場合、Aが公道に出るためにはどのようにすればよいのだろうか？

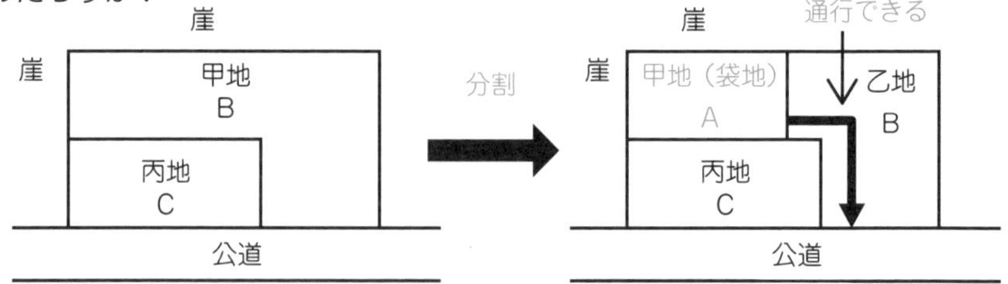

結論 AはB所有の乙地のみを通行できる。しかも、無償で通行できる（213条1項)。「のみ、かつ無償」と覚えよう。丙地は通行できないので注意すること。

理由 このような分割又は一部譲渡をしたということは、Bは自分の土地を通行されても仕方がないし、それを覚悟していたはずである。また、償金関係も分割や一部譲渡の際に処理したであろうと推測されるため「無償」の通行権を認めたのである。

（2）その他の権利の分類

その他、相隣関係を規律する条文を紹介しておきます。たくさんあるので試験で出題されそうなものだけを紹介するにとどめます。

①隣地の使用

A土地の所有者は、❶境界又はその付近における障壁、建物その他の工作物の築造、収去又は修繕、❷境界標の調査又は境界に関する測量、❸枝の切取り、のいずれかの目的のため必要な範囲内で、隣地を使用することができます。これは隣地の所有者の承諾を得ることなく、「すいません、使用させていただきます」ということができるわけです。ただし、B住家については、その居住者の承諾がなければ、立ち入ることができません（209条1項)。さすがに住家はプライバシーの塊だからですね。

そして、隣地を使用する場合には、使用の日時、場所及び方法として、隣地の所有者及び隣地を現に使用している者（隣地使用者）のために損害の最も少ないものを選ばなければなりません（209条2項)。また、あらかじめ、目的、日時、場所及び方法を隣地の所有者及び隣地使用者に通知しなければなりません。ただ、常に事前通知が必要なわけではなく、あらかじめ通知することが困難なときは、使用を開始した後、遅滞なく、通知すれば足ります（209条3項)。

なお、隣地を使用する場合に、隣地の所有者又は隣地使用者が損害を受けたときは、その償金を請求することができます（209条4項)。

②継続的給付を受けるための設備の設置等

土地の所有者は、他の土地に設備を設置し、又は他人が所有する設備を使用しなければ電気、ガス又は水道水の供給その他これらに類する継続的給付を受けることができないときは、継続的給付を受けるため必要な範囲内で、B他の土地に設備を設置し、又は他人が所有する設備を使用することができます（213条の２第１項）。この場合、設備の設置又は使用の場所及び方法は、他の土地又は他人が所有する設備（他の土地等）のために損害が最も少ないものを選ばなければなりません（213条の２第２項）。また、他の土地に設備を設置し、又は他人が所有する設備を使用する者は、あらかじめ、その目的、場所及び方法を他の土地等の所有者及び他の土地を現に使用している者に通知しなければなりません（213条の２第３項）。

他の土地に設備を設置したり、他人が所有する設備を使用したりすることを目的として、当該他の土地又は当該他人が所有する設備がある土地を使用することもできます（213条の２第４項）。

さらに、B他の土地に設備を設置する者は、その土地の損害に対して、償金を支払わなければなりません。設備を置かせてもらう以上これは当然ですね。この場合、１年ごとにその償金を支払うことができます（213条の２第５項）。一方、他人が所有する設備を使用する者は、その設備の使用を開始するために生じた償金を支払わなければならず（213条の２第６項）、その利益を受ける割合に応じて、その設置、改築、修繕及び維持に要する費用を負担しなければなりません（213条の２第７項）。

分割によって他の土地に設備を設置しなければ継続的給付を受けることができない土地が生じたときは、その土地の所有者は、継続的給付を受けるために、他の分割者の所有地のみに設備を設置することができ、この場合は、償金を支払う必要はない（213条の３第１項）。このことは、土地の所有者がその土地の一部を譲り渡した場合についても同じだよ（213条の３第２項）。

③堰の設置及び使用

流水地の所有者は、堰（せき）を設ける必要がある場合には、対岸の土地が他人の所有に属するときであっても、その堰を対岸に付着させて設けることができます。もっとも、これによって生じた損害があれば、その損害に対して償金を支払う必要があります（222条１項）。

④境界標の設置等

土地の所有者は、隣地の所有者と共同の費用で、境界標を設けることができます（223条）。そして、境界標の設置及び保存の費用は、相隣者が「等しい割合」で負担することになります。早い話、仲良く折半ということですね。ただし、測量の費用は、その土地の広狭に応じて分担することになります（224条）。

⑤竹木の枝の切除及び根の切取り

土地の所有者は、隣地の竹木の枝が境界線を越えるときは、その🅱竹木の所有者に、その枝を切除させることができるにとどまるのが原則です（233条１項）。勝手に切ったらトラブルになってしまうので、これはある意味当然かもしれませんね。

この場合に、竹木が数人の共有に属するときは、各共有者は、その枝を切り取ることができるよ（233条２項）。

しかし、場合によっては、その枝を自ら切り取ることも可能です。具体的には、❶竹木の所有者に枝を切除するよう催告したにもかかわらず、竹木の所有者が相当の期間内に切除しないとき、❷竹木の所有者を知ることができず、又はその所在を知ることができないとき、❸急迫の事情があるとき、の３つの場合には枝を自ら切り取って構いません（233条３項）。

一方、隣地の竹木の根が境界線を越えるときは、🅱その根を切り取ることができます（233条４項）。根は見えないのでちゃっかり切ってしまっても角が立たないからです。なかなかコミカルな条文です。

⑥境界付近の建築の制限

建物を築造するときは、境界線から50センチメートル以上の距離を保たなければなりません（234条）。もっとも、建築基準法65条が特別法として存在しているので、民法234条よりも建築基準法が優先的に適用される結果、接境建築も一定限度で認められています。都会では、猫が一匹通れる程度の間隔しかあいていない建物を見かけることがありますが、それはこの特別法のせいなのです。

2 所有権の取得

（1）無主物の帰属

所有者のない動産は、所有の意思をもって占有することによって、その所有権を取得することができます（239条１項）。一方、所有者のない不動産は、国庫に帰属することになります（239条２項）。

（２）遺失物の拾得

遺失物は、遺失物法の定めるところに従い公告をした後３か月以内にその所有者が判明しないときは、これを拾得した者がその所有権を取得することができます（240条）。

（３）埋蔵物の発見

埋蔵物は、遺失物法の定めるところに従い公告をした後６か月以内にその所有者が判明しないときは、これを発見した者がその所有権を取得します。ただし、他人の所有する物（他人の土地等）の中から発見された埋蔵物については、これを発見した者及びその他人が等しい割合でその所有権を取得することになります（241条）。

（４）添付

「添付（てんぷ）」とは、２つ以上の物がくっついたり、混ざり合ったりするケースのことを言います。民法は、これら添付の場合における所有権の帰属及びその後の処理方法を規定しています 。添付には、付合（ふごう）・混和（こんわ）・加工（かこう）の３つがあるので、次に具体的に説明します。

①付合

「付合」とは、２つ以上の物がくっついて１つになることを言います。付合には、不動産の付合と動産の付合の２つがあります。

まず、不動産の付合とは、動産が所有者の異なる不動産に付合するケースを言います。この場合、B動産の所有者が権原によって当該動産の所有権を留保しない限りは不動産の所有者がその付合した動産の所有権を取得することになります（242条）。簡単に言うと、「不動産＋動産→原則として動産は不動産の所有者の物になる」ということですね。

ただ、この権原による留保には限界もあるんだ。例えば、賃借人が賃借している建物を増築し、当該増築部分が建物と別個独立の存在ではなく一体となっている場合には、たとえ賃借人が権原を留保して所有権を自己に帰属させようとしても、その増築部分は、建物に付合し、建物所有者の物になってしまう。この場合は増築部分に独立性が認められないので、権原によっても留保できないんだね。

次に、動産の付合とは、所有者の異なる動産どうしが付合したケースを言います。この場合、B主従を区別することができるときは、「動産＋動産→主たる動産の所有者の物になる」という法則に従って処理をします（243条）。ですが、B主従の区別ができないときは、付合当時の価格の割合に応じて、その合成物を共有することになります(244条)。

②混和

「混和」とは、固形物（穀物・金銭など）や流動物（油・酒などの液体）が混ざり合って分離することができなくなった状態を言います。コーヒーと牛乳が混ざり合ってコーヒー牛乳が出来たようなケースです。混和の性質は、一種の動産の付合と言えるので、前述の動産の付合に関する規定が準用されます（245条）。要するに、動産の付合と同じように処理をすれば足ります。

③加工（246条）

「加工」とは、他人の動産に工作を加えて新たな物を作り出すことを言います。この加工は若干面倒な話になります。パターンごとに分けて理解することが大切です。

❶ 原則

加工物の所有権は、材料の所有者に帰属します。「材料＋工作→原則として材料提供者の物になる」ということです(246条１項本文)。

❷ 工作によって生じた価格が材料の価格を著しく超えるとき

この場合、加工者がその所有権を取得します。「工作によって生じた価格（工作費）>>>材料の価格→加工者の物になる」ということです(246条１項ただし書)。

❸ 加工者が材料の一部を提供したとき

この場合、加工者が提供した材料の価格に工作によって生じた価格を加えたものが他人の材料の価格を超えるときに限り、加工者がその物の所有権を取得します。「加工者が提供した材料の価格＋工作によって生じた価格（工作費）>他人の材料の価格→加工者の物になる」ということです(246条２項)。

加工 B

●ＡＢは「人」であることが前提

❶Ａ材料（原石）100万円+Ｂ工作（50万円）＝150万円のダイヤができた。
→ダイヤは材料提供者Ａの物になる。

❷A材料（原石）50万円+B工作（100万円）＝150万円のダイヤができた。
→ダイヤは加工者Bの物になる。

❸A材料（原石）50万円+B材料（原石）30万円+B工作（30万円）＝110万円の混合ダイヤができた。→混合ダイヤは加工者Bの物になる。

建築中の未完成の建物のことを「建前」と言うんだ。建物ではないので、動産として扱われることになるよ。

なお、建築途中で未だ独立の不動産に至らない建前に、第三者が材料を提供して工事を施し、独立の不動産である建物に仕上げた場合における建物所有権の帰属は、🄱この加工の規定に基づいて決するというのが判例です（最判昭54・1・25）。やはり建物の建築の場面では工作の価値を無視するわけにはいきません、そこで、単なる動産の付合とは考えずに、動産の加工と考えていくわけです。

（5）添付の効果

添付によって所有権を失った者は、添付によって所有権を取得した者に対して、償金を請求することができます（248条）。これは、公平の観点から認められた請求権です。所有権を失った者はお金をもらえるということです。

PLAY! 理解度チェック

1. 分割又は一部譲渡により袋地が生じた場合、その袋地の所有者は、公道に出るためにどの土地を通行できるのか。

2. 土地の所有者は、隣地の所有者の承諾を得ることなく、境界標の調査又は境界に関する測量、枝の切取りの目的のため必要な範囲内で、隣地を使用することができるか？

1.
他の分割者又は他の譲渡関係人の土地のみ。

2.
できる。

3. 土地の所有者が隣地の使用を請求できる場合、住家についても、居住者の承諾なく立ち入ることができるか？

3.
できない。

4. 隣地の竹木の枝が境界線を越えるときは、原則として自ら切除してよいのか？

4.
原則として自ら切除してはならない。竹木の所有者に切除させることができるだけである。

5. 所有者のない不動産は、どこに帰属するのか。

5.
国庫に帰属する。

6. 不動産の所有者は、必ずその不動産に従として付合した物の所有権を取得するのか？

6.
必ず取得するとは限らない。権原による留保の場合は所有権を取得しない。

7. 動産の付合の場合で主従の区別ができないときは、所有権の帰属はどのようになってしまうのか？

7.
価格の割合に応じて、その合成物を共有することになる。

8. 工作によって生じた価格が材料の価格を著しく超えるときは、誰が加工物の所有権を取得するのか？

8.
加工者が所有権を取得する。

9. 添付によって所有権を失った者は、添付によって所有権を取得した者に対して、（　　　）を請求することができる。

9.
償金

TRY! 本試験問題に挑戦

民法に規定する相隣関係に関する記述として、通説に照らして、妥当なのはどれか。【特別区 H26改題】

1. 隣地の竹木の枝が境界線を越えるときは、原則として、その竹木の所有者に、その枝を切除させることができ、隣地の竹木の根が境界線を越えるときは、自らその根を切り取ることができる。

2. 他の土地に囲まれて公道に通じない土地の所有者は、公道に至るため、その土地を囲んでいる他の土地を通行することができるので、その通行する他の土地の損害に対して償金を支払う必要は一切ない。

3. 分割によって公道に通じない土地が生じたときは、その土地の所有者は、他の分割者の所有地を通行することができるが、一部譲渡によって公道に通じない土地が生じた場合は、譲渡した土地を通行することができない。

4. 土地の所有者は、境界付近の建物の修繕が必要な場合は、隣人の承諾を得なければその住家に立ち入ることができないが、承諾が得られないときは、承諾に代わる判決を得ることによって住家に立ち入ることができる。

1. ○
そのとおり。
原則として、枝は切除させることができるだけであるが、根は自ら切り取って構わない。

2. ×
償金を支払う必要がある。ただ、例外的に分割又は一部譲渡の場合だけは償金を支払う必要がない。

3. ×
分割の場合と同様に、一部譲渡によって公道に通じない土地が生じた場合も、譲渡した土地を通行することができる。

4. ×
隣人の任意の承諾が必要なので、承諾に代わる判決を得ることによって住家に立ち入ることはできない。

5. 土地の所有者は、隣地の所有者と共同の費用で境界標を設けることができ、境界標の設置、保存及び測量の費用は、土地の所有者と隣地の所有者が土地の広狭にかかわらず等しい割合で負担する。

5．×
測量の費用は、その土地の広狭に応じて分担する。

正答　1

TRY! 本試験問題に挑戦

民法に規定する相隣関係に関する記述として、判例、通説に照らして、妥当なのはどれか。
【特別区 R1】

1. 土地の所有者は、境界付近において障壁を修繕するため、隣人の承諾があれば、隣人の住家に立ち入ることができるが、隣人が承諾しないときは、裁判所で承諾に代わる判決を得て、その住家に立ち入ることができる。

1．×
隣人が承諾しないときは、裁判所で承諾に代わる判決を得ても、その住家に立ち入ることはできない。

2. 分割によって公道に通じない土地が生じたとき、その土地の所有者は、公道に至るため、他の分割者の所有地のみを通行することができるが、この場合においては、償金を支払わなければならない。

2．×
他の分割者の所有地のみを通行することができるという点は正しいが、この場合は償金を支払う必要はない。

3. 土地の所有者は、隣地の所有者と共同の費用で境界標を設けることができるが、境界標の設置及び保存並びに測量の費用は、土地の所有者と隣地の所有者が土地の広狭にかかわらず等しい割合で負担する。

3．×
境界標の設置及び保存は等しい割合で負担するが、測量の費用は土地の広狭に応じて分担する。

4. 最高裁判所の判例では、共有物の分割によって袋地を生じた場合、袋地の所有者は他の分割者の所有地についてのみ囲繞地通行権を有するが、この囲繞地に特定承継が生じた場合には、当該通行権は消滅するとした。

4．×
囲繞地通行権に特定承継が生じた場合でも、当該通行権は消滅しない。

5. 最高裁判所の判例では、袋地の所有権を取得した者は、所有権取得登記を経由していなくても、囲繞地の所有者ないしこれにつき利用権を有する者に対して、囲繞地通行権を主張することができるとした。

5．○
そのとおり。
囲繞地通行権は、取引の安全を確保することとは無関係に認められる法定通行権であるからである。

正答　5

こんなに細かく規定が
置かれているということは、
昔から土地をめぐるトラブルが
絶えなかったんだろうね。
隣人とは仲良くしないとね

16 共有

重要度 ★★★
頻出度 ★★★

本当は所有権の中で学ぶ「共有」だが、試験では割と頻出なので今回は独立して章立てをした。出題パターンが固定しているので必ず得点できるはずだ。

1 共有（共同所有）

「共有」とは、物を共同で所有する形態のうちの１つを指します。共同所有の形態には共有のほかにも「合有」や「総有」があります。共有の特徴は、A各人が具体的な持分を持っていてそれを自由に処分したり、あるいは目的物を分割して共有関係を終了させることができたりするところにあります。なお、持分は共有者間の特約がない限り、相等しいものと推定されます（250条）。つまり、「みんなで仲良く平等」と推定されるというわけです。

「処分」とは売却や担保権の設定のことだよ。

共有 A

ＡＢＣが土地を共同で所有し（共有）、それぞれの持分が３分の１ずつであるケース。

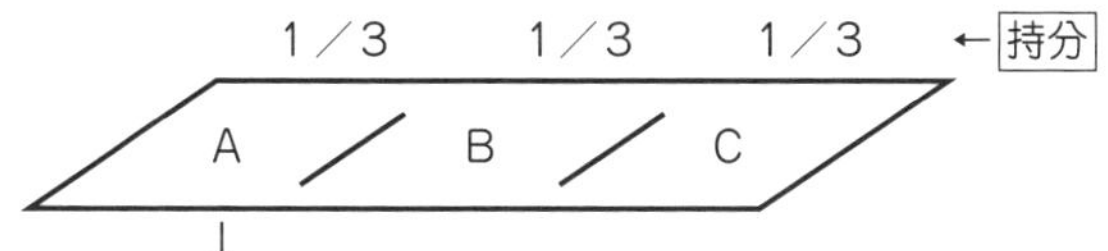

自分の持分であれば単独で自由に処分（売却・担保権の設定）することができる。分割を請求することもできる。

A各共有者は、共有物につき、持分に応じて全部を使用することができます（249条１項）。この図で注意すべきは、持分は物理的な区画割りのことを意味しているわけではないので、共有物の３分の１の部分だけを使えるのではありません。あくまでも持分に応じて「全部」使えるのです。

では、持分とは具体的に何なのでしょうか。例えば、この図のようにＡＢＣが土地につき持分３分の１ずつを有するという事案で考えると、１年、すなわち12か月あるうちの最初の４か月はＡが全部を使い、次の４か月はＢが全部を使い、最後の４か月はＣが全部を使うなどのような形で用いられることになります。これはあくまでも一例ですが（そのほか回数などで持分を用いる場合もある）、要は、物理的な区画割りではないということだけ分かっておいてください。そして、B共有物を使用する共有者は、別段の合意がある場合を除き、他の共有者に対し、自己の持分を超える使用の対価を償還する義務を負います（249条２項）。また、B共有者は、善良な管理者の注意をもって、共有物の使用をしなければなりません（249条３項、善管注意義務）。これは他人の持分についての使用も含むので当然だと言えます。一応、ここで共同所有形態をまとめておきます。次の表は一読しておけばOKです。

各種共同所有形態 B

共同所有形態	例	持分の処分	分割請求
共有	みんなで１つの物を購入した場合、相続した財産（判例）	○（各人の具体的持分がある）	○
合有	組合財産（条文上は「共有」）	×（各人には潜在的持分しかない）（676条１項）	×（脱退時に出資を払い戻してもらえるだけ）
総有	権利能力なき社団	×	×

※合有は、脱退時に出資の払戻しを受けることができる。そこで、潜在的持分があると言われる。一方、総有は潜在的持分すらないので、使用・収益はできるが、それ以外の持分の処分や分割請求はできない。

2 共有で問題となる行為

さて、ここからは共有で問題となる行為を見ていきます。行為の性質によって、共有者が単独でできる行為、持分の価格の過半数の賛成が必要な行為、さらには共有者全員の同意が必要となる行為に分かれます。ここを理解するためには、その行為がほかの共有者に及ぼす影響を考えることが必要になります。ほかの共有者にあまり影響を及ぼさない行為であれば、各共有者が単独でしても構いません。しかし、重大な影響を及ぼす行為であれば、各共有者が単独で……というわけにはいかないでしょう。では、詳しく見ていきます。

（1）変更行為

🅰各共有者は、他の共有者の同意を得なければ、共有物に変更を加えることができません（251条1項）。共有物の変更には、共有者全員の同意が必要となります。「変更」とは、共有物の性質や形状を変えてしまうことを意味します。例えば、山林の伐採や共有物全体の売却、さらには共有物全体に抵当権を設定する行為などが典型です。ただ、🅰共有物のうち「自己の持分だけを」売却したり、「自己の持分だけに」抵当権を設定したりすることは単独でできるので注意しましょう。これは単なる持分の処分に該当するからです。

なお、その形状又は効用の著しい変更を伴わないものは除かれる。これは管理行為に該当するよ。

なお、共有者が他の共有者を知ることができず（共有者不明）、又はその所在を知ることができないとき（所在不明）は、裁判所は、共有者の請求により、当該他の共有者以外の他の共有者の同意を得て共有物に変更を加えることができる旨の裁判をすることができます（251条2項）。例えば、ABCが土地を共有している場合、Cの所在が分からないときは、裁判所は、Aの請求により、Bの同意を得て共有物に変更を加えることができる旨の裁判をすることができるということです。

（2）管理行為

①管理の方法

🅰共有物の管理に関する事項は、各共有者の持分の価格に従い、その過半数で決します。共有物を使用する共有者があるときも、同様です（252条1項）。注意すべき点は、共有者の頭数の過半数ではないという点ですね。ここに言う「管理に関する事項」には、❶賃借権等や❷共有物の管理者の選任及び解任、❸共有物の形状又は効用の著しい変更を伴わないものを含みます。❶の賃借権等は、賃借権その他の使用及び収益を目的とする権利を設定することをさし、その期間が、次の期間を超えないもの（短期賃借権等）に限られます（252条4項）。

ただで物を貸す「使用貸借」などのことだよ。また、賃貸借契約の「解除」も共有物の管理に関する事項に該当する（最判昭39・2・25）。

ア．樹木の植栽又は伐採を目的とする山林の賃借権等　10年
イ．ア以外の土地の賃借権等　５年
ウ．建物の賃借権等　３年
エ．動産の賃借権等　６か月
※「トーゴーサンロク」と覚える。この期間を超える賃借権等の設定は、共有者全員の同意が必要である。

②共有者不明又は所在不明の場合の特例

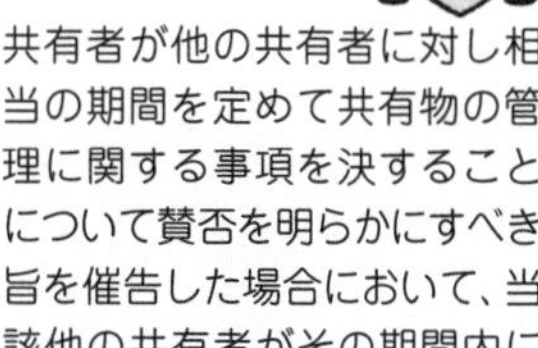

共有者が他の共有者に対し相当の期間を定めて共有物の管理に関する事項を決することについて賛否を明らかにすべき旨を催告した場合において、当該他の共有者がその期間内に賛否を明らかにしないときも同様だよ（252条２項第２号）。

裁判所は、共有者が他の共有者を知ることができず（共有者不明）、又はその所在を知ることができないとき（所在不明）は、他の共有者以外の共有者の請求により、当該他の共有者以外の共有者の持分の価格に従い、その過半数で共有物の管理に関する事項を決することができる旨の裁判をすることができます（252条２項第１号）。

③共有物を使用する共有者に特別の影響を及ぼすとき

Ｂ管理に関する事項の決定が、共有者間の決定に基づいて共有物を使用する共有者に特別の影響を及ぼすべきときは、その承諾を得なければなりません（252条３項）。実際に使っている人に迷惑が及ぶので、その人の承諾を得なければならないよ、ということです。

④共有物の管理者

Ｂ共有物の管理者は、共有物の管理に関する行為をすることができます。ただし、共有者の全員の同意を得なければ、共有物に変更（その形状又は効用の著しい変更を伴わないものを除く）を加えることができません（252条の２第１項）。管理者といえども、さすがに変更行為まで勝手にできてしまうとするのは危険だからです。

共有物の管理者が共有者を知ることができず（共有者不明）、又はその所在を知ることができないとき（所在不明）は、裁判所は、共有物の管理者の請求により、当該共有者以外の共有者の同意を得て共有物に変更を加えることができる旨の裁判をすることができます（252条の２第２項）。

Ｂ共有物の管理者は、共有者が共有物の管理に関する事項を決した場合には、これに従ってその職務を行わなければなりません（252条の２第３項）。共有者

の意思に従って、職務にあたらなければならないわけです。もし、これに違反して行った共有物の管理者の行為は、共有者に対してその効力を生じないことになっています。ただし、B共有者は、これをもって善意の第三者に対抗することができません（252条の2第4項）。善意の第三者からすると、管理者が共有者の決定事項に従っているか否かなど、知ったこっちゃないからです。

（3）保存行為

A保存行為は、各共有者が単独ですることができます（252条5項）。この「保存行為」とは、共有物の現状を維持する行為を意味します。イメージ的にはマイナスのものをゼロに戻すだけの行為と考えておくとよいでしょう。もともと凹んだ部分を修復するだけであれば、各共有者が単独でできて然るべきです。むしろその方がほかの共有者も喜びますね。共有物の不法占拠者に対する妨害排除請求・返還請求、第三者がした不法な登記の抹消請求などがその典型です。また、自己の持分権に基づく主張も単独ですることができます。例えば、自己の持分の確認請求や自己の持分権が侵害された場合における損害賠償請求などですね。

ただ、損害賠償請求については注意事項があります。それは、A自己の持分権が侵害された限度で認められるという点です（最判昭51・9・7）。つまり、「ほかの共有者も害されたじゃないか〜」ということでほかの共有者の損害額も含めて共有物全部の損害賠償を請求することはできないのです。

この点、B共有者の1人が他の共有者の持分を侵害するような形態で目的物を独占的に使用している場合でも、他の共有者からその共有者に対する明渡請求をすることは、認められません（最判昭41・5・19）。というのも、その共有者も一応正当な権利者だからです。よって、この場合には、自己の持分権が侵害されたことを理由に損害賠償を請求するしかありません。また、B同様に、共有者の一部から共有物の占有を承認された第三者（賃借人等）に対しても、明渡請求をすることができません（最判昭63・5・20）。よって、この場合にも、自己の持分権が侵害されたことを理由に損害賠償を請求するしかないのです。

共有で問題となる行為 A

	意義	要件
変更行為 （251条1項）	共有物全体の売却・解除・取消し、共有物全体に抵当権を設定する行為、山林の伐採、農地を宅地に変える、など	共有者全員の同意
管理行為 （252条 1項、4項）	賃借権等（解除も含む）、共有物の管理者の選任及び解任、共有物の形状又は効用の著しい変更を伴わないもの	共有者の持分の価格の過半数（頭数の過半数は×）
保存行為 （252条5項）	修繕行為、不法占拠者に対する妨害排除請求・返還請求（明渡請求）、第三者がした不法（無効）な登記の抹消請求、他の共有者が勝手に変更行為（増改築・宅地造成等）をしている場合における中止・禁止・差止め・原状回復請求、公租公課の負担、など	各共有者単独で可

3 共有に関するその他の規定

次に、共有に関するその他の規定をまとめて解説します。試験でもたびたび出題されているので、一応押さえておいた方がいいでしょう。

（1）共有物に関する負担

B各共有者は、その持分に応じ、管理の費用を支払い、その他共有物に関する負担を負います（253条１項）。仮に、共有者の１人が１年以内に管理費用等を支払わないときには、他の共有者は、相当の償金を支払ってその者が有する持分を取得してしまうことができます（253条２項）。要は出て行けと言われてしまうということです。ただ、これは払うべきお金を払わなかった以上、自業自得と言わざるを得ません。

（2）共有物についての債権

B共有者の１人が共有物について他の共有者に対して有する債権は、その特定承継人（共有持分を譲り受けた者など）に対しても主張することができます（254

条)。これは「債権の相対性」の例外だと言われています。ここで言う「債権」には、分割に関する特約も含まれます(最判昭34・11・26)。

共有物を購入するにあたりほかから融資を受けた場合における債務については共有者間で生じた債権に含まれない。よって、原則どおり承継されない(大判大8・12・11)。

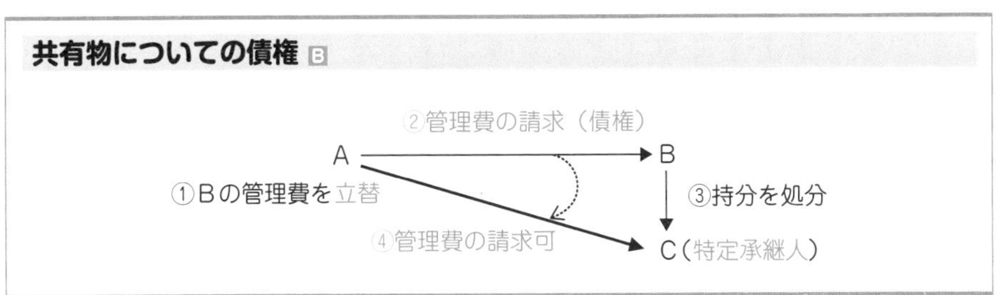

(3)持分の放棄及び共有者の死亡

A 共有者の1人が、その持分を放棄したとき、又は死亡して相続人がいないときは、その持分は、他の共有者に帰属します(255条)。国庫に帰属するのではありません。これは超頻出です。とくに、相続人なくして死亡した場合には、いきなり他の共有者に帰属するのではなく、まずは①特別縁故者(内縁の妻など)がいるかどうかを探索し、②それでも誰もいない場合に初めて、他の共有者に帰属します(最判平元・11・24)。しつこいようですが、この場合も国庫に帰属するわけではないので注意しましょう。

財産権の主体としての国家のことだよ。難しく考えずに国の財産に吸収されることはないんだと思っておこう。

(4)共有物の分割

B 各共有者は、いつでも共有物の分割を請求することができます。もっとも、不分割の特約も5年を超えない期間内であれば可能です(256条1項)。ただ、この不分割の特約は登記をしておかないと第三者(特定承継人など)に対抗することができません。

更新もできるよ。その期間は、更新の時から5年を超えることができない(256条2項)。

また、B 共有物の分割について共有者間に協議が調わないとき、又は協議をすることができないときは、その分割を裁判所に請求することができます(258条1項)。その際、裁判所は、次に掲げる方法により、共有物の分割を命ずることができます(258条2項各号)。

❶共有物の現物を分割する方法（現物分割）

❷共有者に債務を負担させて、他の共有者の持分の全部又は一部を取得させる方法（価格賠償）

完全（全面的）価格賠償も可能だよ（最判平８・10・31）。

なお、上記❶❷の方法によって、共有物を分割することができないとき、又は分割によってその価格を著しく減少させるおそれがあるときは、裁判所は、その競売を命ずることができます（258条３項）。「競売命令事由は２つ」と覚えておきましょう。また、裁判所は、共有物の分割の裁判において、当事者に対して、金銭の支払、物の引渡し、登記義務の履行その他の給付を命ずることができます（258条４項）。

（５）共有物の全部又は一部が相続財産に属する場合の特則

🄱共有物の全部又はその持分が相続財産に属する場合において、共同相続人間で当該共有物の全部又はその持分について遺産の分割をすべきときは、当該共有物又はその持分について裁判による分割（共有物分割訴訟）をすることができません（258条の２第１項）。つまり相続により共有となった財産は、原則として遺産分割審判を家庭裁判所に請求して解決するべきだからです。

ただ、共有物の持分が相続財産に属する場合でも、相続開始の時から10年を経過したときは、相続財産に属する共有物の持分について裁判による分割をすることができます。いつまでも共有物の持分が共有のままだとまずいからです。もっとも、当該共有物の持分について遺産の分割の請求があった場合において、相続人が当該共有物の持分について裁判による分割をすることに異議の申出をしたときは、この限りではないとされています（258条の２第２項）。これは、相続人の遺産分割の権利をも考慮し、相続人が異議の申出をした場合には、共有物分割訴訟によって処理することはできないとしているわけですね。

（６）共有に関する債権の弁済

共有者の１人が他の共有者に対して共有に関する債権を有するときは、分割に際し、債務者に帰属すべき共有物の部分をもって、その弁済に充てることができます

（259条）。つまり、「お金を払えないのなら共有物の持分で弁済してもいいよ」ということです。

（7）共有物の分割への参加

共有物について権利を有している者及び各共有者の債権者は、自己の費用で、共有物の分割に参加することができます。とくに共有者の債権者は、分割後に取得する債務者の財産がどのくらいになるのかについて強い利害関係を持っているので、参加できるようにしたのです。そして、このような者からの参加請求があったにもかかわらず、その請求者を参加させないで行った分割は、その者に対抗できないことになっています（260条2項）。

（8）分割における共有者の担保責任

各共有者は、他の共有者が分割によって取得した物について、売主と同じく、その持分に応じて担保の責任を負います（261条）。担保責任については、民法Ⅱの売買のところで扱いますので、ここではざっくりと、瑕疵のある物を分割によって渡してしまったら責任を問われることがある、ということを覚えておきましょう。

（9）所在等不明共有者の持分の取得

不動産が数人の共有に属する場合において、共有者が他の共有者を知ることができず、又はその所在を知ることができないときは、🅑裁判所は、共有者の請求により、その共有者に、当該他の共有者（所在等不明共有者）の持分を取得させる旨の裁判をすることができます。この場合、請求をした共有者が2人以上いるときは、請求をした各共有者に、所在等不明共有者の持分を、請求をした各共有持分の割合で按分してそれぞれ取得させることになります（262条の2第1項）。

例えば、ABC（各持分3分の1）の3人が土地を共有していて、Cの所在が不明である場合に、裁判所は、ABの請求に基づいて、AとBに、Cの持分を按分して取得させる旨の裁判をすることができます。これにより、所在等不明共有者との共有関係を解消することができるわけです。

（10）所在等不明共有者の持分の譲渡

不動産が数人の共有に属する場合において、共有者が他の共有者を知ることができず、又はその所在を知ることができないときは、Ⓑ裁判所は、共有者の請求により、その共有者に、当該他の共有者（所在等不明共有者）以外の共有者の全員が特定の者に対してその有する持分の全部を譲渡することを停止条件として所在等不明共有者の持分を当該特定の者に譲渡する権限を付与する旨の裁判をすることができます（262条の３第１項）。

例えば、ABCの３人が土地を共有していて、Cの所在が不明である場合に、裁判所はAの請求に基づいて、Aに対し、Bもその持分全部を譲渡するという条件付きで、Cの持分をも譲渡する権限を付与することができます。これによって、Aは、当該土地全体を特定の者に譲渡することができるようになります。

4 所有者不明土地管理命令及び所有者不明建物管理命令

（１）所有者不明土地管理命令

裁判所は、所有者を知ることができず、又はその所在を知ることができない土地（土地が数人の共有に属する場合は、共有者を知ることができず、又はその所在を知ることができない土地の共有持分）について、必要があると認めるときは、利害関係人の請求により、Ⓑその請求に係る土地又は共有持分を対象として、所有者不明土地管理人による管理を命ずる処分をすることができます（264条の２第１項）。これを「所有者不明土地管理命令」と言います。この管理命令の効力は、当該管理命令の対象とされた土地にある動産にも及びます（264条の２第２項）。

裁判所は、所有者不明土地管理人を選任するよ（264条の２第４項）。もし、所有者不明土地管理人が任務に違反して著しい損害を与えたときは、利害関係人の請求により、解任することができる（264条の６第１項）。また、正当な事由があれば、裁判所の許可を得て、自ら辞任することもできるよ（264条の６第２項）。

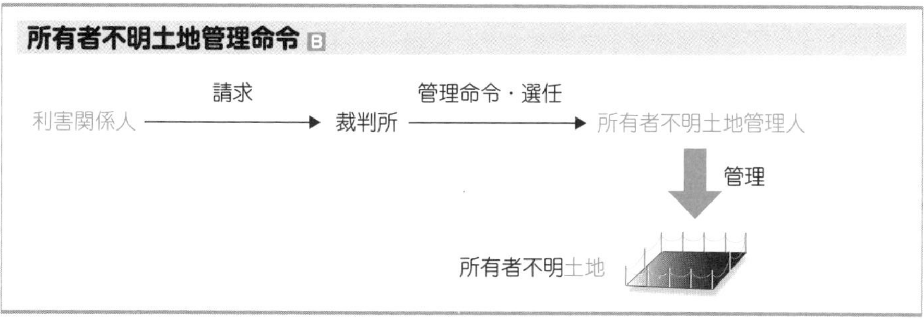

所有者不明土地管理人の権限は次の通りです。

❶ 所有者不明土地管理命令の対象とされた土地又は共有持分及び所有者不明土地管理命令の効力が及ぶ動産並びにその管理、処分その他の事由により所有者不明土地管理人が得た財産**（所有者不明土地等）の管理及び処分をする権利は、所有者不明土地管理人に専属する**（264条の3第1項）。
❷ **保存行為**や所有者不明土地等の性質を変えない範囲内において、その**利用又は改良を目的とする行為**は、裁判所の許可なくできる（264条の3第2項第1号、2号）。
❸ **❷の範囲を超える行為**をするには、裁判所の許可を得なければならない。ただし、許可がなくても**善意の第三者**には対抗できない（264条の3第2項ただし書）。

なお、所有者不明土地等に関する訴えは、所有者不明土地管理人が原告又は被告となります（264条の4）。そして、所有者不明土地管理人は、所有者不明土地等の所有者（その共有持分を有する者を含む）のために、**善良な管理者の注意（善管注意義務）**をもって権限を行使することになります（264条の5第1項）。また、数人の者の共有持分を対象として所有者不明土地管理命令が発せられたときは、共有持分を有する者全員のために、誠実かつ公平にその権限を行使しなければなりません（264条の5第2項）。もちろん、**報酬ももらえます**。すなわち、裁判所が定める額の費用の前払及び報酬を受けることができ、管理に必要な費用及び報酬は、所有者不明土地等の所有者（その共有持分を有する者を含む）が負担することになります（264条の7第1項、2項）。

（2）所有者不明建物管理命令

裁判所は、所有者を知ることができず、又はその所在を知ることができない建物（建物が数人の共有に属する場合は、共有者を知ることができず、又はその所在を知ることができない建物の共有部分）について、必要があると認めるときは、利害関係人の請求により、Bその請求に係る建物又は共有持分を対象として、所有者不明建物管理人による管理を命ずることができます（264条の８第１項）。これを「所有者不明建物管理命令」と言います。この管理命令の効力は、当該管理命令の対象とされた建物にある動産及び建物を所有し、又は当該建物の共有持分を有するための建物の敷地に関する権利に及びます（264条の８第２項）。

裁判所は、所有者不明建物管理人を選任するよ（264条の８第４項）。

賃借権その他の使用及び収益を目的とする権利（所有権以外）を指すよ。

所有者不明建物管理命令や所有者不明建物管理人については、上記（1）で述べたことが準用されますので（264条の８第５項）、詳細は割愛します。

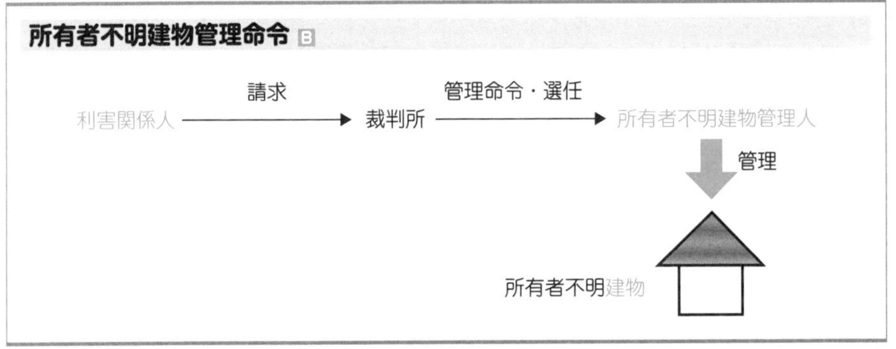

5 管理不全土地管理命令及び管理不全建物管理命令

（1）管理不全土地管理命令

裁判所は、所有者による土地の管理が不適当であることによって他人の権利又は法律上保護される利益が侵害され、又は侵害されるおそれがある場合において、必要があると認めるときは、利害関係人の請求により、B当該土地を対象として、管理不全土地管理人による管理を命ずる処分をすることができます（264条の９第１

項)。これを「管理不全土地管理命令」と言います。この管理命令の効力は、当該管理命令の対象とされた土地にある動産にも及びます(264条の9第2項)。

裁判所は、管理不全土地管理人を選任するよ(264条の9第3項)。もし、管理不全土地管理人が任務に違反して著しい損害を与えたときは、利害関係人の請求により、解任することができる(264条の12第1項)。また、正当な事由があれば、裁判所の許可を得て、自ら辞任することもできるよ(264条の12第2項)。

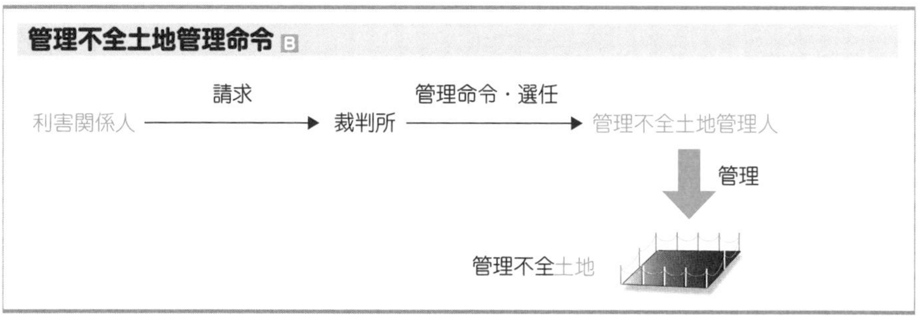

管理不全土地管理人の権限は次の通りです。

❶ 管理不全土地管理命令の対象とされた土地及び管理不全土地管理命令の効力が及ぶ動産並びにその管理、処分その他の事由により管理不全土地管理人が得た財産(管理不全土地等)の管理及び処分をする権限を有する(264条の10第1項)。
❷ 保存行為や管理不全土地等の性質を変えない範囲内において、その利用又は改良を目的とする行為は、裁判所の許可なくできる(264条の10第2項第1号、2号)。
❸ ❷の範囲を超える行為をするには、裁判所の許可を得なければならない(土地の処分についての許可には所有者の同意が必要)。ただし、許可がなくても善意かつ無過失の第三者には対抗できない(264条の10第2項ただし書)。

なお、管理不全土地管理人は、管理不全土地等の所有者のために、善良な管理者の注意をもって、その権限を行使しなければなりません(264条の11第1項)。善管注意義務を負うということですね。また、管理不全土地等が数人の共有に属する場合には、管理不全土地管理人は、その共有持分を有する者のために、誠実かつ公平にその権限を行使しなければなりません(264条の11第2項)。さらに、裁判所が定める額の費用の前払及び報酬を受けることもできます(264条の13第1項)。この管理に必要な費用及び報酬は、管理不全土地等の所有者(その共有持分を有する者を含む）の負担となります（264条の13第２項）。

（２）管理不全建物管理命令

裁判所は、所有者による建物の管理が不適当であることによって他人の権利又は法律上保護される利益が侵害され、又は侵害されるおそれがある場合において、必要があると認めるときは、利害関係人の請求により、Ｂ当該建物を対象として、管理不全建物管理人による管理を命ずる処分をすることができます（264条の14第１項）。これを「管理不全建物管理命令」と言います。危険な空き家などが想定されているものと考えられますね。

裁判所は、管理不全建物管理人を選任するよ（264条の14第３項）。

この管理命令の効力は、当該管理命令の対象とされた建物にある動産及び当該建物を所有するための建物の敷地に関する権利に及びます（264条の14第２項）。

賃借権その他の使用及び収益を目的とする権利（所有権以外）を指すよ。

なお、管理不全建物管理命令や管理不全建物管理人については、上記（１）で述べたことが準用されますので（264条の14第４項）、詳細は割愛します。

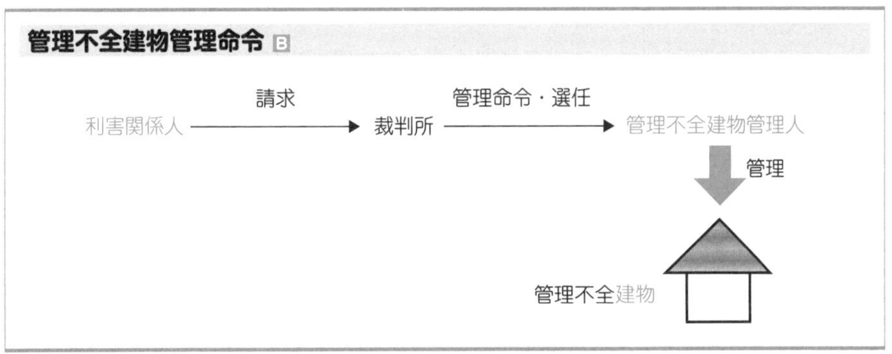

PLAY! 理解度チェック

1. 各共有者は、自己の持分であれば単独で自由に処分や分割請求をすることができるのか？

1. できる。

2. 各共有者は、共有物につき、持分に応じて全部を使用することができるのか？

2. できる。

3. 共有物全体を売却したり、共有物全体に抵当権を設定したりする行為は、各共有者が単独ですることができるのか？

3. 単独ですることはできない。共有者全員の同意が必要。

4. 共有物の管理に関する事項は、各共有者の持分の価格に従い、その（　　　　）で決する。

4. 過半数

5. 共有物の不法占拠者に対する妨害排除請求は、各共有者が単独ですることができるのか？

5. できる。

6. 第三者によって共有者の１人の持分が侵害された場合には、その者は他の共有者の損害額も含めて共有物全部の損害賠償を請求することはできるのか？

6. できない。自己の持分権が侵害された限度で損害賠償を請求することができるだけである。

7. 共有者の１人が他の共有者の持分を侵害するような形態で目的物を独占的に使用している場合には、他の共有者からその共有者に対して明渡請求をすることができるのか？

7. 明渡請求はできない。

8. 共有者の１人が共有物について他の共有者に対して有する債権は、その特定承継人に対しても主張することができるのか？

8.
主張することができる。

9. 共有者の１人が、その持分を放棄したとき、又は死亡して相続人がいないときは、最終的にその持分はどこに帰属するのか？

9.
他の共有者に帰属する。

10. 裁判上の分割においては、いわゆる完全（全面的）価格賠償によることも可能か？

10.
可能である。

TRY! 本試験問題に挑戦

民法に規定する共有に関する記述として、判例、通説に照らして、妥当なのはどれか。 【特別区 H29改題】

1. 各共有者は、共有物の全部について、その持分に応じた使用をすることができるが、各共有者が自己の持分を譲渡し又は担保を設定するときは、他の共有者の同意を得なければならない。

1. ×
「自己の持分を」譲渡し又は担保を設定するときは、他の共有者の同意を得る必要はない。

2. 各共有者は、その持分に応じ、管理の費用を支払い、その他共有物に関する負担を負うが、共有者が１年以内にこの負担義務を履行しないときは、他の共有者は、相当の償金を支払ってその者の持分を取得することができる。

2. ○
そのとおり。
結果として出て行けと言われてしまう。

3. 共有者の一人が、その持分を放棄したときは、その持分は、他の共有者に帰属するが、共有者の一人が死亡して相続人がないときは、その持分は、国庫に帰属する。

3．×
共有者の一人が死亡して相続人がないときも、最終的には他の共有者に帰属する。

4. 最高裁判所の判例では、共有物に対して妨害する無権利者があれば、各共有者は単独でその排除を請求でき、共有にかかる土地が不法に占有されたことを理由として不法占有者に対して損害賠償を求める場合には、共有者はそれぞれの共有持分の割合を超えて請求することも許されるとした。

4．×
損害賠償を求める場合には、共有者はそれぞれの共有持分の割合においてのみ請求することができる。

5. 裁判による共有物の分割において、裁判所は共有物の現物を分割する方法を命ずることはできるが、共有者に債務を負担させて、他の共有者の持分の全部又は一部を取得させる方法を命ずることはできない。

5．×
共有者に債務を負担させて、他の共有者の持分の全部又は一部を取得させる方法（価格賠償）を命ずることもできる。

正答　2

TRY! 本試験問題に挑戦

民法に規定する共有に関する記述として、判例、通説に照らして、妥当なのはどれか。 【特別区 R4】

1. 各共有者が分割を請求することができる共有物については、5年を超えない期間内は分割をしない旨の契約をすることができ、また、当該契約を5年を超えない期間で更新することもできる。

1．○
そのとおり。
不分割特約及びその更新は可能である。その期間は、それぞれ5年を超えない期間とされている。

2. 共有物について権利を有する者及び各共有者の債権者は共有物の分割に参加することができ、共有者は共有物を分割する際に、共有物について権利を有する者及び各共有者の債権者へ通知する義務がある。

2．×
通知義務はない。

3. 共有物の管理に関する事項は、共有物の変更の場合を除き、各共有者の持分の価格にかかわらず、共有者の人数の過半数で決するが、保存行為は各共有者がすることができる。

3．×
管理行為は、各共有者の持分の価格の過半数で決する。

4. 最高裁判所の判例では、持分の価格が過半数を超える共有者は、過半数に満たない自己の持分に基づいて現に共有物を占有する他の共有者に対して、当然に共有物の明渡しを請求することができ、明渡しを求める理由を主張し立証する必要はないとした。

4．×
明渡しを請求することはできない。もし自己の持分権が侵害されたのであれば、そのことを理由に損害賠償を請求することができるにとどまる。

5. 最高裁判所の判例では、共有者の一部が他の共有者の同意を得ることなく共有物に変更を加える行為をしている場合には、他の共有者は、各自の共有持分権に基づいて、行為の禁止を求めることはできるが、原状回復を求めることはできないとした。

5．×
原状回復を求めることも保存行為なので、可能である。

正答　1

17 用益物権

重要度
★★★
頻出度
★★★

用益物権は試験ではあまり出題されない。出たらアンラッキーと言わざるを得ない。しかし、コツを押さえれば意外と面白い？ と思うのは著者だけだろうか？　用益物権とは、他人の土地を利用する権利なのだが、その用途に応じて種類が分かれている。だまされたと思って一読あれ。

1 地上権

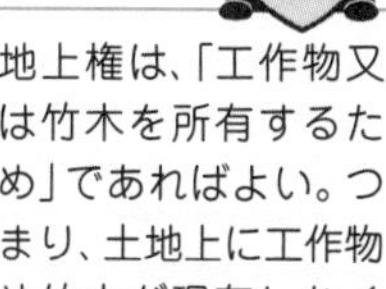

地上権は、「工作物又は竹木を所有するため」であればよい。つまり、土地上に工作物や竹木が現存しなくても、地上権を設定することはできるよ。

「地上権（ちじょうけん）」とは、工作物又は竹木を所有するために他人の土地を利用する物権です（265条）。近時は、他人所有の土地の空中や地下に地上権を設定する、いわゆる地下地上権や空中地上権などがよく利用されています。🄱条文上も、地下又は空間は、工作物を所有するため、上下の範囲を定めて地上権の目的とすることができるとされており、この場合においては、設定行為で、地上権の行使のためにその土地の使用に制限を加えることができます（269条の２第１項）。そして、このような地下又は空間を目的とする地上権は、第三者が土地の使用又は収益をする権利を有する場合においても、その権利又はこれを目的とする権利を有する全ての者の承諾があるときは、設定することができます（269条の２第２項）。

地上権は、地代の支払いが必ずしも要素とはなっていないので、地代の支払いは成立要件とはならず無償で設定することもできます。しかも、地上権の存続期間を設定契約で定めるときには、とくにこれと言った制限がないので、永久地上権とすることも認められます。「無償かつ永久地上権」ともなれば、地上権とは言うものの、その実体は限りなく所有権に近づきます。ここで、２点補足しておきます。まず、地代についてですが、地上権者が土地の所有者に定期の地代を支払わなければならない場合は、不可抗力により収益について損失を受けたときであっても、地代の免除や減額を請求することはできません（266条１項、274条）。次に期間についてですが、設定行為で地上権の存続期間を定めなかった場合において、別段の慣習がないときは、地上権者は、いつでもその権利を放棄することができます。ただし、地代を支払うべきときは、１年前に予告をし、又は期限の到来していない１年分の地代を支払わなければなりません（268条１項）。

地上権者は、その権利が消滅した時に、土地を原状に復してその工作物及び竹木を収去することができます（地上権者の収去権）。ただし、目土地の所有者が時価相当額を提供してこれを買い取る旨を通知したときは、地上権者は、正当な理由がなければ、これを拒むことができません（269条１項）。これを「地主の買取権」などと呼びます。

なお、地上権は物権なので取得時効の対象となりますが、地上権を時効取得する場合には、土地の継続的な使用という外形的事実が存在するだけでは足りず、その使用が地上権行使の意思に基づくことが客観的に表現されている必要があるというのが判例です（最判昭45・５・28）。細かい判例ではありますが、試験では出題されていますので、一応確認しておきましょう。

2 永小作権

「永小作権（えいこさくけん）」とは、小作料を支払って耕作又は牧畜をするために他人の土地を利用する物権です（270条）。永小作権は、小作料が要素となっているので、無償で設定することはできません。そして、永小作人は、不可抗力により収益について損失を受けたときであっても、小作料の免除又は減額を請求することができません（274条）。なお、この小作料について、永小作人が引き続き２年以上小作料の支払いを怠ったときには、土地の所有者は、永小作権の消滅請求をすることができる旨の規定が用意されています（276条）。また、存続期間も20～50年（設定契約で定める場合）となっているので、永代小作権は認められません（278条１項）。これらの点は地上権とは異なりますね。もっとも、一部地上権に関する規定が準用されているので、地上権と同様、永小作人の収去権や地主の買取権などは認められることになります（279条）。

ただ、不可抗力によって、引き続き３年以上全く収益を得ず、又は５年以上小作料より少ない収益を得たときは、その権利を放棄することができる（275条）。厳しい状況になったときに、永小作権を放棄することは可能ということだよ。

3 地役権

「地役権」とは、「自己の土地」の便益のために「他人の土地」を利用する物権です（280条）。このとき、「自己の土地」を「便益のために他人の土地を必要とする」という意味で「要役地」と呼び、「他人の土地」を「便益のために利用を承諾してあげる」という意味で「承役地」と呼びます。まとめると、地役権は、要役地の便益のために承役地を利用する物権であるということが言えます。なお、地役権は地上権と同様に、無償でも構いませんし、存続期間にも制限がありませんので、永久地役権とすることも認められます。

では、ここからは地役権でとくに試験で出題されたことのある部分だけを簡単に解説します。

まず、地役権の目的である便益には制限がないので、例えば、通行地役権や眺望地役権、日照地役権、用水地役権などのように、設定契約で自由に定めることができます。とくにこの中でも通行地役権は前述した「囲繞地通行権」と何となく似ていますね。しかし、あくまでも似ているだけでその性質は全く異なります。というのも、囲繞地通行権は、所有権の内容として法律上当然、認められるものである（法定通行権）のに対して、地役権は、当事者の設定契約によって初めて認められるものだからです。

次に、要役地と承役地は必ずしも隣接している必要はありません。距離に開きがあってもいいのです。また、地役権は、要役地を離れて独立して存在することはあり得ないので、要役地の所有権が他の者に移ると、地役権も一緒になって移転し（281条１項本文）、地役権だけを要役地から分離して譲渡することもできません（281条２項）。さらに、要役地あるいは承役地が共有の場合、共有者の１人は、自己の持分の部分だけ地役権を消滅させることはできません（282条１項）。

地役権は、継続的に行使され、かつ、外形上認識することができるものに限り、時効によって取得することができます（283条）。ここに、「継続的に行使され」とは、承役地上に通路が開設され、しかもその通路の開設が要役地の所有者によってなされたものでなければなりません（最判昭33・２・14）。また、地役権の取得時効については、土地の共有者の１人が地役権を時効取得したときは、他の共有者も時効取得します（284条１項）。そして、共有者に対する時効の更新は、地役権を行使する各共有者に対してしなければ、その効力を生じません（284条２項）。同じく、B地役権を行使する共有者が数人ある場合には、その１人について時効の完成猶予の事由があっても、時効は、各共有者のために進行します（284条３項）。このように、取得時効の場面では共有者に有利になるように（時効取得しやすいように）解釈していきます。

一方、消滅時効について、消滅時効の期間は、継続的でなく行使される地役権については最後の行使の時から起算し、継続的に行使される地役権についてはその行使を妨げる事実が生じた時から起算します（291条）。そして、B要役地が数人の共有に属する場合において、その１人のために時効の完成猶予又は更新があるときは、その完成猶予又は更新は、他の共有者のためにも、その効力を生じます（292条）。つまり、消滅時効にかかりにくい解釈が求められることになります。

最後に、地役権と第三者との関係をまとめておきます。ここは正直、発展論点なので、時間がない場合は読まなくても構いません（笑）。

地役権と第三者との関係 B

Aは自己所有の甲地の便益のためにBとの間で通行地役権を設定した。現在、B所有の乙地にはAが開設した通路が存在している。

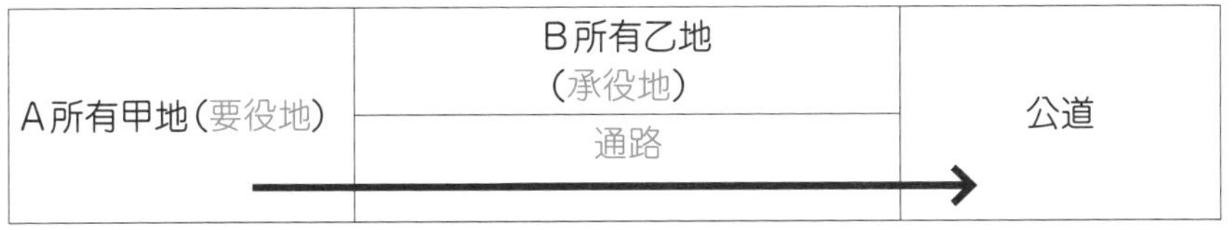

結論 例えば、要役地がAからCに譲渡された場合、Cは甲地の所有権移転登記を備えれば、地役権をBに対抗することができる（大判大13・3・17）。一方、承役地がBからDに譲渡された場合には、Aは甲地の所有権移転登記だけでなく、地役権の登記を備えなければ、地役権をDに対抗することができない（177条）。もっとも、Aが通路として使用していることが物理的形状などから客観的に明らかで、Dがそれを認識していたか又は認識することが可能であったときは、AB間で通行地役権が設定されていることをたとえDが知らなくても、何らかの通行権が設定さ

れていることは予想できたはずであるから、Aは登記なくして地役権をDに対抗することができる。つまり、この場合のDは177条の「第三者」に該当しないと考えるのである（最判平10・2・13）。

用益物権の比較 B

	地上権	永小作権	地役権
性質	物権	物権	物権
存続期間	とくに制限なし（永久地上権も可）	20～50年（永代小作権は不可）	なし（永久地役権も可）
地代	地代は要素ではない（無償も可）	小作料は要素	地代は要素ではない（無償も可）
処分（譲渡等）	土地所有者の承諾なく譲渡可 → 自由	土地所有者の承諾なく譲渡可 → 自由	（要役地又は承役地の）所有者の承諾なく譲渡可 → 自由
対抗要件	登記（ただし、借地借家法による修正あり）	登記	登記

PLAY! 理解度チェック

1. 地上権は地代が要素となっているのか。また、永小作権は小作料が要素となっているのか。

2. 空中地上権や地下地上権は認められるのか？

3. 地役権の目的である便益には制限があるのか？

4. 要役地と承役地は隣接している必要があるのか？

1.
地上権においては、地代は要素とはなっていない。一方、永小作権においては、小作料が要素となっている。

2.
認められる。

3.
ない。

4.
隣接している必要はない。

5. 要役地あるいは承役地が共有の場合、共有者の１人は、自己の持分だけ地役権を消滅させることはできるのか？

5.
できない。

6. 地役権の時効取得は認められるのか？

6.
認められる。

7. 地上権や永小作権を譲渡するときには、土地の所有者の承諾が必要か？

7.
必要ない。

TRY! 本試験問題に挑戦

民法に規定する地上権に関する記述として、判例、通説に照らして、妥当なのはどれか。
【特別区 R４】

1. 地上権は、土地の所有者の承諾なしに賃貸することができるが、土地の所有者の承諾なしに譲渡することはできない。

1．×
土地の所有者の承諾なしに譲渡することもできる。

2. 第三者が土地の使用又は収益をする権利を有する場合において、その権利又はこれを目的とする権利を有する全ての者の承諾があるときは、地下又は空間を目的とする地上権を設定することができる。

2．○
そのとおり。
地下又は空間を目的とする地上権は、第三者が土地の使用又は収益をする権利を有する場合においても、その権利又はこれを目的とする権利を有する全ての者の承諾があるときは、設定することができる。

3. 地代の支払は地上権の要素であるため、無償で地上権を設定することはできない。

3．×
無償の地上権を設定することもできる。

4. 地上権者が土地の所有者に定期の地代を支払わなければならない場合において、不可抗力により収益に損失があったときは、地上権者は、土地の所有者に地代の免除又は減額を請求することができる。

4. ×
不可抗力により収益に損失があったときであっても、地上権者は、土地の所有者に地代の免除又は減額を請求することはできない。

5. 最高裁判所の判例では、地上権を時効取得する場合、土地の継続的な使用という外形的事実が存在すればよく、その使用が地上権行使の意思に基づくことが客観的に表現されている必要はないとした。

5. ×
地上権を時効取得する場合は、土地の継続的な使用という外形的事実が存在するだけではなく、その使用が地上権行使の意思に基づくことが客観的に表現されている必要がある。

正答 2

TRY! 本試験問題に挑戦

民法に規定する地役権に関する記述として、妥当なのはどれか。【特別区 H25】

1. 地役権は、設定行為に別段の定めがない限り、要役地の所有権に従たるものとして、その所有権とともに移転し、所有権の移転を承役地の所有者に対抗し得るときは、地役権の移転も登記なく対抗できる。

1. ○
そのとおり。
要役地の所有権の登記さえ備えておけば、地役権の登記がなくても対抗できる。

2. 地役権は、通行地役権のように地役権者が一定の行為をすることを目的とする場合にのみ設定できるので、眺望や日照を確保するために承役地の利用者が建物を建てないことを目的として地役権を設定することはできない。

2. ×
眺望や日照を確保するために承役地の利用者が建物を建てないことを目的とする地役権を設定することは可能である。設定契約で目的に応じて自由に設定することができる。

3. 地役権は、要役地の所有者と承役地の所有者との間の設定行為という合意がある場合にのみ成立するものであり、時効によってその取得が認められることはない。

3．×
地役権は、継続的に行使され、かつ、外形上認識することができるものに限り、時効によって取得することができる。

4. 要役地又は承役地が数人の共有に属する場合に、その土地の各共有者は、単独では地役権全体を消滅させることはできないが、自己の持分についてだけ地役権を消滅させることはできる。

4．×
地役権全体を消滅させることは、共有物の変更にあたってしまうので単独ではできない。また、自己の持分についてだけ地役権を消滅させることもできない。

5. 地役権は、設定行為によって定めた目的に従い、承役地を要役地の便益に供する権利であるので、要役地に隣接しない土地を承役地として地役権を設定することはできない。

5．×
要役地に隣接しない土地を承役地として地役権を設定することは可能である。

正答　1

18 担保物権

重要度
★★★
頻出度
★★★

ここでは担保物権の概略をざっと説明しておく。ただ、概略とは言いながら、ここで学ぶ内容は極めて重要である。手を抜くと後々大変なことに……。

1 担保物権とは?

「担保物権」とは、人に金銭を貸し付けた場合に、その担保目的物に対して優先的に権利を行使し、弁済を受けることができる特別の物権です。ちょっと分かりづらいですよね……。

ではまず、ここでは抵当権という担保物権を例にとって全体的な概要を説明します。例えば、AはBに対して金銭を貸し付けたとします。金銭を貸し付ける契約のことを「金銭消費貸借契約」と言います。Aは当該債権（これを被担保債権と言う）についてちゃんと弁済してもらいたいのならば、担保をとればいいわけです。具体的には、AはBと契約を結び、Bの所有する土地（又は建物）に抵当権という担保物権を設定してもらうのです。こうしておくことで、もしBが弁済を怠ったときには当該土地を競売してしまうことができるのです。そして、入ってくる売却代金から他の債権者（一般債権者）に優先して債権の回収に充てることができます。このように、担保物権とは、債権者が被担保債権の弁済を確保するためにつける物権で、言わば債権者専用の特別の物権なのです。次の図で確認してみてください。

不動産の強制執行のことだよ。イメージとしてはオークションをして、売却する方法だと思っておこう。強制競売と呼んだりもするね。

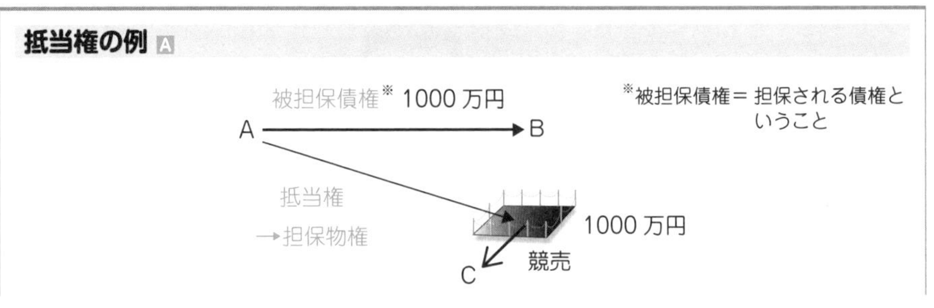

結論　担保物権とは被担保債権の弁済を確保するためにつける物権である。典型担保（民法上に明文規定がある担保物権）には、抵当権のほかにも、留置権、質権、先取特権がある。また、非典型担保（民法上に明文規定のない担保物権）として、判例上確立されてきた譲渡担保がある。なお、この譲渡担保は、「物権法定主義」の例外である。

担保物権は、その発生原因から２つに分類されます。１つは、留置権（りゅうちけん）や先取特権（さきどりとっけん）のように、当事者の契約によらずに法律によって当然に発生する「法定担保物権」です。もう１つは、質権や抵当権のように、当事者の契約によって設定される「約定担保物権」です。順を追って解説していきますので、今は「ふ〜ん」と思っておいてください。

2 担保物権の通有性

では、次に担保物権の「通有性（つうゆうせい）」について見ていきます。ここで「通有性」とは、原則としてすべての担保物権に共通して見られる性質のことを言います。これから担保物権を勉強していく前提として非常に大切なので、しっかりと理解するようにしてください。せっかくなので抵当権を例にとって説明します。

付従性 A

Ａは金銭消費貸借契約によってＢに1000万円を貸し付け、Ｂ所有の建物に抵当権の設定を受けた。その後、ＢはＡに対して1000万円を弁済した。このとき、抵当権はどうなってしまうのか？

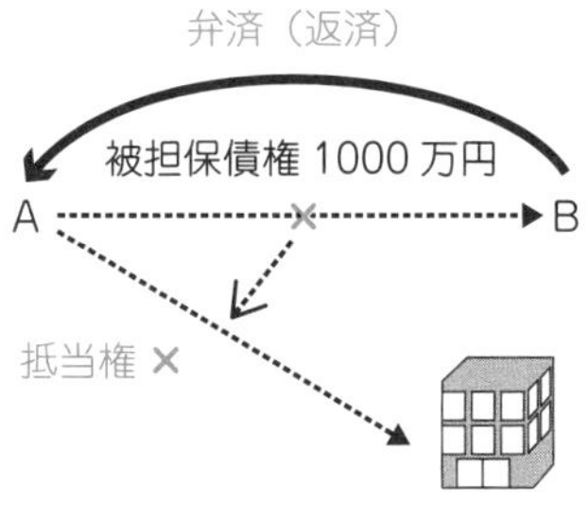

結論　担保物権は被担保債権を確保するためにある以上、被担保債権がなければ成立しないし、被担保債権が消滅すれば担保物権も消滅する。これが「**付従性**」である。よって、このケースでは、**被担保債権が弁済で消滅**した以上、**抵当権も消滅**する。

随伴性 A

Aは金銭消費貸借契約によってBに1000万円を貸し付け、B所有の建物に抵当権の設定を受けた。その後、Aは被担保債権をCに譲渡した（これを「**債権譲渡**」と言う）。このとき、抵当権はどうなってしまうのか？

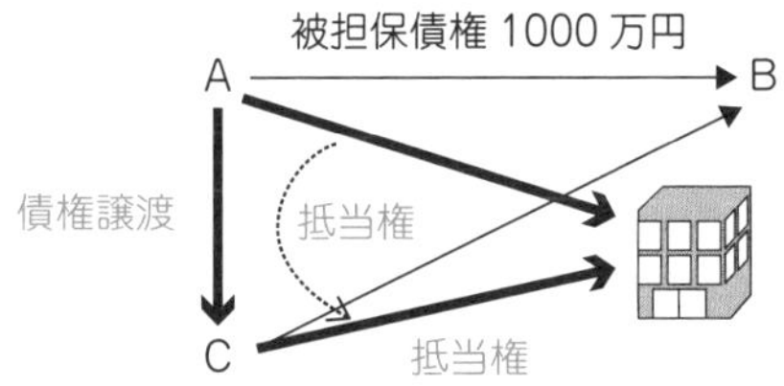

結論　被担保債権を譲渡すると債権が移転するのみならず、**担保物権も一緒になって移転**する。債権と運命を共にするこの性質が「**随伴性**」である。よって、このケースでは、**被担保債権がAからCに移転**した以上、**抵当権もAからCに移転する**。

不可分性 A

Aは金銭消費貸借契約によってBに1000万円を貸し付け、B所有の建物に抵当権の設定を受けた。その後、BはAに対して500万円だけ弁済した。このとき、抵当権はどうなってしまうのか？

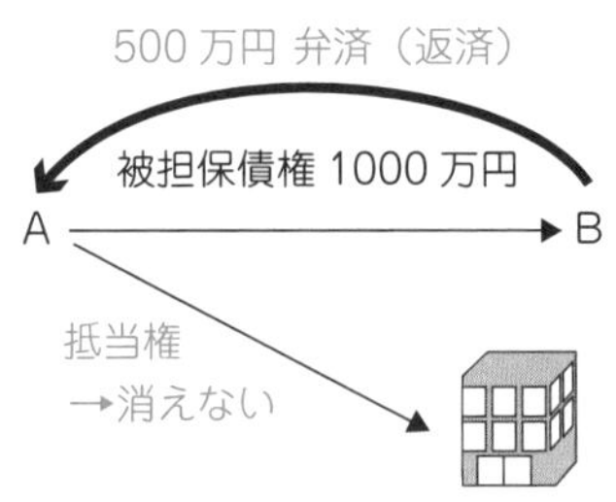

結論 担保権者は、被担保債権全額の弁済を受けるまでは、担保目的物の全部についてその権利を行使することができる。これが「不可分性」である。よって、このケースでは、Bは被担保債権の一部である500万円を弁済したが、1000万円全額を弁済するまでは建物全体に抵当権の効力が及ぶ。つまり、Bは「半分支払ったのだから、半分は抵当権の登記を抹消してくれ」とは言えない。

物上代位性 A

Aは金銭消費貸借契約によってBに1000万円を貸し付け、B所有の建物に抵当権の設定を受けた。その後、当該抵当建物が第三者Cの放火により滅失した。この場合、抵当権はどうなってしまうのか？

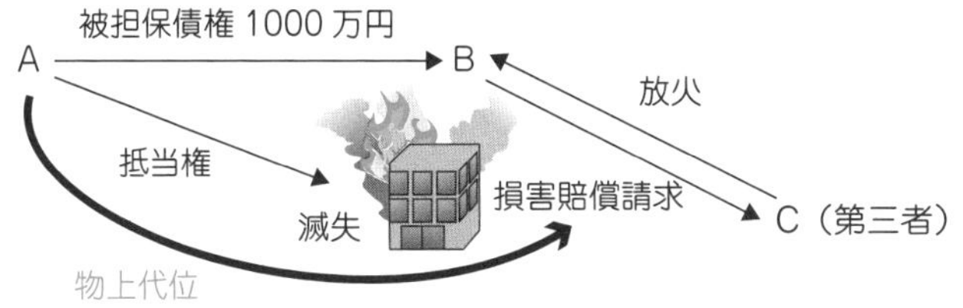

結論 担保権者は、目的物の売却、賃貸、滅失、損傷などによって債務者が受けるべき金銭その他の物の上に権利を行使することができる。このような性質を「物上代位性」と言う。このケースでは、目的物である建物は滅失してしまったが、その代わりBがCに対して請求できる損害賠償請求権（お金）の上に物上代位して、優先弁済権を及ぼすことができる。つまり、損害賠償金の上にかかっていけるということである。

不動産の賃借人が供託した賃料の還付請求権の上に物上代位することができるとした判例があるよ（最判平元・10・27）。

3 担保物権の効力

担保物権の効力には「優先弁済的効力」「留置的効力」「収益的効力」の３つがあります。

まず、「優先弁済的効力」とは、担保権者が被担保債権の弁済を受けることができないときに、目的物を競売してほかの債権者に優先して売却代金から弁済を受けることができるという効力です。担保物権の最大のうまみがこの優先弁済的効力です。ただ、後で勉強しますが、A留置権にはこの優先弁済的効力がありません。

次に、「留置的効力」とは、担保権者が手元に担保目的物を留置し、被担保債権の弁済を促すことができるという効力です。人質的なイメージで考えると分かりやすいかもしれませんね。「担保目的物を返してもらいたければ早く弁済しろ」という形で間接的に弁済を促す効果があります。B留置的効力は、留置権や質権には認められているのですが、先取特権や抵当権には認められていません。

最後に、「収益的効力」とは、担保権者が目的物を使用収益することができるという効力です。これは「不動産」質権にのみ認められる効力です。質権は質権でも「動産」質権には認められないので注意しましょう（詳しくは後述）。

担保物権の通有性と効力 B

		法定担保物権		約定担保物権			
		留置権	先取特権	質権	抵当権	根抵当権（確定前）	根抵当権（確定後）
通有性	付従性	○	○	○	○	×	○
	随伴性	○	○	○	○	×	○
	不可分性	○	○	○	○	○	○
	物上代位性	×	○（ただし、一般先取特権はなし※1）	○	○	○	○
効力	留置的効力	○	×※2	○	×※2	×※2	×※2
	優先弁済的効力	×	○	○	○	○	○
	収益的効力	×	×	不動産質権のみ○	×	×	×

ここがポイント
ここがポイント
ここがポイント
ここがポイント

※1 一般先取特権の場合には、もともと債務者の総財産の上に及ぶので、物上代位性を認める意味がない。
※2 留置的効力がない担保物権のことを「非占有担保」と呼ぶことがある。

PLAY! 理解度チェック

1. 非典型担保として、判例上確立されてきた担保物権がある。それは何か？

2. 法定担保物権は何と何か？

3. 担保物権は被担保債権を確保するためにある以上、被担保債権がなければ成立しないし、被担保債権が消滅すれば担保物権も消滅する。このような性質を何と言うか？

4. 担保権者は、被担保債権全額の弁済を受けるまでは、担保目的物の全部についてその権利を行使することができる。このような性質を何と言うか？

5. 不動産の賃借人が供託した賃料の還付請求権の上に物上代位をすることはできるか？

6. 留置権には優先弁済的効力や物上代位性があるのか？

7. 留置的効力が認められる担保物権は何と何か？

8. 収益的効力が唯一認められる担保物権は何か？

1.
譲渡担保。

2.
「留置権」と「先取特権」。

3.
「付従性」と言う。

4.
「不可分性」と言う。

5.
できる。

6.
ない。

7.
「留置権」と「質権」。

8.
不動産質権。

TRY! 本試験問題に挑戦

担保物権の効力及び性質に関するア～オの記述のうち、妥当なもののみをすべて挙げているのはどれか。ただし、争いのあるものは判例の見解による。

【国家一般職 H27】

ア. 担保物権の優先弁済的効力は、債務の弁済が得られないときは、担保権者が担保の目的物の持つ価値からほかの債権者に優先して弁済を受けることのできる効力であり、これは担保物権の債権担保としての効果をあげるための効力であるから、留置権、先取特権、質権、抵当権のいずれにも認められる。

ア. ×
優先弁済的効力は、留置権には認められない。

イ. 担保物権の収益的効力は、担保権者が担保の目的物を収益し、これを債務の弁済に充当できる効力であり、抵当権には収益的効力が認められていないが、動産質権及び不動産質権には収益的効力が認められる。

イ. ×
収益的効力は、不動産質権についてのみ認められる。

ウ. 担保物権は、特定の債権を担保するために設定されるものであり、その債権が発生しなければ担保物権も発生せず、その債権が消滅すれば担保物権も消滅するという付従性を有するから、債権の額が増減変動する不特定の債権を担保する目的の担保物権は認められない。

ウ. ×
今は気にする必要はないが、債権の額が増減変動する不特定の債権を担保する目的の担保物権も認められる。これを「根抵当権」と言う。25章でじっくり勉強するので今は気にしない。

エ. 留置権、先取特権、質権、抵当権のいずれにも不可分性があり、担保権者は、被担保債権の一部の弁済があっただけで債権全額の弁済がない場合には、債権全額の弁済を受けるまでは、担保目的物の全部についてその権利を行使することができる。

エ. ○
そのとおり。
不可分性はすべての担保物権に備わっている。

オ. 抵当権は、担保目的物の売却、賃貸、滅失又は損傷によって債務者が受けるべき金銭その他の物に対しても行使することができるという物上代位性を有し、抵当権者は、担保目的物である不動産の賃借人が供託した賃料の還付請求権について抵当権を行使することができる。

オ. ○
そのとおり。
供託金還付請求権の上にもかかっていける。

1．ア、ウ　2．ア、エ　3．イ、ウ　4．イ、オ　5．エ、オ

正答　5

TRY! 本試験問題に挑戦

担保物権の性質及び効力に関するア～オの記述のうち、妥当なもののみを全て挙げているのはどれか。【国家一般職R２】

ア. 担保物権には、被担保債権が発生しなければ担保物権も発生せず、被担保債権が消滅すれば担保物権も消滅するという性質がある。この性質は、担保物権が債権の強化のために存在するものであることから、全ての担保物権に共通して当然に認められるものである。

ア. ×
確定前の根抵当権のように付従性が認められない場合もある。「当然」などのキーワードは×の推定で考える。

イ. 担保物権には、被担保債権の全部の弁済を受けるまでは、目的物の全部についてその権利を行使することができるという性質がある。この性質は、留置権、先取特権及び質権には認められるが、抵当権については、目的物の一部に対して実行することも可能であるから、認められない。

イ. ×
抵当権についても認められる。

ウ. 担保物権には、目的物の売却、賃貸、滅失又は損傷によって債務者が受けるべき金銭その他の物に対しても行使することができるという性質がある。この性質は、担保の目的物を留置することによって間接的に債務の弁済を促そうとする留置権には認められない。

ウ. ○
そのとおり。
留置権には物上代位性は認められない。

エ. 担保物権には、担保権者が被担保債権の弁済を受けるまで目的物を留置することができるという効力がある。この効力は、留置権にのみ認められるもので、その他の担保物権には認められない。

エ. ×
質権にも認められる。

オ. 担保物権には、担保権者が目的物の用法に従いその使用及び収益をすることができるという効力がある。この効力が認められるものとして、不動産質権が挙げられる。

オ. ○
そのとおり。
不動産質権についてのみ収益的効力が認められる。

1. ア、イ　2. ア、エ　3. イ、ウ　4. ウ、オ　5. エ、オ

正答　4

19 留置権

重要度 ★★★
頻出度 ★★★

今回は、１つ目の担保物権として「留置権」を見ていく。留置権は出題パターンが決まっているので、手堅く得点できるおいしいテーマだ。とくに、判例を意識して勉強するように心がけよう。

1 留置権とは？

「留置権（りゅうちけん）」とは、他人の物を占有している者が、被担保債権の弁済を受けるまで、当該他人の物を留置することができる担保物権です（民法295条１項）。公平の観点から認められた担保物権などと言われています。例えば、Aが所有する自動車が壊れたとしましょう。そこで、Aは修理屋のBに修理を依頼しました。Bは修理した後にAに修理代金を請求したのですが、Aが代金を支払ってくれません。このとき、BはAが修理代金を支払うまでAの自動車を留置することができます。これが留置権です。

担保物権を考えるときの基本は、被担保債権が何なのか？ を考えることです。今回のケースで言うとBがAに対して有する「修理代金債権」が被担保債権となります。ですから、この修理代金債権を確保するために留置権の成立を認めていくわけです。そうすることで「間接的に」弁済を強制することができるのです。

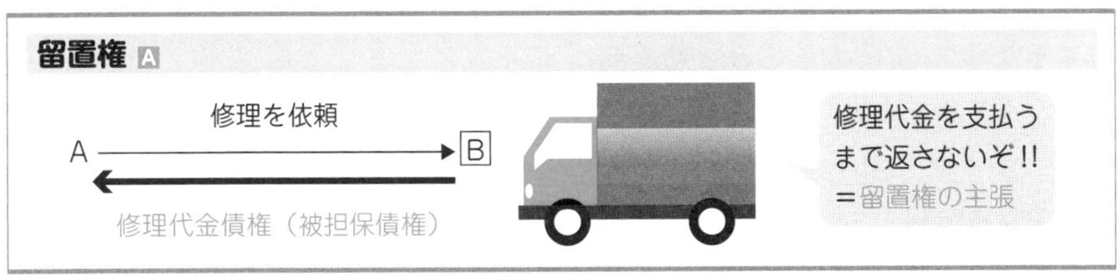

このように、物を留置することによって債務者に弁済を強制する効果を持つのが留置権です。留置権は「法定担保物権」なので、「留置権を発生させよう、うん、そうしよう」などという契約は不要です。法律上の要件さえ満たせば自動的に成立します。また、留置権は、付従性、随伴性、不可分性の３つの通有性を有しています。しかし、A法的な意味合いにおける優先弁済的効力がないものですから、物上代位

性は有していません。

なお、今は気にしなくていいですが、留置権は後で出てくる「同時履行の抗弁権」と非常によく似ています。しかし、留置権が担保物権なのに対して、同時履行の抗弁権は双務契約の効果であるため、債権的な効果しか有しません。この点は後でじっくり勉強しますので、今の段階では「同時履行の抗弁権」というキーワードを何となく頭の片隅に入れておいてください。

契約当事者の一方が履行の請求を受けた場合でも、相手方が弁済の提供をするまでは自己の履行を拒絶することができる権利だよ。例えば、売買契約において、売主は代金が支払われるまで目的物の引渡しを拒めるんだ。

2 留置権の成立要件

(1) 牽連性（関連性）

留置権は、「その物に関して生じた債権」を有する場合に成立します。これを「牽連性（関連性）の要件」などと呼びます。では、具体的にどのような場合に牽連性が肯定されるのでしょうか？　留置権は債務者の弁済を間接的に強制することにその趣旨があるわけなので、物を留置することで債務者の弁済が強制されるような関係を見て取れなければなりません。それが牽連性（関連性）の要件というわけです。諸説あるものの、一般的には「被担保債権の発生時において、被担保債権の債務者と物の引渡請求権者が同一であるとき」に牽連性（関連性）が認められると考えていきます。しかし、この点は正直どうでもいいです（笑）。とりあえず、留置権が成立するか否かという結論のみを覚えるようにしてください。次に事案と結論を簡単にまとめておきます。

牽連性肯定例

①売買における代金請求権と目的物の留置 B

②傘の取違えにおける返還請求 B

③建物に対する費用償還請求権（必要費・有益費）と建物の留置（大判昭14・4・28、大判昭10・5・13）A

建物賃貸借契約が終了して、賃借人Bが賃貸人Aに対し必要費（雨漏りを修理するのに要した費用など）又は有益費（壁紙を張り替えた費用など）

の償還請求権を行使した場合、Bはこれらの費用を支払ってもらうまで、建物を留置できるのか？

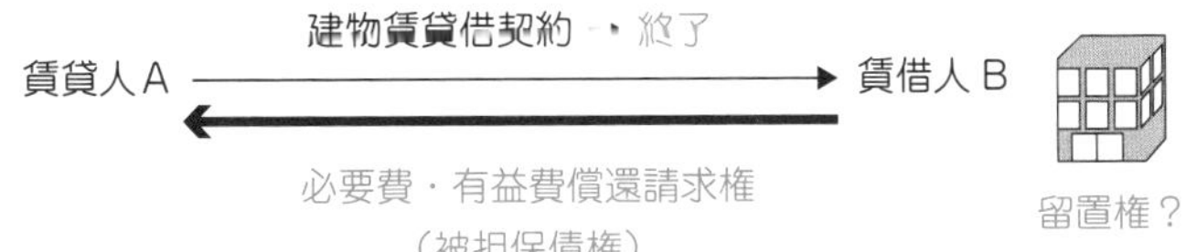

結論　Bは、必要費・有益費償還請求権を被担保債権として**留置権を主張し、建物を留置することができる。**

④**順次譲渡**のケース（最判昭47・11・16）A

土地が、B→A→Cと順次譲渡された場合（Aはまだ Bに対して売買代金を支払っていない）、BはCに対して、Aに対する売買代金債権を被担保債権として土地を留置できるか？

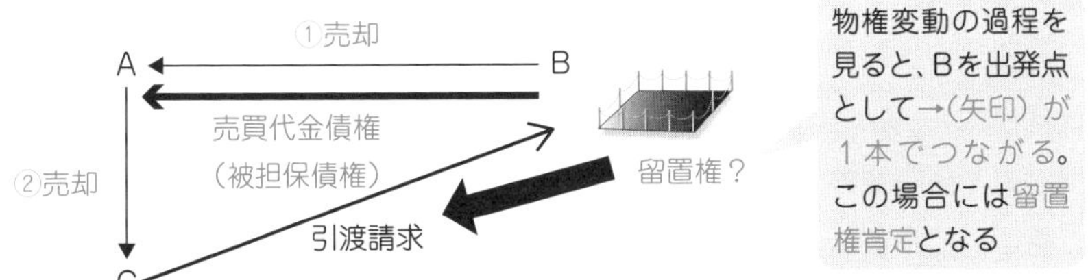

結論　BはCに対して**留置権を主張し、土地を留置することができる。**

理由　①売却と同時に、被担保債権たる代金債権が発生し、その時点での債務者は代金を支払わなければならないA、物の引渡請求権者もAである。よって、被担保債権の発生時において、被担保債権の債務者と物の引渡請求権者が同一である。

⑤**建物買取請求権**のケース（大判昭18・2・18）A

AB間の土地賃貸借契約が期間満了により終了し、賃借人Bは、賃貸人Aに対して建物買取請求権（土地の上に建てた建物を買い取ってもらう請求権）を行使した。このとき、Bは建物買取請求権に基づく建物代金債権を被担保債権として、建物だけでなく土地まで留置できるのか？

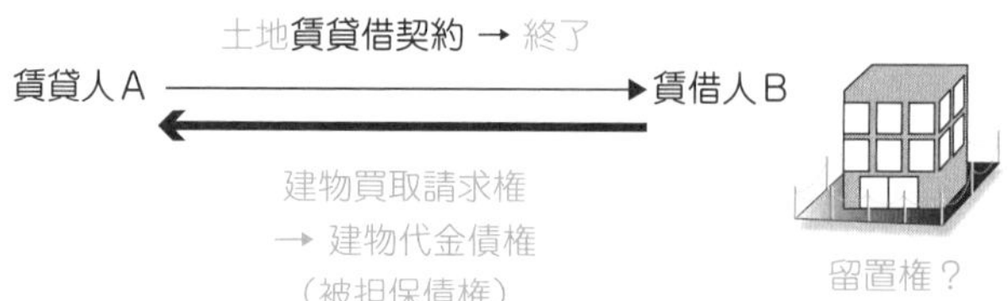

結論 Bは被担保債権たる建物代金債権を確保するため、建物を留置することができるのはもちろん、土地まで留置することができる。

理由 確かに、Bの建物代金債権を確保するためには、建物だけの留置が認められればよさそうである。しかし、建物は、土地の上に存在している以上、土地を明け渡して、建物だけを留置するというのは無理である（建物を背負って出て行くのは無理）。となれば、建物の留置を認める以上、土地の留置まで認めなければ意味がない。

牽連性否定例

①二重譲渡のケース（最判昭43・11・21）A

土地が、A→B、A→Cと二重譲渡され、Cが先に登記を備えた場合、Bは対抗問題で所有権の帰属については負けてしまうので、Aに対して債務不履行に基づいて損害賠償を請求することができるようになる（しかし、Aが損害賠償金を支払ってくれない）。このとき、BはCに対し、Aに対する債務不履行に基づく損害賠償債権を被担保債権として土地を留置することができるのか？

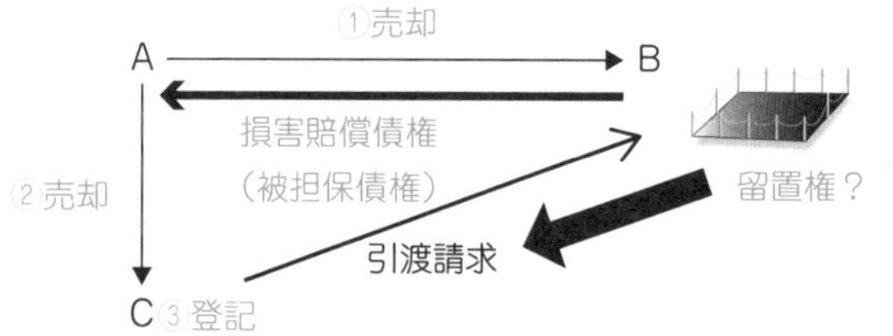

物権変動の過程を見ると、Aを出発点として→（矢印）が1本でつながらない。そっぽを向いてしまっている。よって留置権は否定される

結論 BはCに対して留置権を主張することができない。

理由 留置権の被担保債権たる損害賠償債権は、Cが登記をした時に同時に発生する。よって、被担保債権の債務者は損害賠償金を支払わなければならないAであるが、引渡請求権者は登記をし、確定的に所有権を取得し

たCである。つまり、被担保債権の発生時において、被担保債権の債務者と物の引渡請求権者が同一でなければならないという要件を充足していない。

②造作買取請求権のケース（最判昭29・1・14）A

ＡＢ間の建物賃貸借契約が期間満了により終了し、賃借人Ｂは、賃貸人Ａに対して造作買取請求権（建物に加えた造作を買い取ってもらう請求権）を行使した。このとき、Ｂは造作買取請求権に基づく造作代金債権を被担保債権として造作だけでなく建物まで留置できるのか？

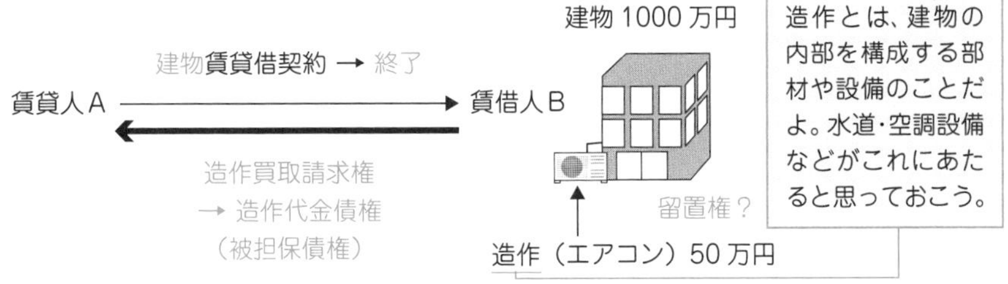

結論　Ｂは被担保債権たる造作代金債権を確保するため、造作は留置できる。しかし、建物まで留置することはできない。

理由　造作と建物の価格には大きな開きがあるため、安い造作代金を確保するために価値の高い建物の留置まで認めるとかえって不公平になってしまう。また、造作を背負って建物を明け渡すことは、不可能ではない（少し酷かもしれないが……）。

③敷金返還請求権のケース（最判昭49・9・2）A

ＡＢ間の建物賃貸借契約が期間満了により終了した場合において、賃借人Ｂは、賃貸人Ａに対して敷金返還請求権を被担保債権として建物を留置できるのか？

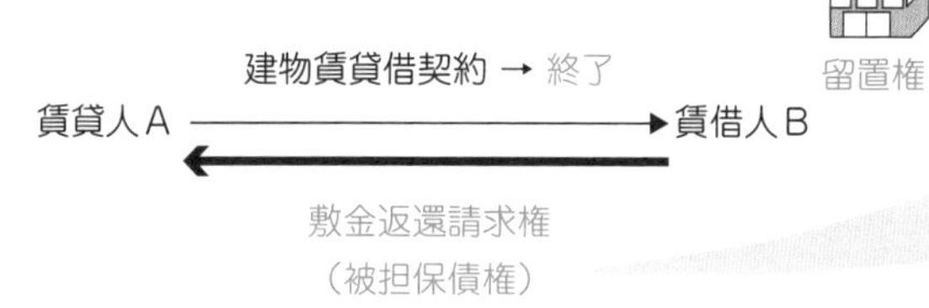

結論　Bは敷金返還請求権を被担保債権として留置権を主張することはできない。よって、Bは敷金を返還してもらいたければ、まずは建物を明け渡さなければならない。

理由　敷金返還請求権は、建物を明け渡して初めて発生する（明け渡した後に内部調査が入り、残高があれば返還されるというのが敷金）。よって、明渡しが先履行である。未だ明け渡していない段階では、被担保債権すら発生していない状態なので、留置権が発生しないのは当然と言えば当然だ。

（2）被担保債権が弁済期にあること（295条1項ただし書）

留置権は担保物権なので、その目的は被担保債権の弁済を確保することにあります。だとすればこの要件が要求されるのは当然ですね。そもそも被担保債権が弁済期にないのならば、債務者はまだ弁済しなくてもよいわけです（例えば、弁済は1か月後など）。それにもかかわらず、留置権を行使されたらどうでしょうか？　たまったもんじゃありませんね（笑）。A被担保債権が弁済期になければならないというのは言わば当然なのです。

（3）「他人の物」の留置

留置権は「留置的効力」にその本質があるため、留置権者が目的物の占有を失えば、留置権は当然に消滅します。また、B占有が対抗要件になるので、登記がなくても第三者に対抗することができます。そして、留置する物は留置権者以外の所有物であれば何でも構いません。つまり、他人の物であれば足りるので、債務者本人の所有物でなくても構わないのです。

（4）占有が不法行為によって「始まった」場合でないこと（295条２項）

Ａ占有が不法行為によって始まった場合には留置権は成立しません。例えば、Ａのところに B がやってきて鉄パイプでＡの自動車をボコボコに壊しました。その後、Ｂは「あれ〜壊れちゃったね〜。でも僕は車の修理屋だから直してあげるよ」などと言って、勝手に車を引きあげていき、その後修理をしたとします。そして、さらにＢは「車の修理代金を支払うまでは僕がこの車を留置しておくから」と言いながら留置権を行使しようとするケースについて考えてみます（笑）。さて、この一連のコント（？）において留置権は成立するのでしょうか？　結論から言うとNOです。Ｂの占有はそもそも不法行為によって始まったものなので、このような場合には留置権が成立しないわけです。

では、最初は適法な占有だったのに、途中から無権原の占有になってしまった場合はどうでしょうか？　この場合にも留置権の成立が否定されるのでしょうか？　この点は判例があるので、次の図を見てください。

途中から無権原となった場合 Ａ

ＡＢ間の建物賃貸借契約によって、賃借人Ｂは適法に建物の占有を開始した。ところが、後に賃料不払いを連発し、これが原因で賃貸借契約を解除されてしまった。しかし、Ｂはその後も占有する権原がないことを知りながら不法に建物を占有し続け、有益費を支出した（壁紙を張り替えた）。この場合、Ｂは、Ａからの建物明渡しの請求に対して有益費償還請求権を被担保債権として留置権を主張することができるのか？

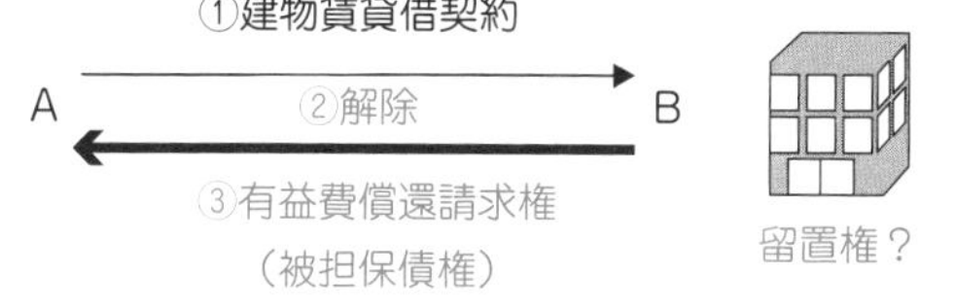

本当は建物を明け渡さなければならないけど、有益費を支出して留置権を主張してやろう。Aは困るだろうな、くっくっく…

結論　占有すべき権原のないことを知りながら占有するBには、民法295条2項を類推適用して、留置権の主張を認めない（大判大10・12・23、最判昭41・3・3、最判昭46・7・16）。よって、Bは有益費償還請求権を被担保債権として留置権を行使することができない。

理由　確かに、Bは最初は適法な占有権原に基づいて占有をしていたが、その後賃貸借契約が解除され、それ以降は単なる不法占拠者となる。それにもかかわらず、有益費を支出して留置権を行使するのは信義則に反する（図々しすぎる）。

3 効力

（1）留置的効力

被担保債権の弁済を受けるまでは目的物を留置することも、第三者に対して主張することもできます。それは「物権」だからできるのです。Bただ、留置はできてもその間の賃料相当額は不当利得として返還しなければなりません。つまり、ただで留置できるわけではないのです。例えば、有益費の償還を受けるまで建物を留置していた場合、留置権を行使していた間の使用利益（賃料相当額）は、不当利得として建物所有者に返還しなければなりません（大判大10・5・13）。

ただ、通常は有益費償還義務違反を理由とする損害賠償金と相殺する形になるだろうね。

また、B留置権者は、善良な管理者の注意をもって、留置物を占有しなければなりません（298条1項）。これを「善管注意義務」と言います。他人の物を留置しているわけだから、自己の物を管理するノリではダメなのです。そして、A留置権者は、債務者の承諾を得なければ、留置物を使用し、賃貸し、又は担保に供することができません。ただし、当該物の保存に必要な使用をすることは債務者の承諾を得なくてもできます（298条2項）。例えば、バッテリーがあがらないようにするため、留置している自動車を定期的に動かす程度であれば、保存に必要な使用と言えるので債務者の承諾がなくても可能です。もし、これらの善管

建物の賃借人は賃借中に支出した費用の償還請求権につき留置権を行使し、その返還を受けるまで当該建物に居住し続けることができるんだけど、この居住は、特段の事情がない限りは物の「保存に必要な使用」にあたるというのが判例だよ（大判昭10・5・13）。

注意義務を怠ったり、債務者の承諾を得ずに、留置物を使用、賃貸、担保に供した場合には、A 債務者は留置権消滅請求権を行使することができます（298条３項）。ただ、これは請求しなければならず、自動的に留置権が消滅するわけではないので注意しましょう。この点について、一つ難しい判例があります。判例は、留置物の所有権が譲渡によって第三者に移転した場合において、新所有者が対抗要件を具備するよりも前に留置権者が留置物の使用又は賃貸についての債務者の承諾を受けていたときは、新所有者は、留置権者に対し、留置権の消滅請求をすることはできないとしています（最判平９・７・３）。対抗要件を具備する前に承諾を受けていた留置権者の方を保護するという価値判断ですね。

（2）留置権者の果実の収取（弁済充当権）

他人に物を賃貸している場合における賃料などが「法定果実」だったよね。

留置権者は、留置物から生じる果実（天然果実や法定果実）を収取し、他の債権者に先立って、これを自己の債権（被担保債権）の弁済に充当することができます（297条１項）。この果実は、まず債権の利息に充当し、なお残額があるときは元本に充当しなければなりません（297条２項）。

果実収取権（弁済充当権） A

Aは自動車が壊れたのでBに修理を依頼した。ところが、Aが修理代金を支払わないので、Bは当該自動車につき留置権を行使している。そして、Bは債務者であるAの承諾を得て当該自動車をCに賃貸した。このとき、Bは賃料を収取し、修理代金債権の弁済に充当することができるのか？

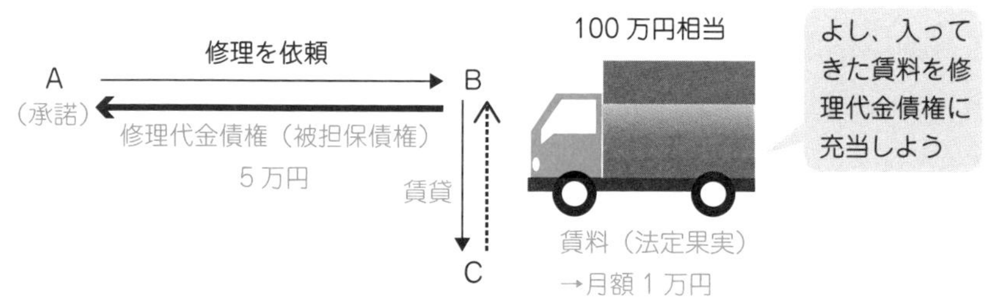

結論　Bは賃料を修理代金債権に充当することができる。ただ、BがCに賃貸する場合には、自動車の所有者（つまり債務者）であるAの承諾を得なければならない。もし、承諾を得ずに勝手に賃貸すれば留置権消滅請求の対象になってしまう（前述）。

（3）不可分性

A留置権者は、被担保債権の全部の弁済を受けるまで、留置物の全部についてその権利を行使することができます（296条、不可分性）。このような不可分性があるために、代担保供与による留置権消滅請求が認められています。すなわち、債務者は、相当の担保を供して、留置権の消滅を請求することができるのです（301条）。代わりの物を担保として預けるので留置権を消してください、という請求ができるというわけです。例えば、先の（2）の事例で言うと、自動車（100万円相当）が留置されている場合に、たった５万円の修理代金債権が支払われないことを理由に自動車全部を留置できてしまうのでは、かえって公平性が害されてしまいます。そこで、この場合には自動車に代わる５万円相当の担保（５万円の時計など）を提供して留置権を消してもらえるのです。

（4）費用償還請求権

B留置権者は、留置権を行使している間に留置物について必要費を支出したときは、所有者にその償還をさせることができます（299条１項）。また、B留置物について有益費を支出したときは、これによる価格の増加が現存する場合に限り、所有者の選択に従い、その支出した金額又は増加額を償還させることができます。ただし、裁判所は、所有者の請求により、その償還について相当の期限を許与することができます（299条２項）。この相当の期限の許与は留置権者の善意・悪意を問わずできます。

占有権のところでは悪意の占有者についてのみ期限の許与ができたよね。覚えているかい？

（5）消滅時効との関係

A留置権の行使は、被担保債権の消滅時効の進行を妨げません（300条）。つまり、留置権を行使しているからといって、被担保債権の消滅時効の進行は止まらないのです。なぜなら、留置権と被担保債権はあくまでも別の権利だからです。これは留置権だけの話ではなく、質権にも共通する事項なので是非覚えておきましょう。ただ、留置物の返還請求訴訟において（つまり**裁判の場面**で）、留置権者が**留置権の抗弁を主張した場合**は、裁判上の請求にはならないものの、少なくとも**催告にはあたる**とするのが判例です（最大判昭38・10・30）。したがって、消滅時効の完成は猶予されることになります。

（6）引換給付判決

もし、留置権の主張が「裁判上」なされた場合には、棄却判決が下されるのではなく、**引換給付判決**が下されることになります（最判昭33・3・13）。これは、「修理代金の支払いと引き換えに自動車を返してあげなさい」というような中途半端な判決です。

PLAY! 理解度チェック

1. 留置権には、優先弁済的効力はあるのか？
また、物上代位性は認められているのか？

2. 不動産甲が、B→A→Cと順次譲渡された場合、BはCに対して、Aに対する売買代金債権を被担保債権として不動産甲を留置することができるのか？

3. 不動産甲が、A→B、A→Cと二重譲渡され、Cが登記を備えた場合、BはCに対し、Aに対する債務不履行に基づく損害賠償債権を被担保債権として不動産甲を留置することができるのか？

1.
優先弁済的効力はない。また、物上代位性も認められていない。

2.
留置することができる（順次譲渡なので肯定）。

3.
留置することができない（二重譲渡なので否定）。

4. 被担保債権が弁済期になくても留置権を行使することができるのか？	**4.** できない。
5. 建物賃借人が債務不履行により契約を解除された後も、権原がないことを知りながら事実上建物を占有し続け、有益費を支出した場合、当該有益費償還請求権を被担保債権として留置権を行使することができるのか？	**5.** 留置権を行使することはできない（295条2項類推適用）。
6. 留置権者は、債務者の承諾を得ないで留置物を使用・賃貸・担保に供することができるのか？	**6.** できない。
7. 留置権者は、被担保債権の全部の弁済を受けるまで、留置物の全部についてその権利を行使することができるのか？	**7.** できる（不可分性）。
8. 留置権の行使は、被担保債権の消滅時効の進行を妨げるのか？	**8.** 妨げない。被担保債権の消滅時効は進行する。

TRY! 本試験問題に挑戦

留置権に関する次の記述のうち、妥当なのはどれか。　【国税専門官 H27】

1. 他人の物の占有者は、その物に関して生じた債権を有するときは、その債権の弁済を受けるまで、留置権の成立を根拠として、その物を留置することが認められるから、当該占有が不法行為によって始まった場合であっても、留置権を主張することができる。

> 1. ×
> 当該占有が不法行為によって始まった場合は、留置権を主張することができない。

2. 留置権者は、債権の弁済を受けるまでの担保として、物の占有を継続することが認められるに過ぎないから、留置物から果実が生じた場合にこれを収取することは許されない。

> 2. ×
> 留置物から果実が生じた場合にはこれを収取することができる。

3. 留置権者は、留置権が成立する間、物の占有を継続することが認められる以上、当該物に関する必要費は自己の負担で支出する必要があり、所有者に当該必要費の償還を請求することはできない。

> 3. ×
> 留置権者には必要費償還請求権が認められているので、所有者に必要費の償還を請求することができる。

4. 債務者の承諾を得た場合であっても、留置権者が第三者に留置物を賃貸したときは、留置権は消滅する。

> 4. ×
> 債務者の承諾を得た場合であれば、留置権者は留置物を賃貸しても構わない。

5. 債権者において留置権が成立している場合であっても、債務者は、相当の担保を供して、留置権の消滅を請求することができる。

> 5. ○
> そのとおり。
> 「代担保供与による留置権消滅請求」に関する説明として妥当である。

正答　5

TRY! 本試験問題に挑戦

留置権に関する次のア～オの記述のうち、妥当なもののみを全て挙げているのはどれか。ただし、争いのあるものは判例の見解による。

【国税専門官、財務専門官、労働基準監督官 R3】

ア. 留置権は、その担保物権としての性質から、付従性・随伴性・不可分性・物上代位性が認められる。

ア. ×
物上代位性は認められない。

イ. 借地借家法に基づく造作買取代金債権は、造作に関して生じた債権であって、建物に関して生じた債権ではないが、建物の賃借人が有益費を支出した場合との均衡から、建物の賃借人は、造作買取代金債権に基づき建物全体について留置権を行使することができる。

イ. ×
建物全体について留置権を行使することはできない。

ウ. AはBに不動産を譲渡し、Bは未登記のまま当該不動産の引渡しを受けた。さらに、Aは、当該不動産をCにも譲渡し、C名義の登記を済ませた。この場合、Bは、Cからの不動産引渡請求に対し、BのAに対する損害賠償請求権に基づき、当該不動産について留置権を行使することができる。

ウ. ×
本件は二重譲渡の場面であるため、BはAに対する損害賠償請求権を被担保債権として、当該不動産について留置権を行使することはできない。

エ. 留置権者は、留置物の保管につき善管注意義務があり、また、債務者の承諾を得なければ、留置物を使用し、賃貸し、又は担保に供することができない。

エ. ○
そのとおり。
「使用、賃貸、担保」は債務者の承諾がなければできない。

オ. 建物の賃借人は、賃借中に支出した費用の償還請求権に基づいて、賃貸借契約終了後も、その償還を受けるまで、建物全体に留置権を行使することができ、他に特別の事情のない限り、建物の保存に必要な使用として引き続き居住することができる。

オ．○
そのとおり。
居住は、特段の事情がない限りは物の「保存に必要な使用」にあたるというのが判例である。

1．ア、イ　　2．イ、エ　　3．ウ、エ　　4．ウ、オ　　5．エ、オ

正答　5

20 質権

重要度
★★★
頻出度
★★★

質権は頻出とまでは言えないが、5～8年に一度のペースで出題されている。担保物権の中では一番イメージがわきやすいので勉強自体は苦にならないはずだ。

1 質権とは？

「**質権**」とは、担保目的物（質物）の**占有を債権者に移転**し、債権者が被担保債権の弁済を受けるまで当該担保目的物を留置することを内容とする**約定担保物権**です。趣旨は間接的な弁済の強制です。質権は約定担保物権なので、質権者と質権設定者との間で契約を結ぶことによって設定されます。もし、被担保債権の弁済を受けられないときには、質権者は質物を競売にかけ、そこで得られた金銭からほかの一般債権者に優先して弁済を受けることになります。

質権 A

AはBに100万円を貸し付けた（被担保債権）。そして、ＡＢ間で質権設定契約を締結し、B所有の腕時計（100万円相当）を担保目的物（質物）としてAに引き渡した。

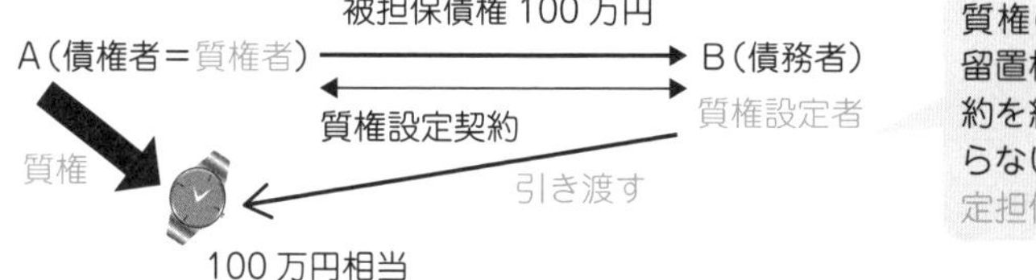

結論　AはBとの間で**質権設定契約**を締結して、目的物を**引き渡してもらう**。そして、AはBが被担保債権につき弁済をするまでこれを**留置しておく**。もし、Bが被担保債権を弁済しないときには、留置している質物を競売にかけて優先弁済を受ける。

このように、質権には**留置的効力**と**優先弁済的効力**の２つの効力があります。また、質権は最終的には競売にかけることが予定されているため、譲り渡すことができない物（麻薬などの法禁物や扶養を受ける権利などの一身専属権）を目的とすることはできません（343条）。もっとも、譲り渡すことができればよいので、差押えが禁じられている物であっても、譲渡が可能である限り質権の目的とすることができます。質権は、約定担保物権なので、債権者（図中のA）と質権設定者（図中のB）との間の質権設定契約に基づいて発生します。Aここで、債権者と質権者は常に一致するのですが、債務者と質権設定者は必ずしも一致しないということを意識しておきましょう。すなわち、この事案ではBが債務者であり、かつ質権設定者になっていますが、ときとして、物上保証人が質権設定者になることがあるのです。この場合は、債務者と質権設定者がずれることになります。次の図を見て確認してください。

ほかにも、航空機や自動車は、特別法で動産抵当権の設定が認められているので、質権の設定が禁止されているよ（自動車抵当法20条、航空機抵当法23条）。特別法からの制限だね。

物上保証人 A

AはBに100万円を貸し付けた（被担保債権）。このとき、AB間ではなく「AC間」で質権設定契約を締結し、C所有の腕時計（100万円相当）を担保目的物（質物）としてAに引き渡した。

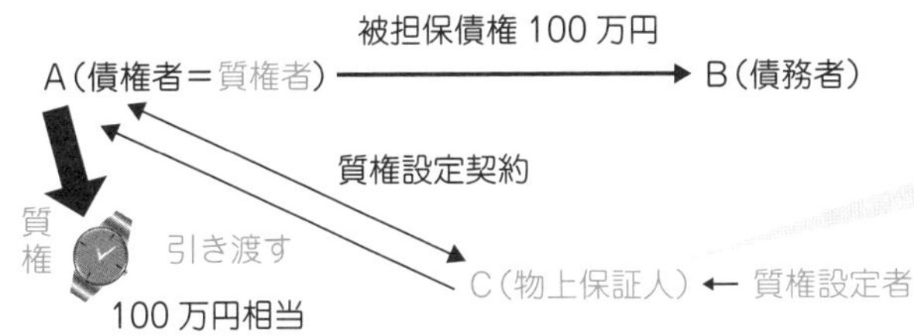

自分は借金を負っていないのに、担保だけ差し出してくれるありがたい人。実際はBが子でCが親というような親子関係があることが多い

Aこの物上保証人は、今回の質権の場面だけではなく、抵当権の場面でも登場します。したがって、ここでしっかりと覚えておく必要があります。なお、物上保証人は被担保債権を弁済したり、質権の実行によって質物の所有権を失ったりしたときは、保証債務に関する規定に従い、債務者に対して求償権を行使することができます（351条）。ただし、委任契約とは異なるので、A事前求償権までは有しないというのが判例です。

質権には、付従性や随伴性、不可分性、物上代位性など担保物権の通有性がすべて備わっています。ここでは付従性の緩和という議論を覚えておいてください。通常、付従性の観点からは、被担保債権が発生しないと担保物権も発生しないはずですよね。しかし、金融取引の便宜を図る観点から、B先に質権設定契約を締結しておいて、その後に被担保債権を発生させることも可能と解されています。これを「付従性の緩和」と言います。先に質権を設定し、その後にお金を貸すようなケースを思い浮かべれば理解しやすいと思います。

この「付従性の緩和」は、後で勉強する抵当権の場面でも登場するよ。

2 質権の通則

(1) 要物契約

A質権設定契約は、債権者にその目的物を引き渡すことによって、その効力を生じます（344条）。通常、契約は当事者の意思表示のみによって成立します。この手の契約を「諾成契約（だくせいけいやく）」と言いますが、質権設定契約はこれとは異なります。すなわち、目的物を引き渡さなければ契約の効力が生じません。このように、引渡しがあって初めて効力を生じる契約を「要物契約（ようぶつけいやく）」と言い、まさにこの質権設定契約が「要物契約」の典型なのです。なお、Aこの引渡しには、現実の引渡しのみならず、簡易の引渡しや指図による占有移転も含まれます。しかし、占有改定は含まれません。占有改定では担保にならないからです（質権設定者の元に質物を留めておくのでは担保にならない）。また、同じような趣旨から、質権者は、質権設定者に、自己に代わって質物の占有をさせることができません（345条）。これは強行規定であるため、これに反する合意をしても無効です（大判明35・2・10）。

質権の被担保債権の範囲は非常に広く、元本、利息、違約金、質権の実行の費用、質物の保存の費用及び債務の不履行又は質物の隠れた瑕疵によって生じた損害の賠償を担保します（346条）。よって、質権の被担保債権の範囲を限定するような肢は×の可能性が高いということになります。

後で勉強するけど、抵当権は、利息や定期金が最後の２年分に制限されるんだ。

（2）転質

質権者は、質物をさらに「**転質**」することができます。この転質とは、質権者が質物を担保にさらに誰かから資金の融通を受けることを言います。イメージは質物をまた貸しするような形となります。この転質の方法は２つあります。すなわち、①**承諾転質**（原質権設定者の**承諾を得て**行う方式）と②**責任転質**（原質権設定者の**承諾を得ないで**行う方式）の２つです。これらの違いを簡単に図解しておきます。

承諾転質 B

Ｂは A から質物として預かった動産を担保に、Ｃから金銭を借り受けた。このとき、Ｂは原質権設定者であるＡの承諾を得て当該動産をさらにＣに質入れした。

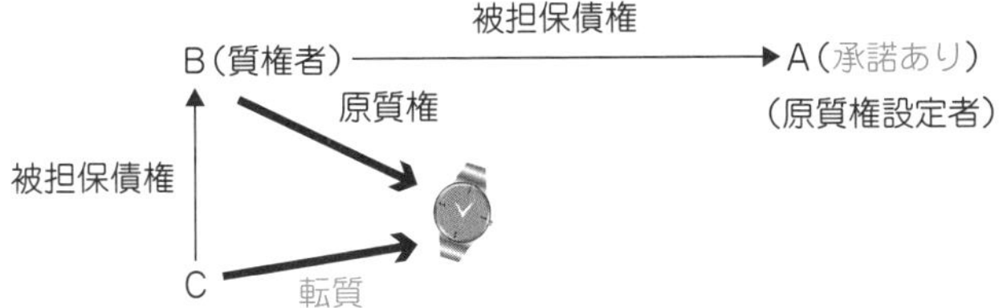

結論　原質権設定者Ａが**承諾している**以上、転質が認められる。この場合の転質を「**承諾転質**」と言う。

責任転質 A

Ｂは A から質物として預かった動産を担保に、Ｃから金銭を借り受けた。このとき、Ｂは原質権設定者であるＡの承諾を得ないで当該動産をさらにＣに質入れした。

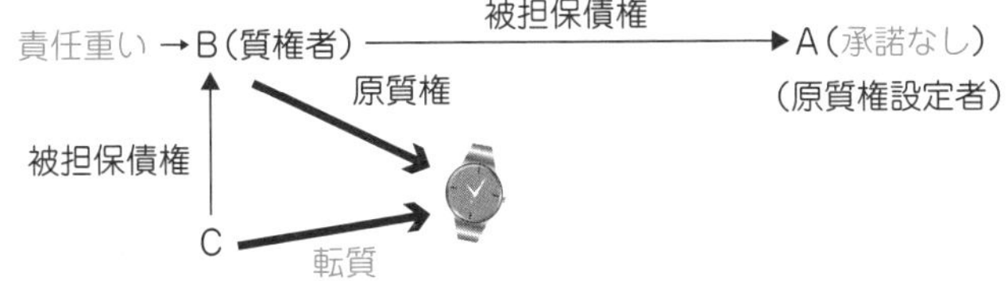

結論　原質権設定者Ａは**承諾していない**が、Ｂは質物を自己の借入れのためにさらに質入れしてよい（**責任転質**）。しかし、Ｂはその質物について生じた損害（滅失とか毀損）については、**不可抗力でもすべて責任を負う**。つまり、勝手に質入れしても構わないが責任は全部負担する。

(3) 契約による質物の処分の禁止

B質権設定者は、設定行為又は債務の弁済期前の契約において、質権者に弁済として質物の所有権を取得させ、その他法律に定める方法によらずに、質物を処分させることを約束できません(349条)。これはいわゆる「流質契約の禁止」と言われるものです。例えば、AがBに対して500万円の宝石(ダイヤモンド)を担保(質物)として差し出し、100万円の資金の融通を受けたとします。しかし、Aは弁済期に100万円を返済することができなくなりました。このとき、質権設定契約を締結する際に、あるいは弁済期よりも前に、「弁済期に返済できなかった場合は、直ちに宝石(ダイヤモンド)の所有権はBに移る」というような特約があったら、弁済期を経過した時点で、宝石(ダイヤモンド)の所有権がBに移転することになります。でも、ちょっと待ってください。100万円の債務のために500万円の宝石(ダイヤモンド)がとられてしまうわけですから、不公平ですね。したがって、このように質権者が債務者の窮境に乗じて暴利をむさぼることを防止するため、少なくとも弁済期前の流質契約を禁止したのです。裏を返せば、弁済期後に流質契約をした場合や、質権設定者が自ら欲するような場合には、認められることになります。

(4) 準用条文

質権には、350条という準用規定が用意されています。これにより、不可分性(296条)、果実収取権(297条)、善管注意義務(298条1項)、使用・賃貸・担保に関する設定者の承諾(298条2項)、消滅請求権(298条3項)、費用償還請求権(299条)、消滅時効の進行(300条)、物上代位性(304条)が準用されることになります。

3 動産質権

「動産質権」とは、ざっくり言うと、質物として預かった物が動産であるケースです。この動産質権は、継続して質物を占有しなければ、その質権をもって第三者に対抗することができません(352条)。つまり、動産質権の対抗要件は占有の継続ということになります。よって、A動産質権者が質物の占有を奪われたときは、質権に基づいて返還請求をすることはできず、占有回収の訴えによってのみ、その質物を回復することができます（353条）。つまり、質物を第三者に奪われたときは、占有という対抗要件を失ってしまうので、質権に基づいて返還請求をすることができなくなるのです。

この「第三者」とは盗人なども含む広い意味だよ。177条の「第三者」とは違うんだよ。

動産質権の侵害に対する救済 A

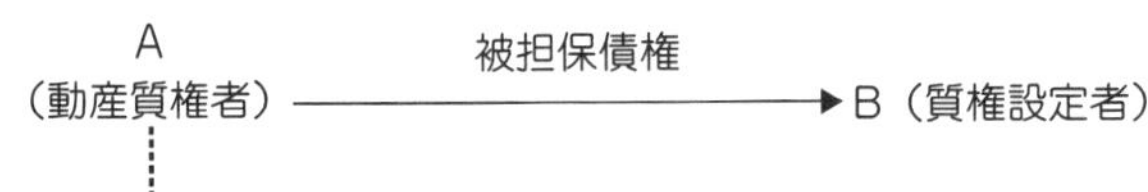

結論　Aは、第三者Cに対して、占有回収の訴えを提起して返還を請求することはできるが、質権に基づく返還請求はできない。なぜなら、動産質権の対抗要件は占有の継続だからである。もちろん、債務者や質権設定者に対して（これらの者に質物を奪われた場合）は、質権に基づく返還請求ができる。なぜなら、これらの者は、「第三者」ではなく対抗要件は不要だからである。

動産質権者は、その債権の弁済を受けないときは、正当な理由がある場合に限り、鑑定人の評価に従い質物をもって直ちに弁済に充てることを裁判所に請求することができます（354条前段）。これを「簡易の充当」と言い、競売以外のより簡易な換価方法を認めたというわけです。ただ、この場合、動産質権者は、あらかじめ、その請求をする旨を債務者に通知しなければなりません（354条後段）。

B同一の動産について数個の質権が設定されたときは、その質権の順位は、設定の前後によります（355条）。この条文が置かれているということは、質権も抵当権と同じように後順位の質権者が出現することがあり得るということです。もっとも、質権設定契約は、引渡しが要件とされる要物契約である以上、後順位の質権者が現れることはあまりないと思われます。せいぜい指図による占有移転の場合にちらほらと見られる程度でしょう。

最後に、質権者が質物を任意に質権設定者に返還した場合、質権はどうなってしまうのでしょうか？　これについて、B判例は、動産質権の事案で「対抗力を喪失するのみであり、質権自体は消滅しない」としています（大判大5・12・25）。占有を失った以上、この判例のように対抗力を失うと考えるのが自然でしょう。

4 不動産質権

「不動産質権」も質権である以上、目的不動産を引き渡すことによって、その効力を生じます（要物契約）。不動産も引き渡さなければならないというわけですね。対抗要件は対象物が不動産なので登記ということになります。よって、B登記をしておけば質物が第三者に奪われても、質権に基づく返還請求をすることができます。この点は、動産質権との大きな違いです。

A不動産質権の最大の特徴は、質権者が質権の目的である不動産の用法に従い、その使用及び収益をすることができる点にあります（ゆえに「収益型担保物権」である）。つまり、不動産質権にはもともと目的物の使用・収益権が含まれているのです（356条）。ですから、収益金を自由に自分のポケットに入れてしまって構いません。不動産の管理能力がある人であれば、これをうま〜く利用することにより稼ぐことができるのです（笑）。

目的物の使用・収益 A

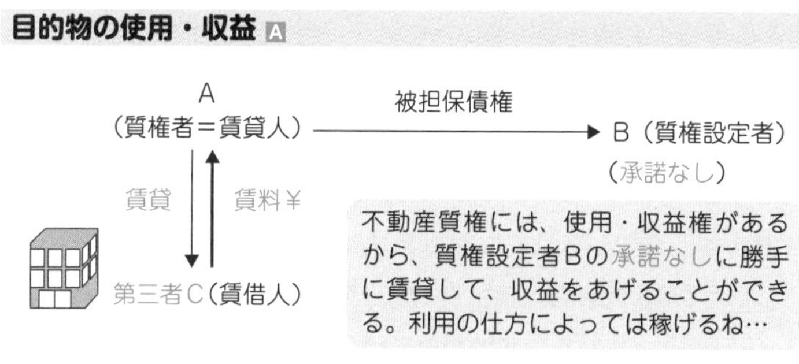

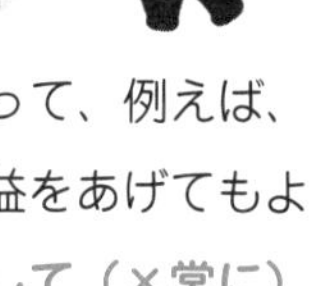

結論　不動産質権者Aには、目的物の使用・収益権がある。よって、例えば、質権設定者Bの承諾なく不動産を第三者Cに賃貸し、収益をあげてもよい。もっとも、収益をあげることができる以上、原則として（×常に）利息は請求できないし、管理費なども自分で支払わなければならない。

> 「原則として」としたのは、質権設定契約で別段の定め（特約）をしておけば請求できるからである。

なお、不動産質権の存続期間は10年を超えることができません（360条１項）。仮に設定行為によってこれより長い期間を定めたときであっても、その期間は10年とされます。更新もできるのですが、その期間は更新の時から10年を超えることができません（360条２項）。不動産質権は収益型担保物権なので、あまり長い間質権者が留置しておくのは望ましくないわけです。

5 権利質（債権質が典型）

質権は、財産権をその目的とすることができます（362条１項）。これを「権利質」と言います。よって、譲渡可能な権利であれば、債権や株式、不動産物権（地上権や永小作権）、無体財産権などを質に取ることができます。ただ、試験的には「債権」を質に取るケースを覚えておけば大丈夫です（債権質）。

債権質設定契約は、動産質権や不動産質権と異なり、要物性が緩和されています。つまり、合意のみで効力が生じます。ただし、記名式所持人払証券（債権者を指名する記載がされている証券であって、その所持人に弁済をすべき旨が付記されているものをいう）や無記名証券を目的とする質権の設定は、その証券を交付しなければ、その効力を生じません（520条の13、520条の20）。要物契約ということですね。また、手形や通常の小切手などの指図証券を目的とする質権の設定も、同様に証券に質入れの裏書をして質権者に交付しなければ、その効力が生じないとされています（520条の２）。

> 記名式所持人払小切手というものが具体例だね。ほとんど使われないから無視してもいいよ。また、無記名証券とは、商品券や乗車券などをいう。こっちは分かりやすいね。

債権を質に取った場合、対抗要件は第三債務者に対する「通知」、あるいは第三債務者の「承諾」のどちらかになります。この点は、後で勉強する債権譲渡と同じなので、詳しくはそちらに譲ることにします（364条、467条）。

B 質権者は、質権の目的である債権を直接取り立てることができます（366条１項）。債権の目的物が金銭であるときは、質権者は、自己の債権額に対応する部分に限り、これを取り立てることができます（366条２項）。債権質のうまみはこの直接の取立権にあると言われます。これにより債権回収の確実性がグッと高まるわけです。

権利質（債権質） B

Ａは、ＢのＣに対する債権を質権の目的とした。これを債権質と言う。このとき、Ａは質権の目的となっている債権を直接取り立ててよいのか？

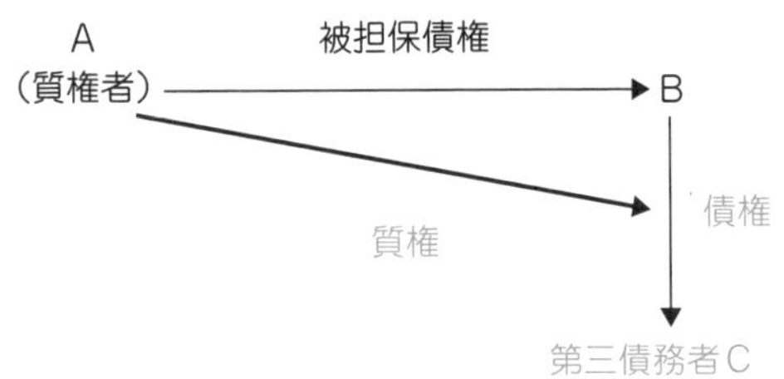

結論　返済期日になったら、**Ａは直接、第三債務者Ｃに対して債権の取立てを行うことができる**（裁判所への申立ては不要）。

また、B質入れされた金銭債権の弁済期が質権者の債権（被担保債権）の弁済期よりも前に到来したときは、質権者は、第三債務者にその弁済をすべき金額を**供託**（きょうたく）**させることができます**。この場合、質権は、その供託金について存在することになります（366条３項）。この図で言うと、第三債務者ＣがＢに対して弁済するとＡの質権の目的となっている債権が消滅してしまいますね。これではＡが害されてしまいます。そこで、そのようなことを防ぐために、ＡがＣに対して、弁済する金額を供託させることができるようにしたのです。この場合、Ａはその供託金に質権を及ぼして優先弁済を受けることになります。

供託所という国の役所にお金を預けることで、弁済したことにする制度だよ。預かったお金は供託所が適切に管理するんだ。

PLAY! 理解度チェック

1. 債務者と質権設定者が一致しないことはあるのか？　それはどのような場合か？

2. 物上保証人には事前求償権が認められるのか？

3. 金融取引の便宜を図る観点から、まず質権設定契約を締結し、その後被担保債権を発生させることが認められているが、これを何と言うか？

4. 質権設定契約は諾成契約か？

5. 質権設定契約には引渡しが必要であるが、この引渡しには占有改定も含まれるのか？

6. 転質の種類は何と何か？

7. 動産質権者が質物の占有を奪われたときは、質権に基づく返還請求をすることができるのか？

8. 不動産質権者には、目的物の使用・収益権があるのか？　また、利息は請求できるのか？

9. 質権者は、債権を質に取った場合、当該債権につき直接取り立てることができるのか？

1.
ある。物上保証人が質権設定者となる場合。

2.
認められない。

3.
「付従性の緩和」と言う。

4.
要物契約である。

5.
含まれない。

6.
「承諾転質」と「責任転質」。

7.
できない。占有回収の訴えによってのみ、その質物を回復することができる。

8.
使用・収益権がある。原則として利息は請求できない。

9.
できる。

TRY! 本試験問題に挑戦

民法に規定する質権に関する記述として、通説に照らして、妥当なのはどれか。

【特別区 H27】

1. 質権は、譲り渡すことのできない物をその目的とすることができないが、登記した船舶、運行の用に供する自動車や航空機には譲渡性があり、質権を設定することができる。

1.×
登記した船舶、運行の用に供する自動車や航空機には譲渡性があるものの、質権者による運行や管理を認めないという政策的な理由で質権設定が禁じられている。ただ、この知識は細かすぎるので知らなくてよい。

2. 不動産質権者は、質物の目的である不動産の用法に従い、その使用及び収益をすることができるので、その債権の利息を請求することができるとする別段の定めは許されない。

2.×
利息を請求することができるとする別段の定めは許される。

3. 質権者は、その債権の担保として債務者から受け取った物を占有し、優先弁済権を有することができるが、質権は当事者間の契約によって設定されるため、現に占有している第三者の所有物に質権を設定することはできない。

3.×
第三者の所有物に質権を設定することも可能である。このような第三者を「物上保証人」と言う。

4. 質権者は、債権の目的物が金銭である場合に、質入債権の弁済期が質権者の債権の弁済期前に到来したときは、第三債務者にその弁済をすべき金額を供託させることができる。

4.○
そのとおり。
第三債務者が債務者に対して弁済してしまうと質権者が害されるからである。

5．動産質権設定契約は、目的物を引き渡してはじめて効力が生じる要物契約であり、目的物の引渡しの方法は、現物の引渡しに限られず、占有改定により占有させる方法も許される。

5．×
占有改定により占有させる方法は許されない。

正答　4

TRY! 本試験問題に挑戦

質権に関する次の記述のうち、妥当なのはどれか。　【国家一般職 R３】

1．質権は、財産権をその目的とすることができるが、指図証券を目的とする質権の設定は、その証券に質入れの裏書をして質権者に交付しなければ、その効力を生じない。

1．○
そのとおり。
手形や小切手などの指図証券に質権を設定する場合は、質入れの裏書をして質権者に交付する必要がある。

2．質権設定者は、債務の弁済期の前後を問わず、質権者に弁済として質物の所有権を取得させ、その他法律に定める方法によらないで質物を処分させる旨の契約を質権者と締結することができない。

2．×
設定行為又は債務の弁済期の「前」に、質権者に弁済として質物の所有権を取得させ、その他法律に定める方法によらないで質物を処分させる旨の契約を質権者と締結することができない。

3. 動産質権者は、その債権の弁済を受けないときは、競売によって質物を売却し、優先弁済を受けることができるが、競売によることなく、質物をもって直ちに弁済に充てることや、質物から生じる果実を収取して弁済に充てることはできない。

3. ×
動産質権者は、その債権の弁済を受けないときは、正当な理由がある場合に限り、鑑定人の評価に従い質物をもって直ちに弁済に充てることを裁判所に請求することができる（簡易の充当）。また、質物から生じる果実を収取して弁済に充てることもできる（果実収取権）。

4. 不動産質権者は、設定行為に別段の定めがある場合を除き、質権設定者の承諾を得なければ、質権の目的である不動産の使用及び収益をすることができない。

4. ×
不動産質権者には使用収益権があるので（収益型担保物権）、質権設定者の承諾を得なくても、質権の目的である不動産の使用及び収益をすることができる。

5. 質権の被担保債権の範囲は、設定行為に別段の定めがある場合を除き、元本及び利息に限られ、質権実行の費用や質物の隠れた瑕疵によって生じた損害の賠償はこの範囲に含まれない。

5. ×
質権実行の費用や質物の隠れた瑕疵によって生じた損害の賠償も含まれる。

正答　1

21 先取特権

重要度
★★★
頻出度
★★★

今回は超マイナーテーマの先取特権を見ていく。試験でもあまり出題されないので、時間がない受験生はパスしても構わない。

1 先取特権とは？

「先取特権（さきどりとっけん）」とは、法定された特殊の被担保債権を有する債権者が、債務者の財産から優先弁済を受けることができる担保物権です。B優先弁済を受ける対象に応じて、「一般先取特権」と「特別の先取特権」に分かれるのですが、「特別の先取特権」はさらにその中で２つに分かれます。まとめると、民法上認められている先取特権は、①一般先取特権、②動産先取特権、③不動産先取特権の３つということになります。

先取特権 B

①一般先取特権：債務者の「総財産」から優先弁済を受ける先取特権。
②動産先取特権：債務者の「特定の動産」から優先弁済を受ける先取特権。
③不動産先取特権：債務者の「特定の不動産」から優先弁済を受ける先取特権。

B先取特権は法定担保物権ですから質権や抵当権のような設定契約は不要です。なお、通有性としては、付従性、随伴性、不可分性、物上代位性（一般先取特権を除く）が備わっています。B一般先取特権は、債務者の総財産の上にかかっていくという性質から、物上代位性は必要ないと言われています。また、効力は？と言うと、もちろん優先弁済的効力はあるのですが、留置的効力がありません。ですから、留置権や質権のように何か物を留置するようなことはしません。

2 一般先取特権

一般先取特権は、ある特殊の被担保債権を有する債権者が、債務者の「総財産」

から優先弁済を受けることができるというものです（306条）。「ある特殊の被担保債権」に応じて次の４つが用意されています。

一般先取特権 B

①共益費用の先取特権：債権者の共同の利益のためにした行為にかかった費用。
②雇用関係の先取特権：給料、退職金、年末手当などの債権。
③葬式費用の先取特権：葬儀屋の有する債権。
④日用品供給の先取特権：飲食費（自然人用〇、法人用×）、光熱費などの債権。

ちなみに、これらが競合した場合には優先順位が決まっています。具体的には①②③④の順番になります（329条１項、306条各号）。ですから、そのまま「今日（共）こ（雇）そ（葬）日曜（日用）」と覚えてください。昔からなぜか受験生はこのような覚え方をします（笑）。

また、一般先取特権と特別の先取特権が競合する場合には、特別の先取特権が一般先取特権に優先します。ただ、B一般先取特権の中で、共益費用の先取特権だけは、その利益を受けたすべての債権者に対して優先する効力を有します（329条２項）。つまり、共益費用の先取特権は向かう所敵なしということになります。

さらに、一般先取特権は、不動産について登記をしなくても、特別担保を有しない債権者に対抗することができます（336条）。これは要するに、B一般先取特権者は、不動産について登記をしていなくても、一般債権者や未登記の抵当権者などに対抗することができるということです。一般先取特権は登記されることが少なく、それゆえ登記を要求することが困難であるため、また債権額も少額であることが多いためと説明されています。

「登記された担保権」の意味だと思っておこう。

3 動産先取特権

動産先取特権は、ある特殊の被担保債権を有する債権者が、債務者の「特定の動産」から優先弁済を受けることができるというものです（311条）。「ある特殊の被担保債権」とはたくさんあるのですべてを覚える必要はありません。ただ、有名なものとして①不動産賃貸の先取特権、②動産保存の先取特権、③動産売買の先取特権などがあります。ちなみに、これらが競合した場合には優先順位が決まっています。具体的には①②③の順番になります（330条1項）。とくに①不動産賃貸の先取特権については、もう少し詳しく見ていく必要があります。なぜなら、賃貸の対象が「土地」か「建物」かで若干取扱いが違うからです。

①の仲間で旅館の宿泊及び運輸の先取特権もあるよ。順位も①と同じなんだ。

③の仲間で、農業労務・工業労務の先取特権がある。農業労務の先取特権は、最後の１年間の賃金に関し果実について、工業労務の先取特権は、最後の３か月間の賃金に関し製作物について存在する（323条、324条）。順位も③と同じだよ。

まず、「土地」の賃貸人の先取特権は、その土地又はその利用のための建物に備え付けられた動産、その土地の利用に供された動産及び賃借人が占有するその土地の果実について及びます（313条１項）。

一方、「建物」の賃貸人の先取特権は、賃借人がその建物に備え付けた動産について及びます（313条２項）。また、賃借権の譲渡又は転貸の場合には、賃貸人の先取特権は、譲受人又は転借人の動産、譲渡人又は転貸人が受けるべき金銭にも及びます（314条）。

建物内に常置される動産である必要はなく、賃借人が建物内に持ち込んだ金銭、有価証券、宝石、商品、時計等も含まれるよ（大判大３・７・４）。

なお、Ａ債務者がその目的となっている動産を第三取得者に引き渡した後は、もはや先取特権を行使することができません（333条）。このことを「追及効がない」などと表現することがあります。動産は譲渡されてしまったらそれまでというわけですね。Ａそして、ここに言う「引き渡し」という文言には占有改定も含まれます（大判大６・７・26）。ゆえに、先取特権は非常に弱い権利なのです。

4 不動産先取特権

不動産先取特権は、ある特殊の被担保債権を有する債権者が、債務者の「特定の不動産」から優先弁済を受けることができるというものです（325条）。具体的な種類としては「ある特殊の被担保債権」に応じて３つあります。①不動産の保存の先取特権、②不動産の工事の先取特権、③不動産の売買の先取特権の３つです。これらが競合した場合の優先順位は①②③の順番になります。ですから「保存」「工事」「売買」と呪文のごとく唱えて覚えてください。

不動産の工事の先取特権の効力を保存するためには、工事を始める前にその費用の予算額を登記しなければならない。この場合、工事の費用が予算額を超えるときは、先取特権は、その超過額については存在しない(338条１項)。

PLAY! 理解度チェック

1. 先取特権には、その種類を問わず通有性がすべて備わっているのか？

2. 先取特権は、約定担保物権か？

3. 一般先取特権の種類は何か？

4. 一般先取特権は、不動産について登記をしなくても、特別担保を有しない債権者に対抗することができるのか？

1.
付従性、随伴性、不可分性はすべての先取特権に備わっているが、物上代位性は「一般先取特権以外」に備わっている。

2.
「法定担保物権」である。

3.
共益費用の先取特権、雇用関係の先取特権、葬式費用の先取特権、日用品供給の先取特権。

4.
対抗することができる。

5. 債務者がその目的となっている動産を第三者に引き渡した後でも、先取特権を行使することができるのか？

5.
できない。つまり追及効がない。

6. 不動産先取特権の優先順位とは？

6.
不動産の保存の先取特権、不動産の工事の先取特権、不動産の売買の先取特権の順。

TRY! 本試験問題に挑戦

先取特権に関するア～オの記述のうち、妥当なもののみをすべて挙げているのはどれか。　【国家一般職 H28】

ア. 先取特権は、法律上当然に生ずる法定担保物権であり、当事者間の契約で発生させることはできない。また、先取特権は、担保物権の性質である付従性、随伴性、不可分性を有している。

ア. ○
そのとおり。
なお、一般先取特権を除いて、物上代位性も有する。

イ. 先取特権には、債務者の総財産を目的とする一般の先取特権と債務者の特定の財産を目的とする特別の先取特権とがある。一般の先取特権によって担保される債権は、その性質上とくに保護されるべきもので、かつ、債権額の過大でないものに限定される必要があり、民法は、共益費用、雇用関係、旅館の宿泊及び日用品供給の四種の債権について、一般の先取特権を付与している。

イ. ×
「旅館の宿泊」ではなく、「葬式費用」である。

ウ. 動産の先取特権は、債務者の特定の動産を目的とする先取特権である。動産の先取特権は、その目的である動産が第三者に譲渡されても影響を受けることはなく、債務者がその目的である動産をその第三取得者に引き渡した後であっても、これを行使することができる。

ウ. ×
債務者がその目的である動産をその第三取得者に引き渡した後は、これを行使することができない。

エ. 不動産の賃貸人は、その不動産の賃料その他の賃貸借関係から生じた債権について、賃借人の特定の動産について先取特権を有する。賃貸人の先取特権は、建物の賃貸借の場合、賃借人がその建物に備え付けた動産が目的物となるが、賃借人が建物内に持ち込んだ金銭、有価証券、宝石類など必ずしも常置されるものではない物は、目的とはならない。

エ. ×
賃借人が建物内に持ち込んだ金銭、有価証券、宝石類など必ずしも常置されるものではない物も、目的となる。

オ. 一般の先取特権は、不動産について登記をしなくても、特別担保を有しない一般債権者はもとより、抵当権者など登記を備えた特別担保を有する第三者にも対抗することができる。これは、一般の先取特権は、債権の性質上登記を要求することが困難であり、債権額も比較的少額であることから、登記がなくても他の債権者を害するおそれはないという理由で認められた民法の特則である。

オ. ×
抵当権者など登記を備えた特別担保を有する第三者には対抗することができない。

1．ア　2．オ　3．ア、ウ　4．イ、エ　5．ウ、オ

正答　1

22 抵当権 (1)

重要度
★★★
頻出度
★★★

ここから２回に分けて担保物権の王様「抵当権」を見ていく。毎年１必ず」どこかで出題されている。ただ、非常に奥が深いので、今回は試験で出題される重要ポイントだけをまとめるにとどめた。それでも大変？　いや、それほどでもない……はずだ。

1 抵当権とは?

「抵当権」とは、債務者又は第三者が占有を移さないで担保に供した不動産等について、債権者が他の債権者に先立って被担保債権の優先弁済を受けることができる権利です。例えば、皆さんが住宅ローンを組んで家を購入する場合、ローンを組んだ銀行は、その家を担保にとりますよね。これが抵当権です。もし、ローンが返済できなくなると、抵当権のついた家は売却されて、皆さんは家から追い出されてしまいます。

抵当権は担保物権の最初の方で一度扱っているので、何となく制度を覚えているかもしれません。制度が分からないと次に進めないので、一応、次の図を見て確認してください。

抵当権 A

AはBに1000万円を貸し付けた（被担保債権）。そして、ＡＢ間でＢ所有の土地（1500万円相当）に抵当権を設定する契約を結びその旨を登記した（Aは抵当権者、Ｂは抵当権設定者）。その後、弁済期が到来したにもかかわらず、Ｂが被担保債権につき弁済をしないので、Aは抵当目的物であるＢ所有の土地を1500万円でCに売却した（抵当権の実行＝競売）。さて、このとき競売によって入ってくる1500万円はどのように配当することになるのか？

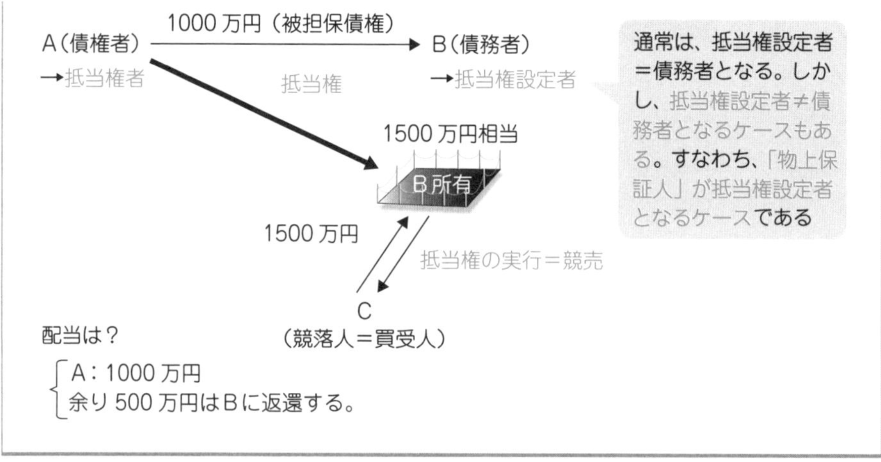

抵当権を実行するためには事前に裁判を起こしたり、判決を取得したりする必要はありません。通常強制執行をするためには判決などの**債務名義**が必要なのですが、抵当権がついている場合にはこれが不要となります（抵当権の登記がなされていれば十分）。そして、競売により取得した代金から優先的に弁済を受けることができます（**優先弁済的効力**）。また、**留置的効力はない**ので、抵当権者は抵当目的物を留置するわけではありません。

このように、目的物の占有を設定者（債務者や物上保証人）の下にとどめておくので、抵当権が設定されていても、**設定者はそのまま抵当目的物を使い続けることができます**（これを「**非占有担保**」と言う）。場合によっては抵当目的物を賃貸しても構いません。さらに、抵当権は**約定担保物権**であることから、抵当権設定契約（**諾成契約**）を債権者と設定者との間で結ばなければなりません。**対抗要件は登記**です。

債権者と設定者との間で、意思表示さえあれば成立するんだ。質権設定契約のような物の引渡しは必要ない。つまり、要物契約ではないってことだね。

では、次に**後順位抵当権者**が出てくるときの配当について見ていきましょう。

後順位抵当権者がいる場合 A

AはBに1000万円を貸し付けた（被担保債権）。そして、AB間でB所有の土地（1500万円相当）に抵当権を設定する旨の契約を結びその旨を登記した（**Aは1番抵当権者**）。また、CもBに400万円を貸し付けた（被担保債権）。そして、同じくＢＣ間でＢ所有の土地に抵当権を設定する契約を結びその旨を登記した（Ｃは２番抵当権者）。その後、弁済期が到来したにもかかわらず、Ｂが被担保債権につき弁済をしないので、Ａは抵当目的物であるＢ所有の土地を1500万円でＤに売却した（抵当権の実行＝競売）。さて、このとき競売によって入ってくる1500万円はどのように配当することになるのか？

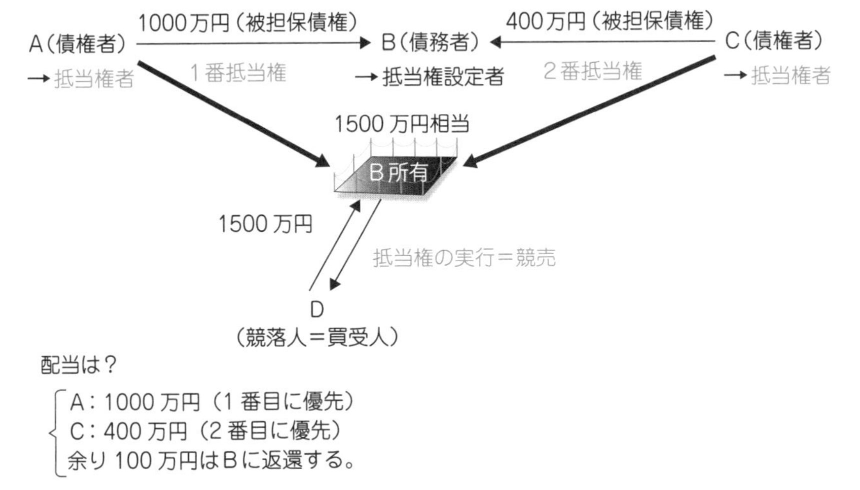

配当は？
A：1000万円（1番目に優先）
C：400万円（2番目に優先）
余り100万円はBに返還する。

2 抵当権の特徴

A抵当権の目的は、民法上は、不動産（369条１項）、地上権、永小作権（369条２項）の３つです。特別法で認められている場合を除いて、動産は目的になりません。一方、用益物権の中でも地上権や永小作権は抵当権の目的となります。権利を物権の対象にするという極めて稀なケースですが、試験ではよく出題されています。

抵当権には、付従性・随伴性・不可分性・物上代位性といった通有性がすべて備わっています。また、被担保債権の「種類」には限定がありません。債権の一部だけを担保するような設定も、数個の債権を合わせて被担保債権にすることも可能です。さらに、B将来発生する債権のために抵当権を設定することもできます（付従性の緩和）。例えば、銀行で住宅ローンを組む場合、必ず先に抵当権設定契約をしますが、それが有効であることが確認されたら、銀行に呼ばれていざ金銭消費貸借契約（つまりローンを組む）という流れになります。付従性の観点からすると理論的にはあり得ないのですが、実際の金融取引の世界では当然に許されています。

ただ、被担保債権の「範囲」については制限があります。被担保債権に元本が含まれることは問題ありませんが、A利息その他の定期金は、満期の来た「最後の２年分」のみが含まれます。つまり、抵当権者は、利息その他の定期金を請求する権利を有するときは、その満期となった最後の２年分（配当期日から遡って２年間と解する見解が有力）についてのみ、その抵当権を行使することができるのです（375条１項本文）。これは何年分でもとれるとなると、第三者（後順位抵当権者など）が害されてしまうからです（つまり取り分が減ってしまうということ）。ただし、それ以前の定期金についても、満期後に特別の登記をしたときは、その登記の時からその抵当権を行使することは妨げられません（375条１項ただし書）。また、実際は、弁済期経過後に債務者が被担保債権の支払いを遅延しているケースが多いため、利息その他の定期金とは別に債務の不履行によって生じた損害の賠償を請求する権利（遅延損害金）が発生していることがほとんどです。そこで、この遅延損害金についても規制がかかっていて、最後の２年分しか取れない形に制限されています。もし、遅延損害金を利息その他の定期金と一緒に請求する場合は、通算して２年分を超えることができないことになっています（375条２項）。

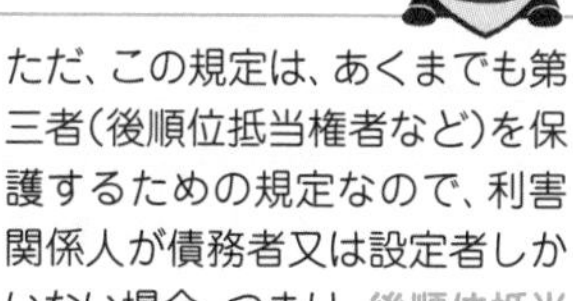

ただ、この規定は、あくまでも第三者（後順位抵当権者など）を保護するための規定なので、利害関係人が債務者又は設定者しかいない場合、つまり、後順位抵当権者などがいない場合には、最後の２年分に限られないんだ。

3 抵当権の及ぶ目的物（付加一体物）

抵当権は、その目的物である不動産（抵当不動産）に付加して一体となっている物に及びます（370条）。では「付加して一体となっている物」（付加一体物）とは具体的にどのような物でしょうか？　ここでは４つに分けて考えていくことにします。

（1）付合物

「付合物」は、不動産の構成部分となって独立性を失っているので、付合の時期を問わず、原則として付加一体物に含まれます。具体的には、取り外しの困難な庭石、建物

取り外しのできる庭石は「従物」と扱うよ。

の増築部分、付属建物等です。また、雨戸、ガラス戸、建具類は取り外しが容易であるものの、建物の一部を構成するため、付加一体物になるというのが判例です（大判昭5・12・18）。

（2）従物

「従物」は、独立の物なので「付加一体物」には含まれないと考えるのが一般的です。もっとも、B抵当権設定当時に既に存在していた従物には抵当権の効力が及びます（87条2項）。従物の具体例としては、石灯籠や取り外しのできる庭石、建物に対する畳、ガソリンスタンドの建物に対する地下タンク・計量機・洗車機などがあります（最判平2・4・19）。

判例は、ガソリンスタンドの建物の4倍以上の価値を有する地下タンクなどの設備にも及ぶとしたんだ。

（3）従たる権利

抵当権の効力は「従たる権利」にも及びます。具体的には、土地の抵当権は土地上に存する地役権にも及び、A建物に対する抵当権は敷地利用権（地上権や賃借権）にも及びます（最判昭40・5・4）。

従たる権利 A

AはBに金銭を貸し付けた（被担保債権）。そして、AB間の合意でB所有の建物に抵当権を設定する旨の契約を結んだ（なお、Bは敷地についてCから賃借して使っている＝敷地利用権は土地賃借権）。その後、Aは、Bが被担保債権につき弁済しないので抵当権を実行しB所有の建物を競売した。その結果、Dがこれを買い受けた。

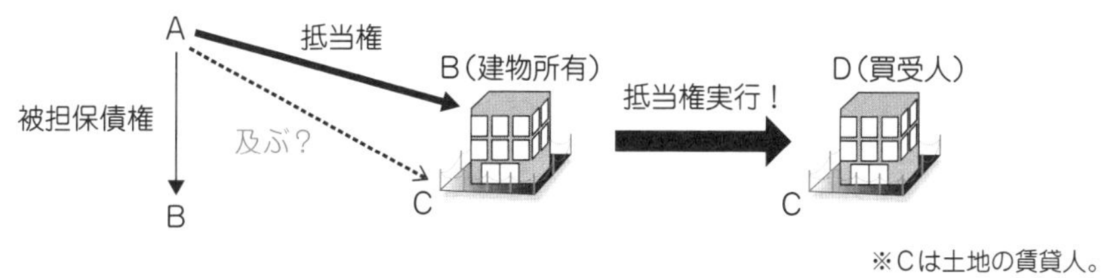

※Cは土地の賃貸人。

結論　借地上の建物に設定した抵当権の効力は、敷地利用権（地上権や賃借権）にも及ぶ（従たる権利にも及ぶ）。もっとも、本件のように敷地利用権が土地賃借権の場合、建物の買受人Ｄは、土地の賃貸人Ｃの「承諾」又は「承諾に代わる裁判所の許可」をもらわなければならない。

（4）果実

A 抵当権は、その被担保債権について不履行があったときは、その後に生じた抵当不動産の果実に及びます（371条）。すなわち、債務不履行後の果実には抵当権の効力が及ぶ……と言っても、よく分からないと思うので、次の図で確認してみましょう。

果実 A

ＡはＢに１億円を貸し付けた（被担保債権）。そして、ＡＢ間の合意でＢ所有のマンション（１億円相当）に抵当権を設定する旨の契約を結んだ。そして、ＢはＣにこれを月50万円で賃貸している。その後、Ｂは被担保債権の弁済期が到来したのに弁済しようとしない（これを「債務不履行」と言う）。このとき、ＡはＢがＣから毎月受け取っている賃料（法定果実）に抵当権の効力を及ぼしてよいのか？

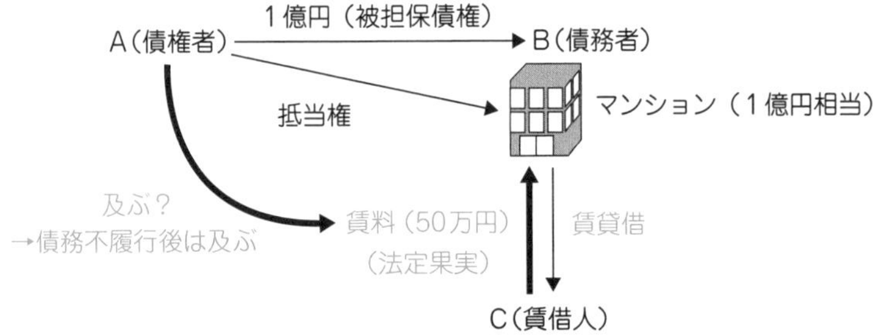

結論　Ｂが弁済期になったのに、被担保債権について弁済せず債務不履行となった後においては、抵当権の効力が果実にも及ぶ。一方、債務不履行前には及ばない。というのも、債務不履行前というのは、弁済期が到来していないことなどを意味し、その段階ではまだ弁済する必要がないからである（弁済する必要がないのに抵当権の効力が一方的に及ぶと考えるのはＢに酷）。

※果実は２種類ある。りんごの実などは「天然果実」と言う。賃貸借契約で入ってくる賃料を「法定果実」という。

では、今の議論の応用として転貸料（転貸料債権）に対して抵当権の効力が及ぶのか？ という論点を押さえておきましょう。この点は、大きな判例が１つあるので、試験ではこの判例がそのまま出題されています。超頻出になりますので、次の図で確認してみましょう。

転貸料（転貸料債権）に対して抵当権の効力が及ぶか？ A

ＡはＢに１億円を貸し付けた（被担保債権）。そして、ＡＢ間の合意でＢ所有のマンション（１億円相当）に抵当権を設定する旨の契約を結んだ。そして、ＢはＣにこれを賃貸し（賃料月１万円）、Ｃはさらにこれを Ｄに転貸している（転貸料月49万円）。ただ、ＢはＤがＣに支払った転貸料49万円を毎月あとでこっそりＣから受け取っている（つまり、ＣはダミーでＢとグルになってＡを害そうとしている）。その後、Ｂは被担保債権の弁済期が到来したのに弁済しようとしない（これを「債務不履行」と言う）。このとき、ＡはＣがＤから毎月受け取っている転貸料に抵当権の効力を及ぼしてよいのか？

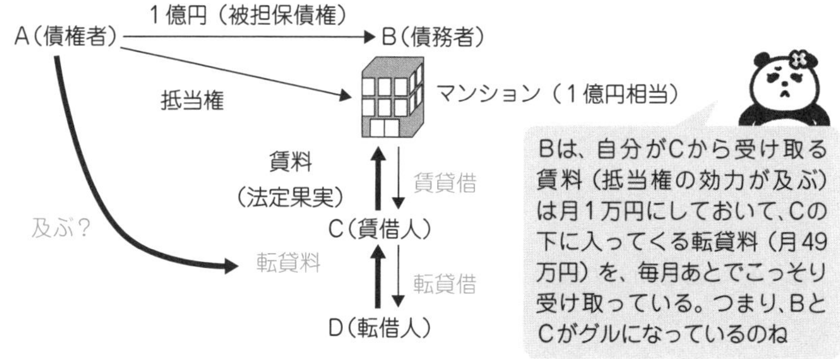

結論　抵当権の効力は原則として転貸料（転貸料債権）には及ばない。しかし、今回のように抵当不動産の賃借人（Ｃ）を抵当不動産の所有者（Ｂ）と同視できるような場合には、例外的に転貸料（転貸料債権）にも及ぶ（最大決平12・４・14）。

理由 あくまでも債務者はBなので、Bの下に入ってくる賃料には及ぶ。しかし、Cは債務者ではない以上、Cの下に入ってくる転貸料には及ばない（そうしないとCが無駄に害されてしまう）。しかし、例外的に、Bが抵当権の効力が及ぶことを避けるためにあえてCをダミーとして介在させた場合（これをするとAは賃料月１万円に対してしか抵当権の効力を及ぼすことができなくなる）には、**BとCは言わば同一人物（グル）と考えることができる**ので、Cを殊更保護する必要がなくCの下に入ってくる転貸料に抵当権の効力が及ぶと考えても不合理とは言えない。

PLAY! 理解度チェック

1. 通常は抵当権設定者＝債務者となる。しかし、抵当権設定者≠債務者となるケースもある。それはどんな場合か？

1. 「物上保証人」が抵当権設定者となる場合。

2. 抵当権に優先弁済的効力はあるのか？

2. ある。

3. 民法上、抵当権の目的は３つある。それは何か？

3. 不動産、地上権、永小作権の３つ。

4. 抵当権に留置的効力はあるのか？

4. ない。つまり、非占有担保である。

5. 後順位抵当権者がいる場合において、抵当権の範囲として、利息その他の定期金については、満期の来た（　　　　）のみが含まれるのが原則である。

5. 最後の２年分

6. 抵当権設定当時に既に存在していた従物には抵当権の効力が及ぶのか？

6.
及ぶ。

7. 建物に対する抵当権は敷地利用権（地上権や賃借権）にも及ぶのか？　またそれを何と呼ぶか。

7.
及ぶ。従たる権利と呼ぶ。

8. 抵当権は、その被担保債権について不履行があったときは、その後に生じた抵当不動産の果実に及ぶのか？

8.
及ぶ。

9. 抵当権は、原則として転貸料（転貸料債権）にも及ぶのか？

9.
原則は及ばない。

10. **9.** の例外（抵当権が転貸料に及ぶ）はどのような場合か？

10.
抵当不動産の賃借人を抵当不動産の所有者と同視できるような場合。

TRY! 本試験問題に挑戦

抵当権に関する次のア～オの記述のうち、妥当なもののみを全て挙げているのはどれか。ただし、争いのあるものは判例の見解による。【国家一般職 R３】

ア. 地上権及び借地借家法上の建物所有目的の土地賃借権については、抵当権を設定することができる。

ア. ×
地上権には抵当権を設定することができるが、土地賃借権には抵当権を設定することができない。

イ. 抵当権者は、利息その他の定期金を請求する権利を有するときは、原則としてその満期となった最後の５年分について、その抵当権を行使することができる。

イ. ×
満期となった最後の２年分について、抵当権を行使することができる。

ウ. 宅地に抵当権が設定された当時、その宅地に備え付けられていた石灯籠及び取り外しのできる庭石は、抵当権の目的である宅地の従物であるため、その抵当権の効力が及ぶ。

ウ. ○
そのとおり。
抵当権設定当時に既に存在していた従物には抵当権の効力が及ぶ。

エ. 建物を所有するために必要な土地の賃借権は、特段の事情のない限り、その建物に設定された抵当権の効力の及ぶ目的物に含まれない。

エ. ×
従たる権利として抵当権の効力が及ぶ。

オ. 抵当権設定者が、抵当権が設定された建物の賃貸借契約に基づき賃料債権を有している場合において、抵当権の担保する債権について不履行があったときは、その後に生じた賃料債権にも、その抵当権の効力が及ぶ。

オ. ○
そのとおり。
債務不履行後の果実には抵当権の効力が及ぶ。

1．ア、イ　2．ア、オ　3．イ、エ　4．ウ、エ　5．ウ、オ

正答　5

23 抵当権(2)

重要度
★★★
頻出度
★★★

今回は抵当権の中でも難しい論点ばかりを扱っていく。判例がたくさん出てくるので、一つひとつ落ち着いて理解するよう心がけたい。これまでのように「難しいと感じたら後回しにしても……」と言いたいところだが、ここは避けては通れないので我慢。

1 物上代位

抵当権は、担保目的物の交換価値を把握する権利であるため、目的物に代わる価値（価値代替物）の上にもその効力を及ぼすことができます。これを「物上代位権」と言います。例えば、A抵当権者は、第三者の不法行為（放火）により抵当目的物（建物）が焼失した場合には損害賠償請求権の上に物上代位権を行使することができます（大判大6・1・22）。また、その際、A保険に加入していて火災保険金がおりてくるのであれば、当該火災保険金請求権に対しても物上代位権を行使することができます（大判明40・3・12）。このように、担保目的物に代わる金銭債権に対して物上代位権を行使するケースが典型です。なお、抵当権者が物上代位権を行使するためには、自ら「払渡し又は引渡しの前」に差し押さえなければなりません（304条）。つまり当該債権の払渡しがなされる前に差押えをして優先権を確保しておく必要があるわけです。

ほかにも、買戻特約付きの売買の買主から抵当権の設定を受けた者(抵当権者)は、売主が買戻権を行使したことにより買主が取得した買戻代金債権に対して、物上代位権を行使することができるとした判例もあるよ(最判平11・11・30)。

次に、物上代位権を行使することができるか否かが問題となった判例を紹介しておきます。すべてを完璧に押さえなくてもいいですが、いずれも試験では出題されたことがあるものばかりなので、キーワードに反応して正誤の判断をつけられる程度にはしておきましょう。

（1）債権譲渡と物上代位に基づく差押え

債権譲渡と物上代位に基づく差押え A

AはBとの間で抵当権設定契約を締結し、B所有の土地につき抵当権の設定を受けた。そして、Bは当該土地をCに賃貸している。ところが、その後Bは賃料債権をDに譲渡し、対抗要件も備えてしまった（債権譲渡）。この場合、Aは賃料債権が譲渡され第三者が対抗要件を備えた後においても、自ら当該賃料債権を差し押さえて物上代位権を行使することができるのか？

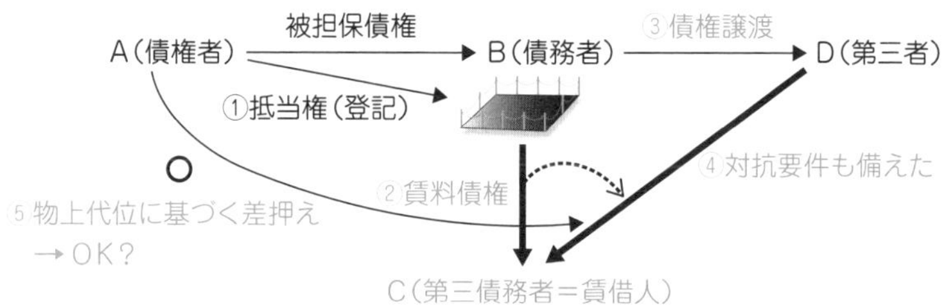

結論　Aは、Bが賃料債権を譲渡し、第三者Dが対抗要件を具備した後であっても、当該賃料債権を**自ら差し押さえる**ことにより、**物上代位権を行使することができる**（最判平10・1・30）。

理由　もし仮に、このような状況でAの物上代位権の行使ができなくなると考えると、**抵当権の執行妨害が可能となってしまう**。要するに、Bは抵当権が実行されそうになったら、債権を譲渡してしまえばAの執行を容易に害することができるので、これはまずい……。また、**当該賃料債権に抵当権が及ぶことは公示方法（登記）を見れば分かる**ので、物上代位権の行使を認めても第三者は害されない。

なお、B「**動産売買の先取特権者**」は、物上代位の目的債権が譲渡され、第三者に対する対抗要件が備えられた後においては、目的債権を差し押さえて**物上代位権を行使することができません**（最判平17・2・22）。動産売買の先取特権には抵当権とは異なり公示方法がなく（登記をしない）、目的債権の譲受人などの第三者の利益をとくに保護しなければならないからです。

（2）一般債権者の差押えと抵当権に基づく物上代位の差押えとの優劣

一般債権者の差押えと抵当権に基づく物上代位の差押えとの優劣 B

AはBとの間で抵当権設定契約を締結し、B所有の土地につき抵当権の設定を受けた。そして、Bは当該土地をDに賃貸している。その後、一般債権者Cが賃料債権を差し押さえた。この場合、抵当権者Aはもはや当該賃料債権につき物上代位権を行使して差し押さえることはできないのか？　1つの債権について、一般債権者の差押えと抵当権者の物上代位に基づく差押えとが競合した場合、両者の優劣はどのように決するのか？

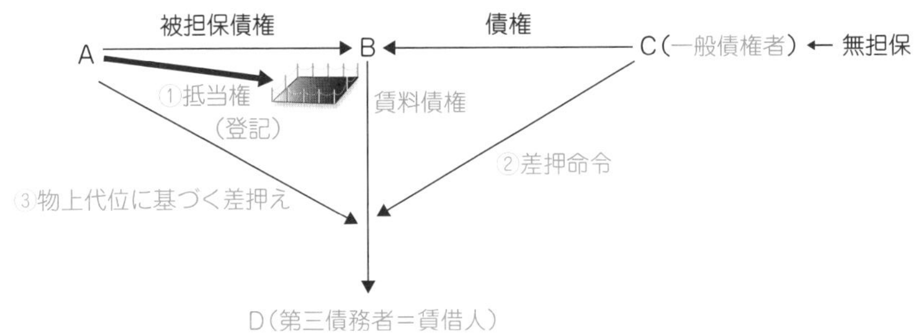

結論　抵当権の設定登記の時期と、一般債権者Cのなす差押えの時期（第三債務者に対する差押命令の到達）の先後で決する（最判平10・3・26）。したがって、抵当権者Aの物上代位に基づく差押えが優先する。よって、Aは当該賃料債権につき物上代位権を行使して差し押さえることができる。

理由　抵当権は、登記によって第三者に公示されるので、登記の時期を基準にしても一般債権者が害されることはないため（登記で公示されている以上、抵当権の効力が及ぶことは予想できる）。抵当権者は抵当権を設定してもらっている以上、易々と負けさせるわけにはいかない。よって、抵当権者が勝つ方向での解釈が必要である。

なお、B一般債権者の差押えの後、転付命令が第三債務者に送達される段階にまで至ると、さすがの抵当権者も当該債権に対して物上代位に基づく差押えをすることができなくなります（最判平14・3・12）。転付命令とは、差し押さえた金銭債権を、債務者から債権者に対して移転する手続であり、強制的な債権譲渡となります。こうなるとさすがの抵当権者も負けてしまうのです。

強制執行の最終段階だと思っておこう。

（3）相殺と物上代位に基づく差押え

相殺と物上代位に基づく差押え A

AはBとの間で抵当権設定契約を締結し、B所有の土地につき抵当権の設定を受けた。そして、Bは当該土地をCに賃貸している。このとき第三債務者Cは、抵当権設定登記の後に賃貸人Bに対して取得した債権を自働債権として賃料債権と相殺し、Aの物上代位に基づく差押えに対抗することができるのか？

相殺に供する債権という意味だよ。

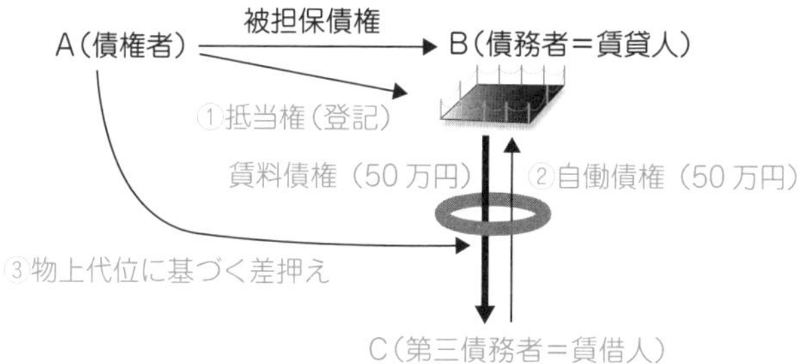

結論　Cは、**抵当権設定登記後に取得した債権を自働債権**として、賃料債権と相殺し、**Aの物上代位に基づく差押えに対抗することはできない**（最判平13・3・13）。

(4)敷金と物上代位に基づく差押え

敷金と物上代位に基づく差押え

> 賃貸借契約で賃借人が賃貸人に対して支払う金銭だよ。明渡し時に賃料不払いなどがなければ返還されるよ。

AはBとの間で抵当権設定契約を締結し、B所有の土地につき抵当権の設定を受けた。そして、Bは当該土地をCに賃貸している。当該賃貸借契約に際してCはBに対して50万円の敷金を納めた。その後BC間の賃貸借契約が終了し、土地を明け渡した場合、Aは、物上代位に基づく差押えを根拠に賃料債権50万円(不払い分)を回収することはできるのか?

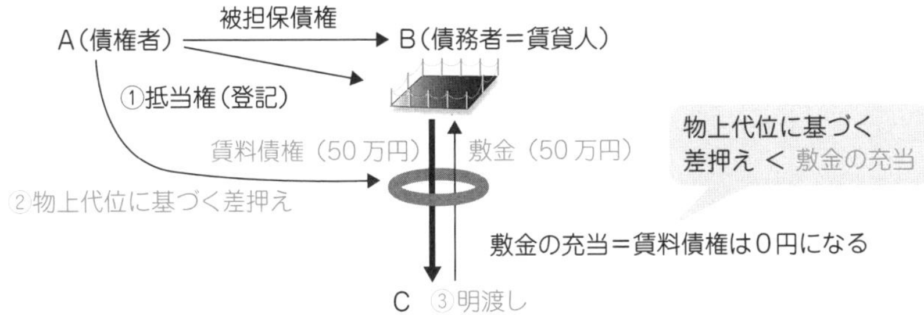

結論 Aは、物上代位権に基づく差押えを根拠に賃料債権**50万円を回収することはできない**(最判平14・3・28)。

理由 この場合、賃料債権50万円に対する**敷金の充当の方が優先され**、物上代位の対象債権は0円になってしまうため(賃料債権50万円と敷金50万円が自動的に相殺されるイメージ)。つまり、Aは敷金の充当によって控除された残額の賃料債権についてのみ物上代位できる。

2 抵当権侵害

> 工場抵当法の規定によって工場に属する土地又は建物とともに抵当権の目的とされた動産が、勝手に工場から搬出された場合には、**第三者が即時取得をしない限り**、抵当権者は、当該動産を元の備付場所に戻せと請求できるよ(最判昭57・3・12)。

抵当権者は、抵当権侵害に対して、自己の抵当権の価値を守るために**物権的請求権**を行使することができます。この物権的請求権を行使するためには、B 抵当目的物の交換価値が被担保債権を担保しない程度まで減少している必要はなく、被担保債権が担保されなくなるおそれがあれば行使することができます。つまり、実損害が発生する必要はありません。

（1）不法占拠者に対して

A 抵当不動産を不法占拠者である第三者が占有することにより、その交換価値の実現が妨げられ、抵当権者の優先弁済請求権の行使が困難となるような状態があるときは、抵当権者は、抵当権に基づく妨害排除請求権を行使して、このような状態の排除を求めることができます（最大判平11・11・24）。

また、抵当権者は、所有者に対してこのような状態を是正し抵当不動産を適切に維持又は保存するよう求める請求権を有しているので、A 民法423条の法意（債権者代位権）に従い、所有者の不法占拠者に対する妨害排除請求権を代位行使（代わりに行使）することができます。そして、抵当権者は、所有者のために建物を管理することを目的として、A 不法占拠者に対し、直接自己に明け渡すよう請求することができます（最大判平11・11・24）。

これを「担保価値維持請求権」と言うよ。

他人の権利を代わりに行使することができるというものだよ。

不法占拠者に対して A

A（債権者）
被担保債権
B（債務者）
抵当権（登記）
B 所有
妨害排除請求権を代位行使？
妨害排除請求権？
C（不法占拠者）

結論　Aは、Cに対して抵当権に基づく妨害排除請求権を行使することができる。また、Aは、所有者BがCに対して有している妨害排除請求権を代位行使（代わりに行使）することができる。

（2）賃借人に対して

さらに、抵当権設定登記後に抵当不動産の所有者から占有権原の設定を受けて占有している賃借人についても、①その当該占有権原の設定に抵当権の実行としての競売手続を妨害する目的が認められ、かつ②その占有により抵当不動産の交換価値の実現が妨げられ、抵当権者の優先弁済請求権の行使が困難となるような状態があるときは、Ａ抵当権者は、賃借人に対し、抵当権に基づく妨害排除請求権を行使して、このような状態の排除を求めることができます（最判17・3・10）。そして、Ａ抵当権に基づく妨害排除請求権の行使にあたり、抵当不動産の所有者において抵当権に対する侵害が生じないように抵当不動産を適切に維持管理することが期待できない場合には、抵当権者は、占有者に対し、（管理占有のため）直接自己へ当該抵当不動産を明け渡すよう請求することができるとしています。

簡単に言うと暴力団のような占有屋が抵当権者を害するために（つまり執行妨害のため）わざと賃借人となるようなケースだよ。

賃借人に対して Ａ

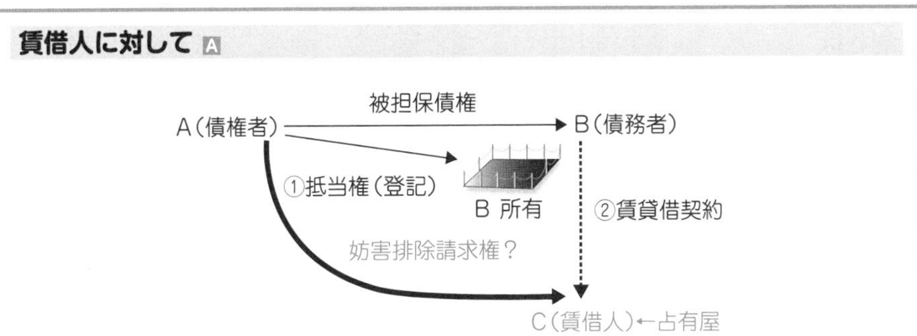

結論　Aは、自己の有する債権の優先弁済権の行使が困難となるような状態があるときには、Cに対して抵当権に基づき妨害排除請求権を行使することができる。しかも、Bの下に戻すと再び不法占拠される事態に陥りそうな場合には、Aは抵当不動産を適切に管理する（管理占有）ため、Cに対して直接自己に明け渡すよう請求することができる。

なお、上記事案で、抵当権者AがCに対して、抵当権侵害に基づいて、賃料相当額の損害賠償請求ができるかが問題となるのですが、判例は、抵当権者Aは、抵当不動産に対するCの不法占有によって、賃料相当額の損害を被るものではないとして、賃料相当額の損害賠償をすることはできないとしています。その理由は、抵当権はそもそも非占有担保だからです。つまり、損害賠償は抵当権者の被担保債権が害されたときにすることができるものであって、その損害は賃料相当額とは異なるものなのです。

（3）不法行為に基づく損害賠償請求権

A抵当権者が抵当権侵害を理由として損害賠償を請求するためには、抵当権の侵害により抵当目的物の交換価値が下落し、その結果被担保債権が十分に満足されなくなる必要があります。つまり、実損害が発生することが必要というわけです。また、抵当権の実行前でも、弁済期後であれば、損害賠償を請求することができます（大判昭７・５・27）。

（4）期限の利益の喪失

債務者は、担保となっている抵当目的物を滅失させ、損傷させ、又は減少させたときには、期限の利益を失います（137条２号）。この場合、B抵当権者は期限の到来を主張し、直ちに被担保債権の履行を請求することができます。また、抵当権を実行することも可能です。

3 代価弁済と抵当権消滅請求

抵当権が実行されると、抵当権に対抗できない権利はすべて否定されてしまいます。そうなると、抵当権付きの不動産を買う人はいなくなり、不動産の取引がスムーズにいかなくなってしまいます。そこで、抵当権付きの不動産を譲り受けた者など（抵当不動産の第三取得者）を保護するため、代価弁済（378条）と抵当権消滅請求（379条以下）の２つの制度が用意されています。

抵当不動産の第三取得者と言うよ。抵当権がついたままの状態で不動産を購入した以上、この人の地位はとても不安定で抵当権が実行されたら不動産から出て行かなければならなくなるんだね。

（1）代価弁済

「代価弁済」とは、抵当不動産につき所有権又は地上権を買い受けた第三取得者が、抵当権者の請求に応じて売却代金を抵当権者に支払ったときに、以後、抵当権が第三取得者に対する関係で消滅するという制度です（378条）。簡単に言うと、抵当不動産を買い受けたときに、その代価を売主に支払うのではなく抵当権者に支払うことで抵当権を消してもらうという制度です。ただ、B この代価弁済をするためには、必ず抵当権者からの請求（代価弁済請求）がなければならないので、実際はあまり使われていないようです。要するに、イニシアチブはあくまでも抵当権者側にあるのです。

（2）抵当権消滅請求

「抵当権消滅請求」とは、抵当不動産につき所有権を取得した第三取得者が、抵当権者に自ら抵当不動産を評価した金額を提示し、その承諾を得た金額を支払って、抵当権を消滅させるという制度です（379条）。このように、抵当権消滅請求は、第三取得者側にイニシアチブがある点で代価弁済とは異なります。ただ、B 抵当権消滅請求は、主たる債務者、保証人及びこれらの者の承継人はすることができません（380条）。これらの者はもともと全額を弁済する義務を負っているため、このような請求を認める筋合いがないからです（つまり図々しい）。

この第三取得者の抵当権消滅請求がなされた場合、債権者（抵当権者）は二者択一の選択に迫られます。すなわち、この請求を受け入れるか、あるいは請求書面の送付を受けた後２か月以内に抵当権を実行し競売の申立てをすることによって、抵当権消滅請求を拒むかの選択を迫られるのです。なお、B ２か月以内に競売を申し立てないと請求を承諾したものとみなされてしまいます（384条１号）。

（3）第三取得者の費用償還請求権

抵当不動産の第三取得者は、B 抵当不動産について必要費又は有益費を支出したときは、第196条（占有権の費用償還請求）の区別に従って、抵当不動産の代価から、他の債権者より先にその償還を受けることができます（391条）。費用償還については優先権が確保されているわけですね。そして、判例は、抵当不動産の第三取得者が、民法391条にもとづく優先的な費用償還請求権を有しているにもかかわらず、抵当不動産の競売代金が抵当権者に交付されてしまったために優先的な償還を受けられなかったときは、第三取得者は、**抵当権者に対し不当利得返還請求権を有する**としています（最判昭48・7・12）。

4 一括競売

B抵当権の設定**後**に抵当地に建物が築造されたときは、**土地の抵当権者**は、土地と共にその**建物も一緒に**競売にかけることができます（389条1項）。この制度を「**一括競売**」と呼びます。土地と建物を一括して競売すると買い手が現れやすいことから認められた制度です。Bただし、その**優先権**は、**土地の代価についてのみ**行使することができます。

なお、その建物の所有者が抵当地を占有するについて抵当権者に対抗することができる権利、例えば登記された地上権等を有する場合は、一括競売をすることができない点に注意すべきです（389条2項）。

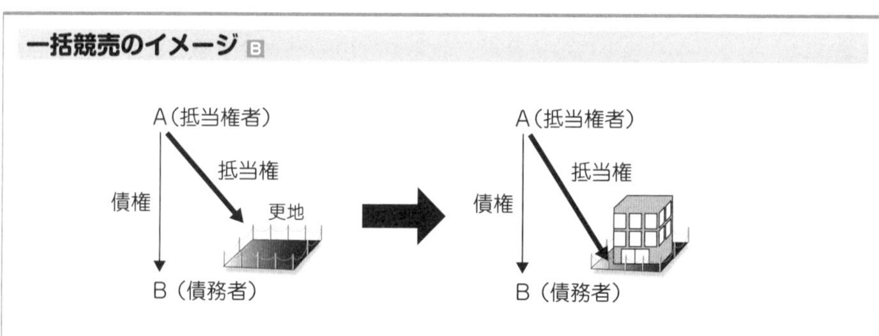

結論　土地の抵当権者Aは、土地上に築造された**建物を土地と共に一括して競売にかけることができる**。この場合には、Aは、**土地の競売代価についてのみ**優先弁済権を行使できる。なお、一括競売される**建物の所有者は必ずしも債務者Bでなくても構わない**。

5 建物の明渡し猶予制度

抵当権に劣後する賃借権（抵当権の登記がなされた後になされた賃貸借や、そもそも対抗要件を有しない賃貸借）は、抵当権が実行（競売）されると消滅してしまいます。したがって、抵当不動産が建物であれば、当然賃借人は当該建物から出て行かなければなりません。しかし、建物は人の住居であり、いきなり出て行けと言われても困ります。次の住みかが見つかっていない場合もあります。そこで、B競売による買受けの時から６か月を経過するまでは建物の明渡しが猶予されます（395条）。これが「建物の明渡し猶予制度」です。ちなみに、この制度は抵当目的物が「建物」の場合にしか存在しないので注意しましょう。つまり、土地の場合には猶予されません。

建物の明渡し猶予制度のイメージ B

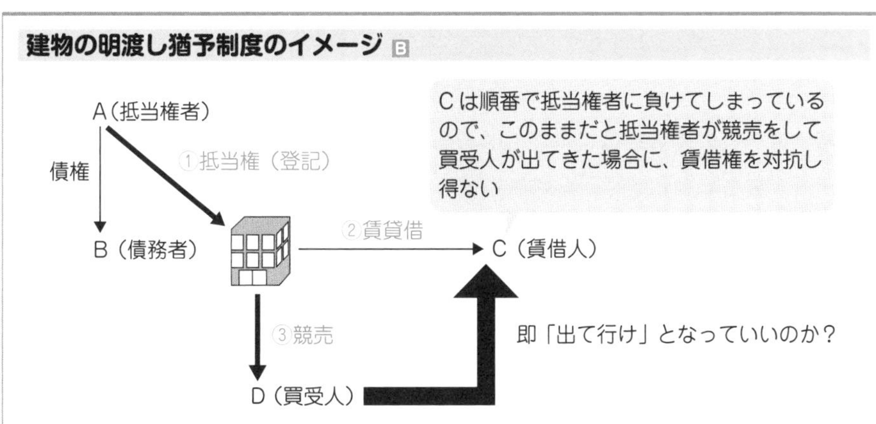

結論　抵当権者に対抗することができない賃借人（C）は、建物の競売によりDが買い受けた時から６か月を経過するまでは、明渡しが猶予される。つまり、６か月間は出て行かなくてもよい。もっとも、明渡し猶予期間中は、Cは賃料相当額の対価をDに支払わなければならない。

6 抵当権者の同意を得た賃貸借

あくまでも賃借権の登記をしていないとダメだよ。

B登記をした賃貸借は、その登記前に登記をした抵当権を有するすべての者が同意をし、かつ、その同意の登記があるときは、その同意をした抵当権者に対抗することができます（387条１項）。原則として、抵当権の登記に後れる賃貸借は抵当権者に対抗することができませんが、抵当権者が同意することを条件に例外的に対抗することができるようにしたのです。なお、賃貸借に先行する複数の抵当権者がいる場合には、すべての抵当権者の同意が必要です。そして、同意があったことは賃借権の設定登記で公示しておかなければなりません。

抵当権者の同意を得た賃貸借のイメージ B

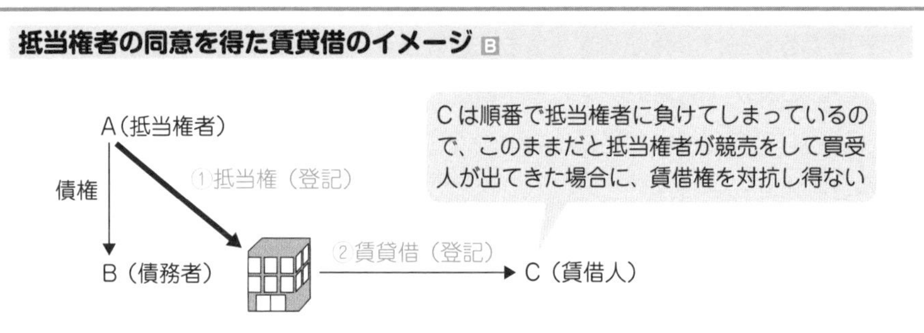

結論　すべての抵当権者（本件ではAのみ）が同意し、その同意について登記がなされたときは、Cは賃借権を抵当権者Aに対抗することができる。つまり、仮にその後建物が競売されても、当該賃借権は買受人に引き受けられ、存続する。

7 抵当権の消滅

（１）抵当権の消滅時効

B抵当権は、債務者及び抵当権設定者（物上保証人）に対しては、その担保する債権（被担保債権）と同時でなければ、時効によって消滅しません（396条）。これは、自ら借金をした債務者張本人や自ら抵当権を設定した物上保証人との関係で、被担保債権が消滅していないのに抵当権だけが時効消滅する事態を防止する趣旨です。逆に言うと、B第三取得者や後順位抵当権者との関係では、抵当権のみが時効消滅することがあるのです（第三取得者について、大判昭15・11・26）。

抵当権の消滅時効 B

①抵当権は、債務者及び抵当権設定者（物上保証人）に対しては、被担保債権と同時でなければ、時効消滅しない。

②第三取得者や後順位抵当権者との関係では、被担保債権とは別個に20年（166条２項）で時効消滅する。

（2）目的物の時効取得

B 債務者又は抵当権設定者（物上保証人）でない者が抵当不動産について取得時効に必要な要件を具備する占有をしたときは、抵当権は、これによって消滅します（397条）。次の図で簡単に確認してみましょう。

目的物の時効取得 B

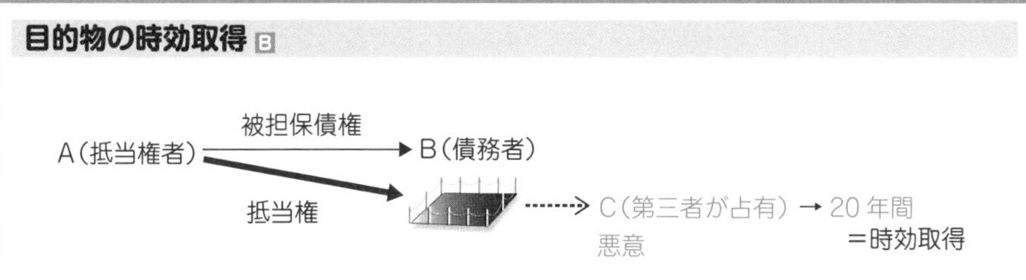

結論　第三者Cは、20年間占有（悪意なので）すれば土地の所有権を時効取得できる。そして、取得時効の効果は原始取得なので、Cは負担のないきれいな所有権を取得できる。つまり、抵当権は消える。

これは逆に言うと、債務者や物上保証人が抵当不動産をいくら占有しても時効取得による抵当権の消滅は認められないということです。ただこれは当然とも言えます。

（3）抵当権の目的である地上権等の放棄

B 地上権又は永小作権を抵当権の目的とした地上権者又は永小作人は、その権利を放棄しても、これをもって抵当権者に対抗することができません（398条）。もし抵当権の目的となっている地上権や永小作権を勝手に放棄し、それを抵当権者に対抗できることにすると、抵当権者が害されてしまいます。これはさすがにまずいわけです。

抵当権の目的である地上権等の放棄 B

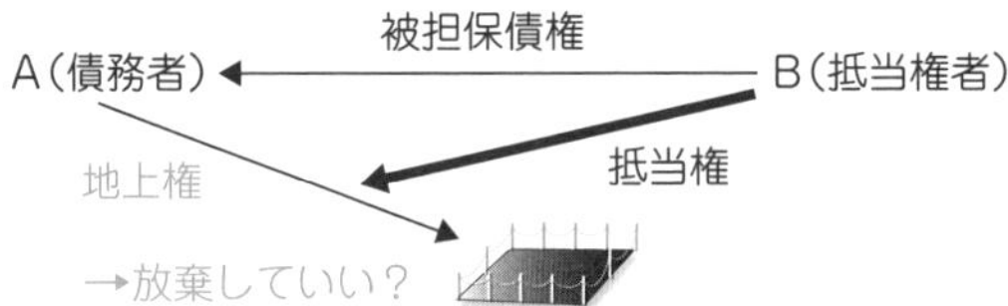

結論 Aは、抵当権の目的になっている**地上権を放棄**しても、**抵当権者Bには対抗できない**。この地上権はBの抵当権の目的となっているので、Aの一存で抵当権者Bを害することはできない。

PLAY! 理解度チェック

1. 抵当権者は、火災保険金請求権に対して物上代位権を行使することができるのか？

2. 抵当権者は、目的債権が第三者に譲渡され、当該第三者が対抗要件を備えた後であっても、当該債権を自ら差し押さえることで物上代位権を行使することができるのか？

3. 抵当権侵害に基づく物権的請求権を行使するためには、抵当目的物の交換価値が被担保債権を担保しない程度まで減少する必要があるのか？

4. 抵当不動産を不法占拠されている場合には、抵当権者はどのような手段をとることができるのか、２つ挙げよ。

5. 抵当権者が、抵当権に基づく妨害排除請求権を行使し、直接自己へ抵当不動産を明け渡すよう請求できるのはどのような場合か？

6. 債務者が期限の利益を喪失すると抵当権者はどのようなことができるのか？

7. 代価弁済は抵当権者からの請求がなくてもできるのか？

1.
できる。

2.
できる。

3.
減少する必要はない。

4.
①抵当権に基づく妨害排除請求権を行使するか、②所有者が有する妨害排除請求権を代位行使する。

5.
抵当不動産の所有者において抵当権に対する侵害が生じないように抵当不動産を適切に維持管理することが期待できない場合。

6.
直ちに被担保債権の履行を請求でき、抵当権を実行することができる。

7.
できない。抵当権者からの請求がなければできない。

8．一括競売をした場合における土地の抵当権者は、（　　　　）についてのみ優先弁済権を行使することができる。

8．
土地の代価

9．建物の賃借人は、競売による買受けの時から（　　　　）を経過するまでは建物を明け渡さなくてよい。これを「建物の明渡し猶予制度」と言う。

9．
6か月

10．抵当権は、誰に対して被担保債権と同時でなければ時効によって消滅しないのか？

10．
債務者及び抵当権設定者（物上保証人）に対して。

TRY! 本試験問題に挑戦

抵当権に基づく物上代位権に関する次の記述のうち、妥当なのはどれか。

【地方上級H26】

1．抵当権者は、被担保債権が債務不履行になる前でも、抵当権設定者が抵当目的物を他の者に賃貸している場合における賃料債権に対して抵当権の効力を及ぼすことができる。

1．×
抵当権の効力は、被担保債権の債務不履行後に生じた果実に及ぶ。

2．同一債権に対して、抵当権者の物上代位に基づく差押えと一般債権者がなす差押えとが競合した場合、その優劣は抵当権の物上代位に基づく差押えの時期と一般債権者のなす差押えの時期の先後で決する。

2．×
抵当権の設定登記の時期と、一般債権者のなす差押えの時期（第三債務者に対する差押命令の到達）の先後で決する。

3. 抵当権者は、物上代位の目的となっている債権が譲渡され、当該債権の譲受人が第三者に対する対抗要件を備えた後においては、自ら当該債権を差し押さえて物上代位権を行使することはできない。

3．×
債権の譲受人が対抗要件を備えた後においても、抵当権者は自ら当該債権を差し押さえることで物上代位権を行使することができる。

4. 抵当目的物が火事によって焼失した場合、抵当権者は、抵当権設定者が保険会社に対して有する火災保険金請求権に対して物上代位権を行使することができない。

4．×
抵当権者は、火災保険金請求権に対して物上代位権を行使することができる。

5. 買戻特約付きの売買の買主から抵当権の設定を受けた者は、買戻権の行使により生じた買戻代金債権に対して抵当権に基づく物上代位権を行使することができる。

5．○
そのとおり。
細かいけど判例があるので覚えておこう。

正答　5

TRY! 本試験問題に挑戦

抵当権に関する次のア～ウの記述の正誤の組合せとして最も妥当なものはどれか（争いのあるときは、判例の見解による）。【裁判所職員 R1】

ア. 抵当権者は、目的物が第三者の行為により滅失した場合、物上代位権を行使することにより、その第三者に対して、目的物の所有者が有する損害賠償請求権から優先弁済を受けることができる。

ア．○
そのとおり。
損害賠償債権の上に物上代位できる。

イ. Aは、自身が所有する建物について抵当権を設定したところ、抵当権設定当時、その建物内には畳や建具が備え付けられていた。抵当権者Bは、特約がない限り、畳や建具についても抵当権の効力を主張することができる。

イ．○
そのとおり。
抵当権設定当時に存在した従物にも抵当権の効力は及ぶ。

ウ. AのBに対する金銭債権を担保するために、BがCに賃貸している建物を目的とする抵当権が設定された。Aのために抵当権設定登記がされた後にCに対する賃料債権がBからDに譲渡されてその第三者対抗要件が具備された場合、Aは、同じ賃料債権を差し押さえて優先弁済を受けることができる。

ウ．○
そのとおり。
抵当権者は、債権が譲渡され第三者が対抗要件を具備した後においても、自ら物上代位に基づいて、差し押さえることができる。

	ア	イ	ウ
1.	誤	誤	正
2.	誤	正	誤
3.	正	誤	正
4.	正	誤	誤
5.	正	正	正

正答　5

TRY! 本試験問題に挑戦

民法に規定する抵当権に関する記述として、判例、通説に照らして、妥当なのはどれか。　【特別区 H28】

1．抵当権の設定は、債務者以外の第三者の所有する不動産につき、その第三者と債権者との間で行うことができ、債務者以外の第三者の所有不動産上に抵当権が設定されたときの第三者を物上保証人というが、この場合、抵当権設定契約は当事者の意思表示だけでは有効に成立しない。

1．×
抵当権設定契約は当事者の意思表示のみで成立する（諾成契約）。

2．抵当権の設定後に抵当地に建物が築造されたときは、抵当権者は、その建物の所有者が抵当地を占有するについて抵当権者に対抗できる権利を有する場合を除き、土地と共にその建物を競売することができ、その優先権は、土地及び建物の代価について行使することができる。

2．×
優先権は、土地の代価についてのみ行使することができる。

3．最高裁判所の判例では、抵当不動産の賃貸により抵当権設定者が取得する賃料債権に対しては、抵当権者は物上代位権を行使することができ、抵当不動産の賃借人が取得する転貸賃料債権についても、常に物上代位権を行使することができるとした。

3．×
転貸賃料債権については、原則として物上代位権を行使することができない。例外的に、抵当不動産の賃借人を抵当不動産の所有者と同視できるような場合にだけ物上代位権を行使することができる。

4. 最高裁判所の判例では、抵当権設定当時土地及び建物の所有者が異なる場合において、その土地又は建物に対する抵当権の実行による競落の際、当該土地及び建物の所有権が同一の者に帰することとなったときは、法定地上権は成立するとした。

4．×
次の章で勉強する「法定地上権」に関する肢なのでとりあえず気にしなくてもよいが、抵当権設定当時土地及び建物の所有者が異なる場合においては、その後当該土地及び建物の所有権が同一の者に帰することとなっても、法定地上権は成立しない。

5. 最高裁判所の判例では、第三者が抵当不動産を不法占有することにより、抵当不動産の交換価値の実現が妨げられ、抵当権者の優先弁済請求権の行使が困難となるような状態があるときは、抵当権者は、所有者の不法占有者に対する妨害排除請求権を代位行使することができるとした。

5．○
そのとおり。
民法423条の法意に従って、代位行使することができる。

正答　5

TRY! 本試験問題に挑戦

抵当権に関するア～オの記述のうち、妥当なもののみを全て挙げているのはどれか。ただし、抵当権は抵当権設定登記を備えているものとする。

【国税専門官、財務専門官、労働基準監督官 R1】

ア． 抵当権は、抵当権者が抵当不動産の使用・収益権を有しない非占有担保物権であるため、第三者が抵当不動産を不法占有し、抵当不動産の交換価値の実現が妨げられ、抵当権者の優先弁済請求権の行使が困難となるような状態がある場合においても、抵当権者は、抵当権に基づく妨害排除請求権を行使することができないとするのが判例である。

ア．×
不法占有者に対しては、抵当権に基づく妨害排除請求権を行使することができる。

イ． 抵当権者は、被担保債権の全部の弁済を受けるまで目的物の全部についてその権利を行使することができるため、抵当権者が被担保債権から生じた利息及び損害金に関して抵当権を行使する場合、その範囲が制限されることはない。

イ．×
利息や損害金に関しては、後順位抵当権者などがいる場合には、2年分に制限される。

ウ． 抵当権者は、物上代位の目的債権が譲渡され第三者に対する対抗要件が備えられた後には、もはや自ら目的債権を差し押さえて物上代位権を行使することはできないとするのが判例である。

ウ．×
抵当権者は、物上代位の目的債権が譲渡され第三者に対する対抗要件が備えられた後においても、自ら目的債権を差し押さえて物上代位権を行使することができる。

エ. 敷金が授受された賃貸借契約に係る賃料債権につき抵当権者が物上代位権を行使してこれを差し押さえた場合においても、当該賃貸借契約が終了し、目的物が明け渡されたときは、賃料債権は、敷金の充当によりその限度で消滅するとするのが判例である。

エ. ○
そのとおり。
抵当権者の物上代位よりも敷金の充当の方が優先する。

オ. 工場抵当法の規定により工場に属する土地又は建物とともに抵当権の目的とされた動産が、抵当権者の同意を得ないで、備え付けられた工場から搬出された場合には、第三者において即時取得をしない限りは、抵当権者は、搬出された目的動産を元の備付場所である工場に戻すことを求めることができるとするのが判例である。

オ. ○
そのとおり。
第三者において即時取得されない限り、元の備付場所である工場に戻すよう請求できる。これは一種の物権的請求権である。

1. ア、イ　2. イ、エ　3. ウ、エ　4. ウ、オ　5. エ、オ

正答　5

24 法定地上権

重要度 ★★☆
頻出度 ★★☆

今回は民法の最難関テーマ「法定地上権」について見ていく。実際、ほとんどの受験生が捨ててしまうテーマなので、深入りはせずに結論だけを端的に押さえるようにしよう。

1 法定地上権とは?

「法定地上権」とは、建物のために、法律上当然に発生する地上権のことです(388条)。民法では、建物と土地が別個の不動産とされています。また、自分の建物のために自分の土地に借地権を設定することはできません。そこで、抵当権設定時には土地と建物の所有者が同一であったのに、競売によって所有者が異なるという事態に至った場合、建物は存立の基礎を失ってしまい（つまり、土地利用権がないので)、収去する必要が出てきます（土地を不法占拠している状態になるため、建物を壊して出て行けと言われてしまう)。しかし、建物を壊すのは社会経済上不利益です。そこで、この不都合性を回避するために、民法は建物のために法定地上権の成立を認めたのです。

これを「自己借地権」と言うんだけど、ごく例外的な場合以外は認められていないんだ。

法定地上権が認められないと…… A

●その1（土地に抵当権を設定した場合）

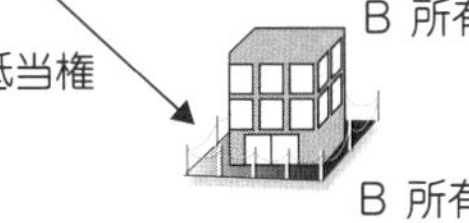

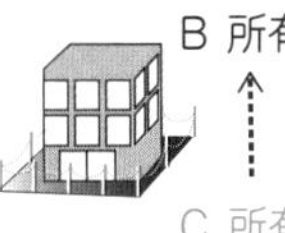

結論　もしB所有の建物のために法定地上権が発生しなければ、CはBに対して建物を壊して出て行けと言えてしまう（何ら土地利用権がないから)。これではまずいので、B所有の建物のために法定地上権の発生を認める。そうすれば、Bは出て行かなくてもよくなる（そのままC所有の土地を使ってよい)。

●その2（建物に抵当権を設定した場合）

結論 もしC所有の建物のために法定地上権が発生しなければ、BはCに対して建物を壊して出て行けと言えてしまう（何ら土地利用権がないから）。これではまずいので、C所有の建物のために法定地上権の発生を認める。そうすれば、Cは出て行かなくてもよくなる（そのままB所有の土地を使ってよい）。

（1）成立要件

法定地上権は「法定」という文言が使われていることから分かるように、法律上の要件さえ満たせば当然に発生します。法定の要件は以下のとおりです。

ちなみに、法定地上権の地代は、当事者の協議によって定めるんだけど、その協議が調わないときは、当事者の請求により、裁判所が定めるんだよ（388条後段）。

㋐抵当権設定時に土地上に建物が存在すること

まず、抵当権設定時に土地上に建物が存在していなければなりません。もっとも、A建物が現実に建っていればいいので、当該建物につき登記をしていなくても構いません。例えば、土地に抵当権を設定した当時その土地上の建物に保存登記がなかった場合、あるいは土地上の建物はまだ前主の名義になっていて土地所有者への移転登記がなされていなかった場合にも、法定地上権が成立します（大判昭14・12・19、最判昭48・9・18）。また、土地及びその土地上の建物の所有者が建物について抵当権を設定したときに、土地の所有権移転登記を経由していなくても、法定地上権は成立します（最判昭53・9・29）。ただ、これは登記が法定地上権の成立要件ではないということを意味しているだけなので、もちろん法定地上権が発生した後に登記をしなければ第三者に対抗することはできません。

㋑抵当権設定時に土地と建物が同一の所有者に帰属していること

B抵当権設定時に土地と建物が別人所有であれば、もともと何らかの約定の利用権（賃借権や地上権など）が設定されているのが通常なので、法定地上権を成立させる必要がないのです（競売による買受人はその約定の利用権を引き継げはよいだけ）。よって、この要件が必要とされています。

㋒土地と建物の一方又は両方に抵当権が設定されたこと

㋓抵当権が実行されて土地と建物の所有者が異なったこと

（2）具体的な検討

さて、より具体的に考えていきます。例えば、建物の価格を300万円、土地（更地）の価格を1000万円、法定地上権の価値を700万円と仮定します。この場合、法定地上権が成立する前提で考えると建物の競売価格は1000万円ということになります。すなわち建物の価格300万円に法定地上権分の価値700万円を足した1000万円で競売できるということを意味しています。このように、Ａ建物にとっては法定地上権が成立するととても有利になります。

一方、土地についてはこれとまったく逆の結論となります。すなわち、法定地上権が成立してしまうと、土地は法定地上権分の負担を受けるということになるので、競売価格は300万円になってしまいます。1000万円－700万円で300万円というわけです。このように、Ａ土地にとっては法定地上権が成立すると不利になります。このことをまず理解すると、次の判例が若干分かりやすくなるかもしれません。

（3）判例の事案

①更地に抵当権が設定されたケース

Ａ更地に抵当権が設定された後に建物が築造された場合、法定地上権は成立しません（大判大４・７・１）。これはまず要件㋐を満たしていないことと、抵当権者は抵当権を設定する際に、土地を更地として高く評価しているので、法定地上権が成立すれば抵当権者の担保価値評価が害されてしまうからです。また、Ａ仮に土地の抵当権者が抵当権設定後に建物が築造されることを承諾していた場合でも、法定地上権は成立しません（最判昭36・２・10）。これは抵当権者と抵当権設定者との間で合意があっても同じく法定地上権が成立しないということです。この場合には抵当権者は価値が下がることを覚悟しているため害されませんが、承諾があることを知らない土地の買受人が土地の価値を更地として評価し不当に高く買ってしまうおそれ（つまり買受人が害される）があるからです。

更地に抵当権が設定されたケース A

A
抵当権
B
更地
A
B
B
法定地上権 ×

更地の場合は一切成立しないよ。更地＝×でOKだね

結論　建物のために法定地上権は成立しない。

理由　要件㋐を満たさないため。また、Aは抵当権を設定する際に、更地として土地を高く評価しているので、法定地上権が成立するとAの担保価値評価が害されてしまう。また、このことは当事者（AとB）の承諾があっても同じである。この場合には、Aは法定地上権の成立を覚悟するから害されないが、土地の買受人が害されてしまうおそれがある。

②最初別人所有であったケース

A抵当権設定時には土地と建物が別人所有であったが、競売までに土地又は建物の譲渡などにより同一人所有となった場合、法定地上権は成立しません（最判昭44・2・14）。最初別人所有であったという時点で、成立要件㋑を満たさないからです。しかし、Aこれとは逆に最初同一人所有で後になって所有者が異なるという事態に至った場合は法定地上権が成立します（大連判大12・12・14）。

最初別人所有であったケース A

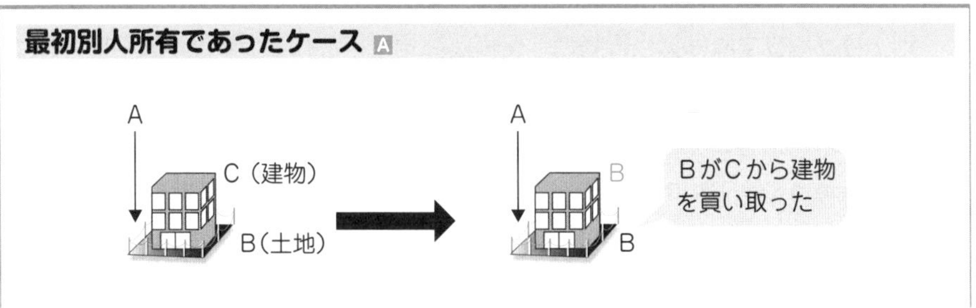

結論　建物のために法定地上権は成立しない。

理由　そもそも抵当権設定時に要件㋑を満たしていないため。なお、これとは逆に、最初同一人所有で後になって所有者が異なるという事態に至った場合には法定地上権が成立する。

③最初別人所有で後順位抵当権者が現れるケース（土地の抵当権）

A一番抵当権が「土地」に設定されている場合は、一番抵当権設定時に土地と建物が別人所有であれば、その後の二番抵当権設定時に同一人所有となっていても、法定地上権は成立しません（最判平２・１・22）。ちょうど次の図のような利害関係になります。

土地の抵当権のケース A

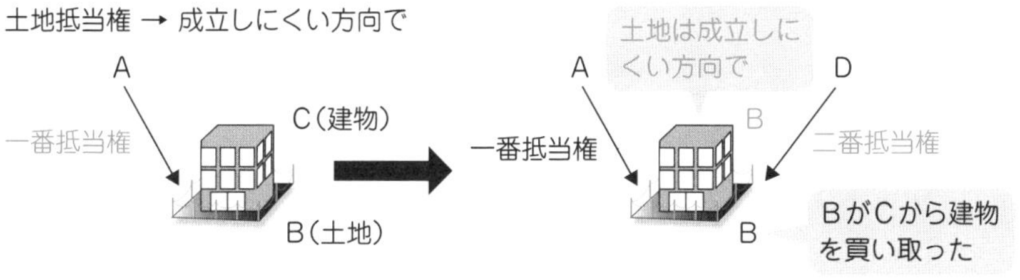

結論　建物のために法定地上権は成立しない。

理由　土地の抵当権については、法定地上権の成立を考える際に一番抵当権を基準にする。そして、一番抵当権設定時には、成立要件㋑を満たしていない。

このようなケースは、一番抵当権設定時を基準に考えると成立要件㋑を満たしていませんが、二番抵当権設定時を基準に考えると成立要件㋑を満たしています。そこで、一番を基準にするのか二番を基準にするのかという問題が起こるのです。この点、判例は土地の抵当権については、一番抵当権設定時を基準にして考えていきます。したがって、一番抵当権設定時にはそもそも土地と建物

ただし、一番抵当権が弁済や解除などで消滅したのであれば、二番抵当権設定時を基準にして法定地上権の成立を認めていくのが判例。これは最近よく出題されているよ。ひっかけに注意しよう（最判平19・７・６）。

が別人所有だったので成立要件㋑を満たしません。よって、法定地上権は成立しないのです。

では、なぜ土地の抵当権の場合には一番抵当権設定時を基準にするのでしょうか？それは、一番抵当権者は法定地上権が成立しないことを前提に土地の価値を把握しているからです。つまり、一番抵当権者は「この土地は法定地上権の負担のない高い価値を有する土地なんだ」と信じているので、その期待を裏切ってはいけないのです（法定地上権が成立してしまうと土地の競売価格は下がってしまう）。

④最初別人所有で後順位抵当権者が現れるケース（建物の抵当権）

A 一番抵当権が「建物」に設定されている場合は、一番抵当権設定時に土地と建物が別人所有であっても、その後の二番抵当権設定時に同一人所有となっていれば、法定地上権が成立します（大判昭14・7・26）。これは次の図のような利害関係になります。

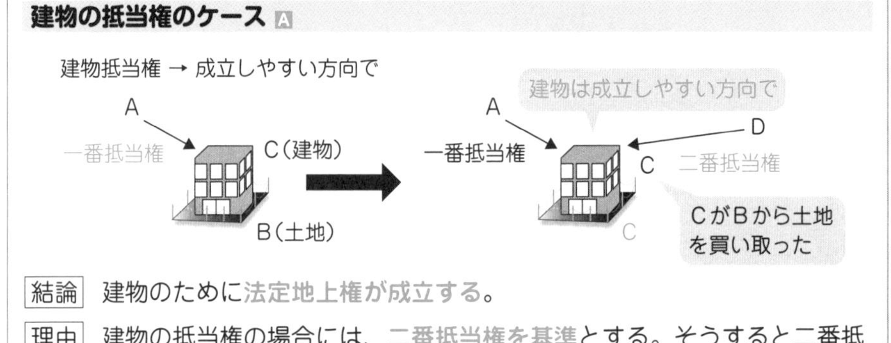

このケースでも、先ほどの例と同じように一番抵当権設定時を基準に考えると成立要件㋑を満たしていませんが、二番抵当権設定時を基準に考えると成立要件㋑を満たしています。そこで、一番を基準にするのか二番を基準にするのかという問題が生じます。この点、判例は建物の抵当権については、二番抵当権設定時を基準にして考えていきます。したがって、二番抵当権設定時には既に土地と建物が同一人

所有になっているわけなので成立要件㋑を満たします。なぜ建物の抵当権の場合には二番抵当権設定時を基準にするのでしょうか？　それは、法定地上権が成立した方が建物の競売価格が上がるので、一番抵当権者にとっても有利になるからです。つまり、建物の場合は、法定地上権の成立を認めても一番抵当権者に不利になることはないのです。

⑤共同抵当権設定後に新建物を再築するケース

A 同一人所有に属する土地と建物に共同抵当権が設定された後、抵当権者の承諾を得た上で設定者によって建物が取り壊され、新建物が再築された場合は、特段の事情がない限り、新建物のために法定地上権は成立しません（最判平9・2・14）。まずは図で示していきます。

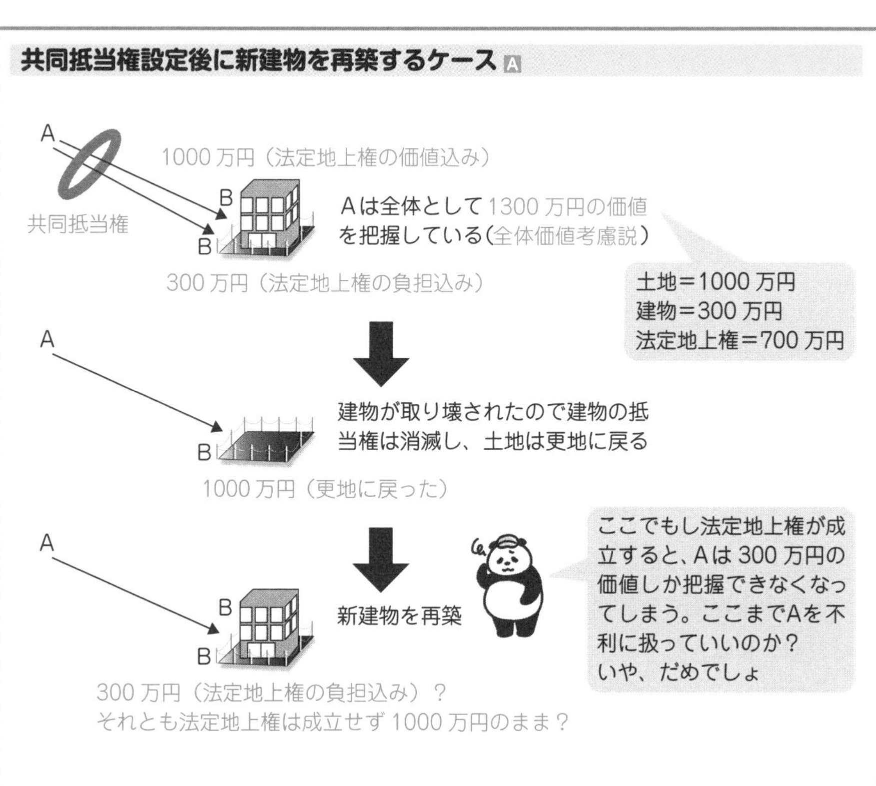

結論 原則、法定地上権は成立しない。もっとも、①新建物の所有者（B）が土地の所有者（B）と同一であり、かつ、②新建物が建築された時点での土地の抵当権者（A）が新建物について土地の抵当権と同順位の共同抵当権の設定を受けたときなど、抵当権者の利益を害さない特段の事情がある場合には、法定地上権が成立する。

理由 この場合に法定地上権を当然に成立させてしまうと、抵当権者Aは不測の損害を被ることになる。

この場合に法定地上権を当然に成立させてしまうと、抵当権者Aは不測の損害を被ることになりますね。土地の価格が更地に戻って1000万円になるのは仕方がないのですが、それ以上に、新建物が再築され、かつ法定地上権が成立することでさら700万円（法定地上権の価値）が引かれて300万円になってしまう……。さすがのAもそこまでは通常予想していないはずです。そこで、原則として、法定地上権は成立しないとしたわけです。もっとも、その後にAがBから新建物について土地の抵当権と同順位の抵当権の設定を受けたのであれば、結局最初の状態に戻るだけ（全体として1300万円の価値を把握できる状態に戻る）なので、法定地上権を成立させても問題ありません。このような例外的な場合には法定地上権の成立を認めていきます。

⑥共有のケース

A「建物が共有」で土地が単独所有の場合には、法定地上権が成立します（最判昭46・12・21）。一方、A「土地が共有」で建物が単独所有の場合には、法定地上権は成立しません（最判昭29・12・23）。とりあえず難しいことは抜きにしてシンプルに「建物共有の場合＝法定地上権成立」、「土地共有の場合＝法定地上権不成立」と覚えてください。また、土地及び建物が共有の場合も土地共有の要素が入っているので、やはり建物のために法定地上権は成立しません（最判平６・12・20）

法定地上権のまとめ A

①更地 → 成立しない。更地＝×でOK

②当初別人所有 → その後同一人所有 → 成立しない

当初同一人所有 → その後別人所有 → 成立する

③④当初別人所有 → その後同一人所有 → 後順位抵当権者が現れる

{ 土地 → 成立しない
  建物 → 成立する

⑤共同抵当（土地・建物）→ 建物再築 → 特段の事情がない限り、成立しない

⑥建物共有 → 成立する

土地共有 → 成立しない

建物共有・土地共有 → 成立しない

PLAY! 理解度チェック

1. 土地に抵当権を設定した当時その土地上の建物に保存登記がなかった場合、あるいは土地上の建物はまだ前主の名義になっていて土地所有者への移転登記がなされていなかった場合でも、法定地上権は成立するのか？

2. 法定地上権は一度発生すれば登記をしなくても第三者に対抗することができるのか？

3. 更地に抵当権が設定された後に建物が築造された場合には、法定地上権は成立しないが、土地の抵当権者が抵当権設定後に建物が築造されることを承諾していた場合には、法定地上権が成立するのか？

4. 最初同一人所有で後になって所有者が異なるという事態に至った場合には法定地上権が成立するのか？

5. 一番抵当権が「土地」に設定されている場合は、一番抵当権設定時に土地と建物が別人所有であれば、その後の二番抵当権設定時に同一人所有となっていても、法定地上権は成立（　　　　）。

6. **5.** の事案で、その後一番抵当権が弁済や解除などで消滅したときは、法定地上権が成立するのか？

1.
成立する。

2.
登記をしなければ第三者に対抗することができない。

3.
承諾していても成立しない。

4.
成立する。

5.
しない

6.
成立する。二番抵当権設定時を基準にして成否を考えることになるため。

7. 一番抵当権が「建物」に設定されている場合は、一番抵当権設定時に土地と建物が別人所有であっても、その後の二番抵当権設定時に同一人所有となっていれば、法定地上権が成立（　　　）。

7.
する

8. 同一人所有に属する土地と建物に共同抵当権が設定された後、抵当権者の承諾を得た上で設定者によって建物が取り壊され、新建物が再築された場合は、特段の事情がない限り、新建物のために法定地上権は成立しない。では、特段の事情とはどのような事情か？

8.
①新建物の所有者が土地の所有者と同一であり、かつ、②新建物が建築された時点での土地の抵当権者が新建物について土地の抵当権と同順位の共同抵当権の設定を受けたときなど、抵当権者の利益を害さないような事情。

9. 「建物が共有」で土地が単独所有の場合には、法定地上権は成立（　①　）。一方、「土地が共有」で建物が単独所有の場合には、法定地上権は成立（　②　）。

9.
①する　②しない

TRY! 本試験問題に挑戦

法定地上権に関するア～オの記述のうち、妥当なもののみを挙げているのはどれか。ただし、争いのあるものは判例の見解による。 【国家一般職 H28】

ア. 法定地上権は、公益上の理由に基づき、法律上当然に発生するものであるから、第三者に対し登記なくして法定地上権を対抗することができる。

ア. ×
登記をしておかないと法定地上権を第三者に対抗することができない。

イ. 土地及び地上建物の所有者が、建物の取得原因である譲受けにつき所有権移転登記を経由しないまま土地に対し抵当権を設定し、その抵当権が実行された場合、法定地上権は成立しない。

イ. ×
建物の取得原因である譲受けにつき所有権移転登記を経由していなくても、法定地上権は成立する。登記を有することは法定地上権の成立要件ではない。

ウ. 土地を目的とする先順位の甲抵当権と後順位の乙抵当権が設定された後、甲抵当権が設定契約の解除により消滅し、その後、乙抵当権の実行により土地及び地上建物の所有権者を異にするに至った場合において、当該土地及び地上建物が、乙抵当権の設定当時に同一の所有者に属していたとしても、甲抵当権の設定当時に同一の所有者に属していなければ、法定地上権は成立しない。

ウ. ×
先順位の抵当権が弁済や解除により消滅した場合は、たとえ土地の抵当権であっても、後順位抵当権設定時を基準にして法定地上権の成否を考えるというのが判例である。よって、当該土地及び地上建物が、乙抵当権の設定当時に同一の所有者に属していたのであれば、成立要件を満たしているので、法定地上権が成立する。

エ. 所有者が土地及び建物に共同抵当権を設定した後、当該建物が取り壊され、当該土地上に新たに建物が建築された場合には、新建物の所有権者が土地の所有者と同一であり、かつ、新建物が建築された時点での土地の抵当権者が新建物について土地の抵当権と同順位の共同抵当権の設定を受けたときなど特段の事情のない限り、新建物のための法定地上権は成立しない。

エ. ○
そのとおり。
共同抵当権設定後に新建物を再築するケースの説明として正しい。

オ. 建物の共有者の１人がその敷地を単独で所有する場合において、当該土地に設定された抵当権が実行され、第三者がこれを競落したときは、当該土地につき、建物共有者全員のために、法定地上権が成立する。

オ. ○
そのとおり。
建物共有の場合は法定地上権が成立する。

1．ア、イ　2．ア、エ　3．イ、ウ　4．ウ、オ　5．エ、オ

正答　5

25 根抵当権

重要度 ★★★
頻出度 ★★★

今回は抵当権の応用、すなわち根抵当権について見ていく。極度額という概念が非常に重要になってくるので、まずは何となくイメージを持つことから始めよう。

1 根抵当権とは?

「根抵当権」とは、一定の範囲に属する不特定の債権を極度額の限度まで担保する抵当権です。これは二当事者間の継続的な取引（売買契約や金銭消費貸借契約など）により、複数の債権が発生したり消滅したりを繰り返す場合に使われます。例えば、Bが銀行Aから金銭の借入れと弁済を繰り返しているとします。Bは事業を営むために銀行から多数の融資を受け、資金の融通ができたらそれをその都度弁済するという行為を繰り返しているのです。この場合、本来ならば一つひとつの具体的な貸金債権（被担保債権）ごとに抵当権を設定し、弁済すればそれを外すという行為を繰り返さなければならないわけですが、これは大変な作業になります。そこで、BはAとの間で、Bの所有する不動産に根抵当権を1つ設定し、「10億円の価値のあるビルだけど、そのうちAさんには5億円の極度額を与えるので、その範囲で被担保債権の出入りを自由にしてもらいたい」と持ち掛けるのです。つまり、BAに極度額という優先権（コップのイメージ）を主張できる枠を与えて、その範囲における被担保債権（コップの中に入っているジュースのイメージ）の増減を許していくわけです。そうすれば、1つの根抵当権によって極度額の限度ですべてが担保されることになるので、抵当権の付け外しを繰り返さなくてもよくなります。

根抵当権者、つまり債権者が優先権を主張できる枠のことだよ。

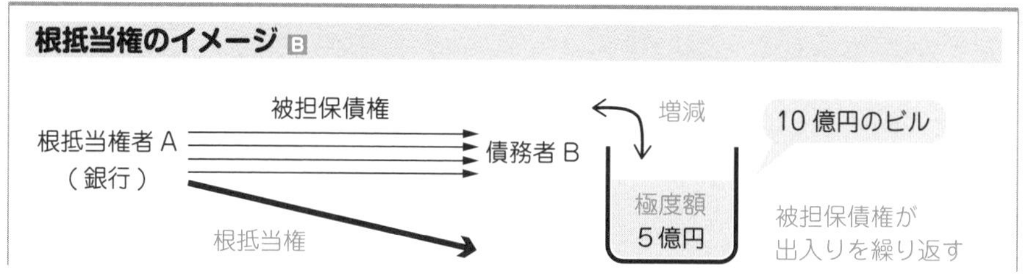

結論　被担保債権が出入りを繰り返す。つまり、被担保債権は増減を繰り返し、それが極度額の限度で担保される。

この図では、コップの入り口が開いていますが、このような状況の下では、被担保債権が出入りを繰り返します。つまり、ジュースの量が増減します。しかし、ずっと入り口が開きっぱなしということはなく、一定の事由によって入り口が閉まることがあります。これを元本の「確定」と言います。確定すると、根抵当権の被担保債権が流動性を失うので、それ以降、新しい被担保債権は入ってこなくなります。これは言い方を変えると、B被担保債権と根抵当権が結びつくことになるので、通常の抵当権と同じように、被担保債権と根抵当権が一対一対応することになるのです。

根抵当権の確定後のイメージ B

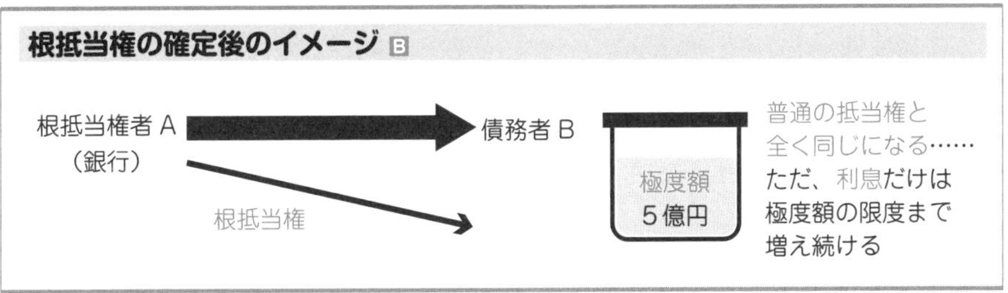

このように、根抵当権を考える際には、前提として元本確定前と元本確定後を分けていくことが必要になります。その具体的な違いとは、A元本確定前は、付従性と随伴性がありません。これは重要で、被担保債権と根抵当権が一対一対応していないので、たとえ被担保債権が弁済等で消滅しても根抵当権は消滅することはなく（付従性がない）、被担保債権が債権譲渡によって他人に移っても、根抵当権は移転しません（随伴性がない）。したがって、被担保債権の譲受人は根抵当権を行使することができないのです。ただ、これはあくまでも随伴性がないというだけの話であって、B根抵当権者は、根抵当権設定者の承諾を得て、その根抵当権自体を譲渡することはできます（398条の12、398条の13）。

一方、A元本確定後の根抵当権は、被担保債権と一対一対応するようになるので、通常の抵当権と同様、付従性も随伴性も認められることになります。つまり、元本が確定すると、この2つが復活するのです。

（1）根抵当権の内容

①被担保債権の範囲

> 不特定の債権の範囲は、債務者との特定の継続的取引契約によって生じるものその他債務者との一定の種類の取引によって生ずるものに限定して、定めなければならないんだ(398条の2第2項)。

根抵当権の被担保債権は、「一定の範囲」に属する不特定の債権でなければなりません。したがって、当事者間に生じる一切の債権を担保するために根抵当権を設定することはできません。これを「包括根抵当の禁止」と言います。ただ、一定の範囲に属する債権であれば、確定した元本並びに利息その他の定期金及び債務の不履行によって生じた損害賠償の全部が、極度額を限度として担保されます（398条の3第1項）。つまり、B通常の抵当権のように最後の2年分に限られるという制限はありません。

②極度額

根抵当権は、多数の被担保債権を担保するわけですが、いくらまで担保するのかを明らかにするため、極度額を設定しなければなりません（398条の2第1項）。こうすることによって、後順位抵当権者等は極度額を差し引いた不動産の価値の余りを把握することができるわけです。

③元本確定期日

元本確定期日を定める場合は、根抵当権を設定した時から5年以内の日を定めなければなりません。ただ、確定期日を定めなくても根抵当権設定契約は有効です。この場合、根抵当権設定者は、根抵当権の設定の時から3年を経過したときに元本の確定請求をすることができます（398条の19第1項）。また、一方の根抵当権者の側からはいつでも元本の確定請求をすることができます（398条の19第2項）。

（2）根抵当権の内容の変更

根抵当権の内容は、根抵当権者と根抵当権設定者の合意で変更することができます。例えば、A被担保債権の範囲や債務者の変更については後順位抵当権者などの承諾を得ないですることができます。ただし、これらは元本の確定前に登記をしないと、変更しなかったものとみなされてしまうので、登記が効力要件となっています（398条の4）。

また、A元本確定期日の変更も、後順位抵当権者などの承諾を得なくてもできます。ただし、これも変更についてその変更前の期日より前に登記をしないと、担保すべき元本は、その変更前の期日に確定してしまいます（398条の6）。

一方、A極度額の変更は、利害関係人（後順位抵当権者や転抵当権者など）の承諾を得なければできません（398条の5）。これは、極度額が根抵当権の優先枠を意味するため、勝手に変えられたら後順位抵当権者などの取り分が減ってしまう可能性があるからです。利害関係人にとっての一大関心事ということです。

（3）元本確定後の諸制度

元本が確定した後は、被担保債権が特定されるので、通常の抵当権と同様の扱いを受けることになり、付従性や随伴性が復活します。ただ、利息などは極度額まで担保されることになるので、B根抵当権設定者は根抵当権の極度額を、現に存する債務の額と以後２年間に生ずる利息などを加えた額に減額することを請求できます（398条の21第１項、極度額減額請求）。簡単に言うと、極度額＞現存債務となっている場合に、「現存債務＋２年分の利息などまで極度額のコップの大きさを小さくして」と頼むことができるのです。

また、B元本確定後において現に存する債務の額が根抵当権の極度額を超えるときは、物上保証人や第三取得者（根抵当権の主たる債務者や保証人は×）は、極度額に相当する金額を払い渡して根抵当権の消滅を請求することができます（398条の22第１項、根抵当権消滅請求）。簡単に言うと、物上保証人や第三取得者は、極度額＜現存債務となっている場合に、「極度額を支払うので勘弁してほしい」と言うことができるのです。

PLAY! 理解度チェック

1. 根抵当権を設定する場合には、極度額を定めなければならないのか？	1. 定めなければならない。
2. 根抵当権は、元本確定前は、付従性と随伴性があるのか？	2. ない。
3. 当事者間に生じる一切の債権を担保するために根抵当権を設定することはできるのか？	3. できない。これを「包括根抵当の禁止」と言う。
4. 元本確定期日を定める場合は、根抵当権を設定した時から（　　　　）以内の日で定めなければならない。	4. ５年
5. 被担保債権の範囲や債務者の変更については後順位抵当権者などの承諾を得ないですることができるのか？	5. 承諾を得ないですることができる。ただし、これらは元本の確定前に登記をしないと、変更しなかったものとみなされる。
6. 極度額の変更は利害関係人の承諾を得なければすることができないのか？	6. 承諾を得なければすることができない。
7. 根抵当権設定者は、元本が確定した後に根抵当権の極度額を減額するよう請求できるのか？	7. できる。
8. 元本確定後において現に存する債務の額が根抵当権の極度額を超えるときは、物上保証人や第三取得者は、どのような請求をすることができるのか？	8. 極度額に相当する金額を払い渡して根抵当権の消滅を請求することができる。

TRY! 本試験問題に挑戦

根抵当権に関するア～オの記述のうち、妥当なもののみを全て挙げているのはどれか。 【国家一般職R２】

ア. 根抵当権とは、一定の範囲に属する不特定の債権を極度額の限度において担保する抵当権のことである。例えば、継続的な売買取引に基づき発生する代金債権を担保するため、買主所有の不動産に対し、極度額の限度で抵当権を設定する場合がこれに当たる。

ア. ○
そのとおり。
継続的取引によって発生する債権を極度額の範囲で担保する。

イ. 根抵当権の極度額の増額は、後順位の抵当権者等の利害関係者に重大な不利益を及ぼす可能性がある。したがって、その増額分については新たな根抵当権を設定すべきであり、利害関係者の承諾を得たとしても、極度額を増額することはできない。

イ. ×
利害関係者の承諾を得れば、極度額の変更は可能である。

ウ. 根抵当権の担保すべき元本について、その確定すべき期日を定めた場合は、後順位の抵当権者その他の第三者の承諾を得なければ、その期日を変更することができない。

ウ. ×
後順位抵当権者などの承諾を得なくても、元本確定期日を変更することができる。

エ. 根抵当権の担保すべき債権の範囲は、元本の確定前であれば変更することができる。ただし、被担保債権を追加する変更を行う場合には、後順位の抵当権者その他の第三者に不利益を及ぼす可能性があることから、これらの者の承諾を得なければならない。

エ. ×
後順位抵当権者などの承諾を得なくても、被担保債権を変更することができる。

オ. 元本の確定前に根抵当権者から債権を取得した者は、その債権について根抵当権を行使することができない。

> オ. ○
> そのとおり。
> 確定前は随伴性がないからである。

1. ア、イ　2. ア、オ　3. イ、ウ　4. ウ、エ　5. エ、オ

正答　2

TRY! 本試験問題に挑戦

民法に規定する根抵当権に関する記述として、妥当なのはどれか。【特別区H30】

1. 根抵当権設定者は、元本の確定後においては、その根抵当権の極度額を、現に存する債務の額と以後2年間に生ずべき利息その他の定期金及び債務の不履行による損害賠償の額とを加えた額に減額することを請求することができる。

> 1. ○
> そのとおり。
> 極度額減額請求である。

2. 元本の確定前においては、後順位の抵当権者その他の第三者の承諾を得なければ、根抵当権の担保すべき債権の範囲及び債務者の変更をすることはできない。

> 2. ×
> 根抵当権の担保すべき債権の範囲及び債務者の変更をするためには、第三者の承諾を得ることを要しない。

3. 元本の確定前に根抵当権者から債権を取得した者は、その債権について根抵当権を行使することができるが、元本の確定前に債務者に代わって弁済をした者は、根抵当権を行使することができない。

> 3. ×
> 確定前の根抵当権には随伴性がないので、元本の確定前に根抵当権者から債権を取得した者は根抵当権を行使することができない。

4. 根抵当権者は、債務の不履行によって生じた損害の賠償を除き、確定した元本及び元本確定時までに生じた利息に限り、極度額を限度として、その根抵当権を行使することができる。

4．×
根抵当権者は、確定した元本並びに利息「その他の定期金及び債務の不履行によって生じた損害の賠償の全部」について、極度額を限度として、根抵当権を行使することができる。

5. 元本の確定後において現に存する債務の額が根抵当権の極度額を超えるとき、その根抵当権の主たる債務者又は保証人は、その極度額に相当する金額を払い渡して、その根抵当権の消滅を請求することができる。

5．×
本肢のような根抵当権の消滅請求は、他人の債務を担保するためにその根抵当権を設定した者（物上保証人）又は抵当権不動産について所有権等を取得した第三者（第三取得者）がすることができるのであって、根抵当権の主たる債務者又は保証人はすることができない。

正答　1

26 譲渡担保

重要度
★★★
頻出度
★★★

最後に民法典に規定のない「非典型担保」について簡単に触れておく。とりわけ「譲渡担保」は試験でもたまに出題されるので要注意。

1 譲渡担保とは?

「譲渡担保」は判例上認められてきた「非典型担保」なので、民法のどこを見ても条文はありません。詳しい仕組みは? と言えば、譲渡担保は担保であるものの、設定者が形の上で物の所有権を担保権者に移転するというものです(所有権的構成)。形式的に所有権を移すので、「譲渡」担保と呼ばれているわけです。この場合、譲渡担保権者は目的物の所有権者という扱いになりますが、担保目的以外には権利を行使しないという債権的な義務を負うことになります。次の図を見て簡単に確認してみましょう。

譲渡担保の法的性質については見解の対立があるよ。所有権が移転すると考える(所有権的構成)ほうが一般的な見解だけど、抵当権と同じように単なる担保権の設定と考える見解もあるんだ(担保的構成)。この見解によると、所有権は移転しないことになるよね。

譲渡担保(所有権的構成) A

AがBに1000万円を貸し付けた(被担保債権)。このとき、AとBの間でB所有の不動産に譲渡担保を設定した。

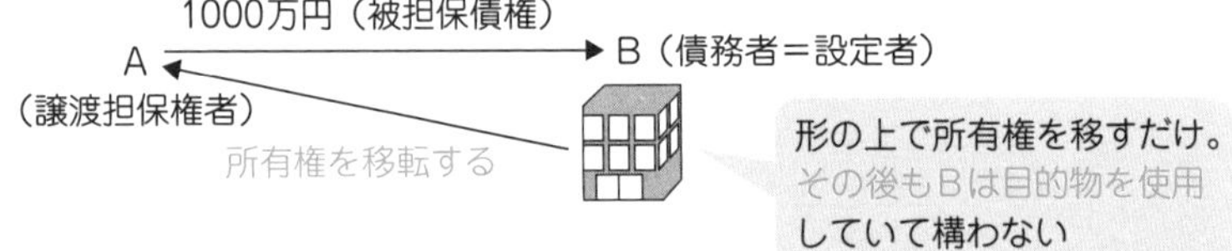

結論 形の上で所有権をAに移転する(そして譲渡担保の登記をする)。その後、Bが約束通り1000万円を弁済すれば、不動産の所有権がBに戻る。この譲渡担保は、判例上認められてきた非典型担保で、物権法定主義の例外である。

前述したように、譲渡担保は民法の条文にはない制度で、判例上認められてきた非典型担保であるため、かなり柔軟に運用されています（民法の縛りを受けないため）。例えば、[B]目的物も抵当権のように不動産などに限られず、**動産**や**債権**でもOKです。また、譲渡担保権の被担保債権の範囲につき、**抵当権に関する375条は適用されません**。よって、譲渡担保権者は、元本、利息、遅延損害金の全額について優先弁済権を有することになります（最判昭61・7・15）。

たとえ形式的には買戻特約付売買契約となっていても、目的不動産の占有移転を伴わない契約となっていれば、特段の事情がない限り、譲渡担保権設定契約とみなされるよ（最判平18・2・7）。

一方、譲渡担保は抵当権と同じような性質も持つので、この図の中で言えば[B]設定者Bはそのまま不動産を使用して構いません。要するに**留置的効力がありません**。そして、[A]抵当権などと同じように不法占拠者に対する返還請求権（**物権的請求権**）（最判昭57・9・28）や**物上代位権の行使**も認められます（最決平11・5・17）。

さらに、1個の集合物（A倉庫の1000袋の米）それ自体の上に1個の譲渡担保を成立させることもできます（集合物論）。これを「**集合物譲渡担保**」と言います。ただ、その場合、[A]**種類**、**所在場所**及び**量的範囲**を指定するなど何らかの方法で**目的物の範囲を特定**することが必要です（最判昭54・2・15）。集合物の場合、特定しないとどの部分に担保権が及んでいるのかが不明確になってしまうからです。ただ、このように集合物譲渡担保を1つ設定し、[A]**占有改定により対抗要件**さえ備えておけば、その後に新たに流入して構成部分となった動産についても**当然に**対抗要件が具備されたことになります（最判昭62・11・10）。というわけで、この集合物譲渡担保は非常に便利なのです（笑）。

動産なので対抗要件は引渡しだよ。普通は占有改定によるんだ。

なお、集合物譲渡担保の場合、目的動産が滅失し設定者に対して損害保険金が支払われるとしても、**設定者が通常の営業を継続**しているときは、**同意などの特段の事情がない限り**、譲渡担保権者は、当該損害保険金に対して**物上代位権を行使することができないよ**（最決平22・12・2）。

2 対抗要件

譲渡担保の対抗要件は、その目的によって異なります。

まず、不動産譲渡担保の場合は「登記」が対抗要件となります。昔は所有権移転登記が用いられていましたが、現在の実務では「譲渡担保」を登記原因とする登記が認められています。

次に、動産譲渡担保の場合は「引渡し」が対抗要件となります。この「引渡し」は通常は占有改定で行われます。

さらに、債権譲渡担保の場合は「通知又は承諾」が対抗要件となります。これは民法Ⅱの「債権譲渡」を学んでから勉強すると理解できるはずなので、今の段階では気にしなくていいでしょう。ちなみに、B最近はこのような一つひとつの債権ではなく集合債権（債権をまとめたもの）の上に譲渡担保を設定することも認められています。これを「集合債権譲渡担保」と言います。

集合債権譲渡担保を第三者に対抗するには債権譲渡の対抗要件で足りるよ（最判平13·11·22）。

3 実行の方法

抵当権の実行の方法は「競売」でしたね。しかし、譲渡担保は非典型担保なので、実行の方法が法律上決まっているわけではありません。そうなると、すべて解釈に任されることになります（私的実行）。次の２つの方法、①処分清算型と②帰属清算型があるとされています。

ちなみに、後順位譲渡担保権者が現れるケースも考えられるが、後順位譲渡担保権者は、私的実行ができないとするのが判例だよ（最判平18・７・20）。

実行の方法 A

① 処分清算型：譲渡担保権者が担保目的物を第三者に売却し、その売却代金から弁済を受ける方法。

② 帰属清算型：譲渡担保権者が担保目的物の所有権を自己に帰属させることによって、満足を得る方法。

処分清算型 A　　**帰属清算型** A

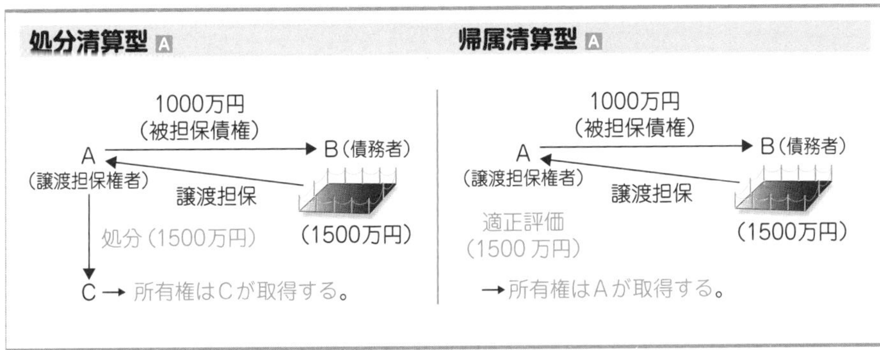

これらいずれの方法によっても、担保目的物である不動産の売却代金や適正評価額が被担保債権額を上回る場合は、A譲渡担保権者は設定者にその差額を清算金として支払わなければなりません。つまり、この図を例とすると、処分清算型の場合も帰属清算型の場合も、Aは被担保債権を差し引いた残額（1500万円－1000万円＝500万円）を清算金として債務者Bに支払わなければなりません。なお、Aこの清算金の支払いと担保目的物の引渡しは同時履行の関係に立ちます（最判昭46・3・25）。

清算金の支払いと担保目的物の引渡し A

●帰属清算型のケース

BがAから1000万円を借りる際に、B所有の土地に譲渡担保を設定した。弁済期になったにもかかわらず、Bが1000万円を弁済しないので、AはBに対して土地の引渡しを請求した。このとき、Bは清算金（1500万円 －1000万円＝500万円）が支払われるまで土地の引渡しを拒絶できるのか？

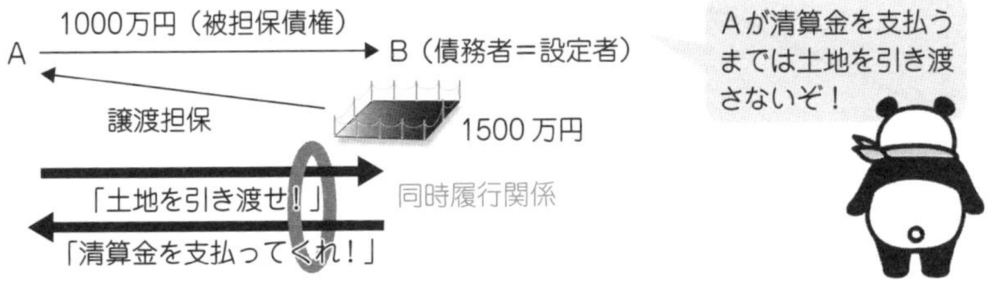

結論 Bは、Aから清算金の支払いがあるまで、Aに対する土地の引渡しを拒絶することができる。つまり、清算金の支払いと土地の引渡しは同時履行の関係に立つ。また、清算金支払請求権を被担保債権として留置権を行使することもできる（処分清算型につき最判平9・4・11）。ただし、債務の弁済と譲渡担保の目的物の返還は同時履行の関係には立たない。弁済が先履行となる（最判平6・9・8）。

4 受戻権

A設定者（債務者）は、たとえ弁済期後であっても、被担保債権全額を弁済することで譲渡担保を消滅させ、担保目的物の所有権を回復することができ、これを「受戻権（うけもどしけん）」と呼びます。ただ、この受戻権はいつまでも行使できるわけではなく、処分清算型の場合はもちろん、帰属清算型の場合も弁済期後に譲渡担保権者が目的物を第三者に処分した場合は、受戻権が消滅します。そして、Aこれは担保目的物の譲受人が背信的悪意者である場合も同様です（最判平6・2・22）。

弁済期後に処分した場合 A

BがAから1000万円を借りる際に、Bの土地に譲渡担保を設定した。弁済期になったにもかかわらず、Bが1000万円を弁済しないので、Aは当該土地をCに売却処分した。Cが背信的悪意者であった場合、BはAに対して1000万円全額を返還して受戻権を行使しCから土地を取り戻すことができるのか？

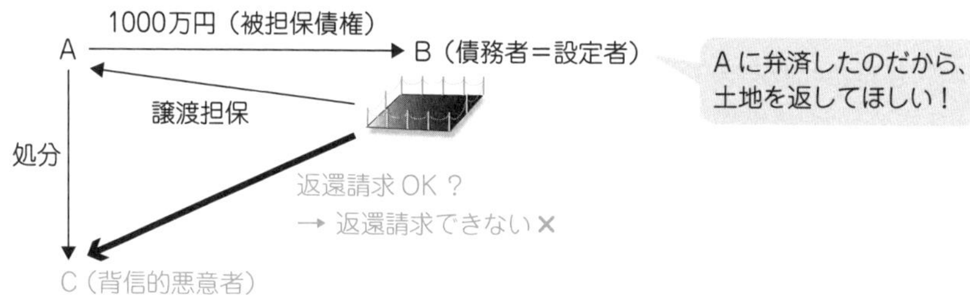

結論 処分清算型の場合はもちろん、帰属清算型の場合もAが弁済期後にCに処分したのであれば土地は返還してもらえない。つまり、Bの受戻権は消滅してしまう。これは、Cが背信的悪意者であっても同じである。

理由 弁済期に弁済しなかったBが悪いので、むしろ取引の安全を重視してCの保護の方を優先する。これはCが背信的悪意者であっても同じである。

次に、A設定者（債務者）が弁済期後に自ら受戻権を放棄して、清算金の支払いを請求していくことはできるのでしょうか？　この点、判例は否定しています（最判平8・11・22）。被担保債権の弁済を怠っておきながら「清算金をよこせ〜」と言うのは図々しいでしょう。また、これを認めてしまうと設定者が自由に譲渡担保の実行時期を決められることになり、譲渡担保権者にとって不利益だからです。

5 その他の判例

まず「弁済後に譲渡した場合」についての処理を説明しておきます。これは、設定者（債務者）が被担保債権の弁済をしたにもかかわらず（つまりこの時点で譲渡担保は消滅した）、その後譲渡担保権者が担保目的物を第三者に譲渡してしまったというケースです。言わば不当処分の場合ですね。この点、A判例は、設定者は登記なくして当該第三者に所有権を対抗できないとしています（最判昭62・11・12）。

弁済後に譲渡した場合（＝不当処分）A

BがAから1000万円を借りる際に、Bの土地に譲渡担保を設定した。弁済期になったので、Bが1000万円を弁済した（この時点で譲渡担保は消滅）。それにもかかわらず、その後Aは当該土地をC（善意又は単なる悪意）に売却処分した（不当処分）。BはCに対して土地の返還を請求できるのか？

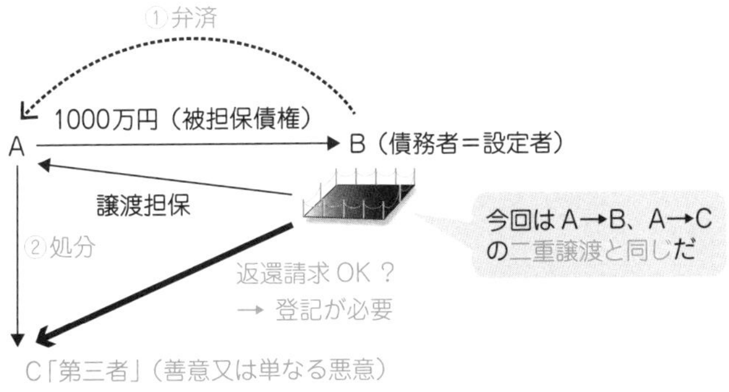

結論 BとCは対抗問題として処理する（先に登記を備えた方が勝つ）。Bが1000万円を弁済した時点で、所有権がAからBに戻る。一方、AからCにも売却処分しているので、Aを起点とした二重譲渡と構成することができる（Cは177条の「第三者」に該当する）。よって、Bは登記がなければCに自己の所有権を対抗できず、土地の返還を請求することができない。なお、もし、Cが背信的悪意者である場合は、BはCに対して登記なくして所有権を対抗することが可能で、土地の返還を請求することができる（背信的悪意者は177条の「第三者」に該当しないため）。

次に、同一の動産に譲渡担保権と動産先取特権が競合した場合にどちらが優先するのかが判例で争われたことがあります。この点について判例は、譲渡担保権の設定によって、当該動産が占有改定によって引き渡されたことを理由に、先取特権は消滅するとしています（最判昭62・11・10）。したがって、この場合は、譲渡担保権の方が優先することになります。

最後に、譲渡担保権の目的物が動産である場合、一般債権者がその後当該動産を差し押さえてきたときは、譲渡担保権者は、特段の事情がない限り、第三者異議の訴えによって、目的動産に対し一般債権者がした強制執行を排除することができます（最判昭56・12・17）。

目的物について権利を主張する者が、差押え等の強制執行に対して異議を申し立てる訴えのことだよ（民事執行法38条１項）。

PLAY! 理解度チェック

1. 譲渡担保の法的性質は一般的にどのように解されているか？

2. 譲渡担保には物上代位性が認められるのか？

1.
所有権が移転すると解されている（所有権的構成）。

2.
認められる。

3. 集合物譲渡担保が認められるための要件とは？	**3.** 種類、所在場所及び量的範囲を指定するなど何らかの方法で目的物の範囲を特定すること。
4. 動産譲渡担保の対抗要件は「引渡し」であるが、この「引渡し」には占有改定も含まれるのか？	**4.** 含まれる。
5. 譲渡担保における実行方法にはどのようなものがあるのか？	**5.** ①処分清算型と、②帰属清算型の２つ。
6. 清算金の支払いと担保目的物の引渡しはどのような関係に立つのか？	**6.** 同時履行の関係に立つ。
7. 債務の弁済と譲渡担保の目的物の返還とは同時履行の関係に立つのか？	**7.** 立たない。弁済が先履行。
8. 弁済期後に譲渡担保権者が目的物を第三者に処分すると受戻権はどうなるのか？　また、担保目的物の譲受人が背信的悪意者である場合はどうか。	**8.** 消滅してしまう。担保目的物の譲受人が背信的悪意者である場合も同様に消滅する。
9. 設定者が弁済期後に自ら受戻権を放棄して、清算金の支払いを請求していくことはできるのか？	**9.** できない。
10. 債務者が被担保債権の弁済をしたにもかかわらず、その後譲渡担保権者が担保目的物を第三者に譲渡した場合、設定者は、登記なくして当該第三者に自己の所有権を対抗（　　　）。	**10.** できない

TRY! 本試験問題に挑戦

譲渡担保に関するア～オの記述のうち、妥当なもののみをすべて挙げているのはどれか。 【国家総合職 H24】

ア. 譲渡担保権を実行した場合において、目的物の価値が債務の額を上回るときは、債務者の利益が害されるため、譲渡担保権者には差額の清算義務があり、特段の事情がある場合を除き、清算金の支払いと目的物の引渡しは同時履行の関係に立つ。

ア. ○
そのとおり。
清算金の支払いと目的物の引渡しは同時履行関係に立つ。

イ. 受戻権とは、譲渡担保権者において譲渡担保権の実行を完結するまでの間に、譲渡担保権設定者が弁済等によって被担保債権を消滅させることにより譲渡担保の目的物の所有権等を回復する権利である。譲渡担保権設定者は、この受戻権を放棄することによって清算金の支払いを請求することができる。

イ. ×
譲渡担保権設定者は、受戻権を放棄することによって清算金の支払いを請求することはできない。

ウ. 物上代位は法定担保にのみ認められるものであるから、譲渡担保権に基づく物上代位権の行使が認められることはない。

ウ. ×
譲渡担保権に基づく物上代位権の行使は認められる。

エ. 譲渡担保権設定者が、目的物（動産）を引き続き占有し、これを弁済期前に第三者に譲渡した場合、譲渡担保の目的物の所有権が譲渡担保権者に移るとの所有権的構成を貫くと、第三者は善意悪意を問わず有効に所有権を取得することができる。

エ．×
所有権的構成を貫くと、譲渡担保権設定者の弁済期前の譲渡は、無権利者からの譲渡（他人物売買）と同じである（つまり、所有権は既に譲渡担保権者に移っているので譲渡担保権設定者は無権利者と同じ）。したがって、第三者は192条の即時取得によって所有権を取得する余地がある。しかし、即時取得をするためには第三者が善意・無過失でなければならない。よって、「第三者は善意悪意を問わず有効に所有権を取得することができる」としている本肢は誤りである。

オ. 構成部分の変動する集合動産を目的とする集合物譲渡担保権の設定者がその構成部分である動産の占有を取得したときは譲渡担保権者が占有改定の方法によって占有権を取得する旨の合意があり、その合意に基づいて譲渡担保権設定者がその構成部分として現に存在する動産の占有を取得した場合には、譲渡担保権者による対抗要件具備の効力は、新たにその構成部分となった動産を包含する集合物に及ぶ。

オ．○
そのとおり。
いったん占有改定により引き渡しておけば、譲渡担保権者による対抗要件具備の効力は、新たにその構成部分となった動産を包含する集合物に及ぶ。

1．ア、イ　　2．ア、オ　　3．イ、エ　　4．ウ、エ　　5．ウ、オ

正答　2

TRY! 本試験問題に挑戦

譲渡担保に関するア～オの記述のうち、妥当なもののみを全て挙げているのはどれか。　　【国税専門官、労働基準監督官 R4】

ア. 譲渡担保は、民法に規定されている担保物権であるから、典型担保物権である。また、譲渡担保は、債権者と債務者又は物上保証人との間の譲渡担保権設定契約によって設定される担保物権であるから、約定担保物権である。

ア. ×
譲渡担保は、民法に規定されていない担保物権であるから、非典型担保物権である。

イ. 譲渡担保の目的物が動産である場合は引渡しが対抗要件であるとされているが、対抗要件として認められるには譲渡担保物権の設定の前後で外観に変化が生ずることを要すると解すべきであるから、外観に変化が生じない占有改定による引渡しは対抗要件として認められないとするのが判例である。

イ. ×
譲渡担保の目的物が動産である場合は、通常占有改定の引渡しが行われ、これが対抗要件として認められる。

ウ. 譲渡担保権の設定により、譲渡担保権者には目的物の所有権が移転しているのであるから、譲渡担保権者に所有権者以上の権利を認める必要はなく、したがって、譲渡担保権者は、目的物の売却代金債権に対して、譲渡担保権に基づく物上代位権を行使することができないとするのが判例である。

ウ. ×
判例は、譲渡担保権に基づく物上代位権を行使することを認めている。

エ. 譲渡担保権者には、譲渡担保を実行する際に目的物の価額が被担保債権額を上回ればその差額を譲渡担保権設定者に支払う清算義務があるが、譲渡担保権者による清算金の支払と譲渡担保権設定者による目的物の引渡し又は明渡しは、特段の事情のある場合を除き、同時履行の関係に立つとするのが判例である。

エ. ○
そのとおり。
譲渡担保権者による清算金の支払と譲渡担保権設定者による目的物の引渡し又は明渡しは、同時履行の関係に立つというのが判例である。

オ. 構成部分の変動する集合動産であっても、その種類、所在場所及び量的範囲を指定するなど何らかの方法で目的物の範囲が特定される場合には、一個の集合物として譲渡担保の目的となり得るとするのが判例である。

オ. ○
そのとおり。
集合物譲渡担保は、その種類、所在場所及び量的範囲を指定するなど何らかの方法で目的物の範囲が特定されることを条件に、譲渡担保の目的となり得る。

1. ア、イ　　2. ア、ウ　　3. イ、オ　　4. ウ、エ　　5. エ、オ

正答　5

索引

Staff

編集
小山明子

ブックデザイン・カバーデザイン
HON DESIGN（小守いつみ）

イラスト
くにとも ゆかり

エクシア出版の正誤情報は、
こちらに掲載しております。
https://exia-pub.co.jp/
未確認の誤植を発見された場合は、
下記までご一報ください。
info@exia-pub.co.jp
ご協力お願いいたします。

著者プロフィール

寺本康之

埼玉県立春日部高等学校卒業、青山学院大学文学部フランス文学科卒業、青山学院大学大学院法学研究科中退。全国の学内講座で講師を務める。大学院生のころから講師をはじめ、現在は法律科目（憲法、民法、行政法など）や行政科目、社会科学、人文科学、小論文、面接指導など幅広く講義を担当している。

寺本康之の
民法Ⅰザ・ベスト ハイパー 総則・物権［改訂版］

2023年5月21日　改訂版第1刷発行

著　者：寺本康之

発行者：畑中敦子
発行所：株式会社 エクシア出版
〒102-0083　東京都千代田区麹町6-4-6
印刷・製本：モリモト印刷株式会社

ISBN 978-4-910884-10-3 C1030

多彩なコンテンツで効率的学習を後押し！

□ 学びやすさにこだわった動画講義 □

スマホ画面でもレジュメが見やすいように、講義画面とレジュメ画面を自由に切替可能。教材を持ち歩かなくても、移動時間やスキマ時間もムダなく利用！ 0.5 倍 ～ 2.0 倍の速度調整機能で、自分に合った速度を選択！

□ 学習効率を高める充実の教材 □

定評ある書籍をテキストに使用。また、主要科目のレジュメは冊子版で送付。
（使用書籍・レジュメ冊子の代金は受講料に含まれます）

□ 手軽にチェックできるテスト問題 □

一問一答（〇×）形式など、短時間でサクサク取り組めるテストで手軽に知識の確認！モチベ低下時の転換にも役立つ！

学習履歴から間違えやすい問題の解説を再確認するなど、便利な使い方いろいろ！

□ 自分のタイミングで提出できる添削課題 □

論文・専門記述式の添削は、本番を想定して紙の答案で提出。客観的な指摘・評価を受けて合格答案へブラッシュアップ！

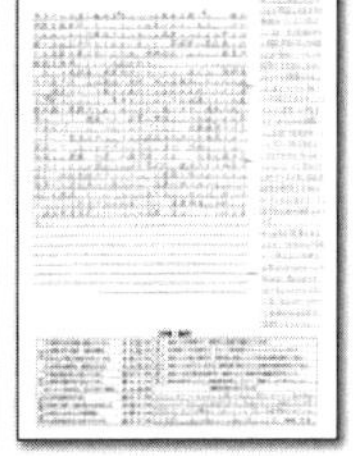